高等院校**电子商务**
职业细分化创新型**规划教材**

"十三五"江苏省高等学校重点教材
（编号：2016-1-075）

电子商务基础与应用

刘桓 高志坚◎主编　程艳红 李忠美 许应楠 薛瑾 苏雷◎副主编

人民邮电出版社
北　京

图书在版编目（CIP）数据

电子商务基础与应用 / 刘桓，高志坚主编. -- 北京：
人民邮电出版社，2017.5（2023.9重印）
高等院校电子商务职业细分化创新型规划教材
ISBN 978-7-115-44876-7

Ⅰ. ①电… Ⅱ. ①刘… ②高… Ⅲ. ①电子商务－高
等学校－教材 Ⅳ. ①F713.36

中国版本图书馆CIP数据核字(2017)第034150号

内 容 提 要

本书结合国内电子商务初学者的学习需求，站在管理的视角，对电子商务知识体系进行了重新整合，全书在系统地介绍电子商务概念和理论的基础上，注重企业进行电子商务活动的实用性和可操作性，做到理论与实践并重，并立足于基础与应用，把电子商务的基础知识和基本应用传递给对电子商务缺乏系统认知的学生。全书包含电子商务导论、电子商务的模式、网络营销、电子商务客户关系管理、电子商务支付与安全、电子商务物流与配送、移动电子商务、跨境电子商务等8章内容。

本书内容全面，结构新颖，重点突出，理论与实践紧密结合，既可作为本科院校、高职高专院校电子商务专业、物流管理专业、国际贸易专业、市场营销专业和国际商务专业的教材，也可作为企业开展电子商务的实用指导用书，还可作为广大青年朋友进行电子商务理论学习和电子商务创业实践的入门参考书。

◆ 主　　编　刘　桓　高志坚
　　副主编　程艳红　李忠美　许应楠　薛　瑾　苏　雷
　　责任编辑　刘　琦
　　执行编辑　古显义
　　责任印制　焦志炜
◆ 人民邮电出版社出版发行　　北京市丰台区成寿寺路11号
　　邮编　100164　　电子邮件　315@ptpress.com.cn
　　网址　http://www.ptpress.com.cn
　　固安县铭成印刷有限公司印刷
◆ 开本：787×1092　1/16
　　印张：14　　　　　　　　2017年5月第1版
　　字数：350千字　　　　　2023年9月河北第9次印刷

定价：39.80 元

读者服务热线：(010)81055256　印装质量热线：(010)81055316
反盗版热线：(010)81055315
广告经营许可证：京东市监广登字20170147号

前言 —— FOREWORD

随着社会的进步，互联网技术的应用越来越广泛，以互联网为基础的电子商务的发展如火如荼，甚至可以用日新月异来形容。近年来，我国的电子商务交易额一直保持快速增长的势头，特别是网络零售市场的交易额更是发展迅速。

电子商务把生产者、物流供应商和消费者整合在一起，既释放潜在需求、创造新的需求，又催生出一批服务新模式、新业态。当前，我国电子商务的发展正在进入密集创新和快速扩张的新阶段，并将日益成为拉动我国消费需求、促进传统产业升级、发展现代服务业的重要引擎，与此同时，它也推动其自身发展到一个新的水平。

作为一门形式多样、内容综合的课程，"电子商务"是电子商务专业的一门核心课程，也是物流管理、国际商务、市场营销和工商管理等专业的一门基础课。电子商务课程的内容体系体现了网络商务的基础性、网络学习的前沿性和网络生活的时代性。可见，电子商务的"教"与"学"在与时俱进的同时，也更加强调电子商务知识内容的实践操作和实战应用，更加注重电子商务思维观念的形成和实战技能的训练。

本书共分 8 章，针对电子商务建设和管理的需要，全面、系统、清晰地描述了电子商务的总体框架，并对所涉及的电子商务模式、网络营销、电子商务客户关系管理、电子商务支付与安全、电子商务物流与配送、移动电子商务、跨境电子商务进行了详尽分析，本书的主要特点如下。

（1）适用面广。围绕电子商务的核心知识，结合国内外电子商务的最新发展动态和研究成果，系统地介绍了电子商务的整套知识体系。每一章都由一个典型的案例引出主要内容，激发读者的阅读兴趣，帮助读者快速且有信心地学习电子商务相关的主题。

（2）实用性强。按照正常、合理的教学顺序设计教材结构与内容，突出教学与管理实践的结合，既重视电子商务的基本理论，又密切联系实际，不但介绍了传统的电子商务基础知识，还讲解了当前电子商务领域的新发展，这有利于培养实用的电子商务专业相关人才。

（3）系统性强。本书采用的案例、任务，都以可操作为前提，以贴近电子商务发展为方向，对电子商务及其关联学科进行了系统的分析和抽取，结合了最新的移动电子商务、跨境电子商务等领域的知识和技能。

本书的参考学时为 60～88 学时，各章节的参考学时分配表如下。

FOREWORD

章节	课程内容	学时
第 1 章	电子商务导论	6～8
第 2 章	电子商务的模式	6～8
第 3 章	网络营销	8～12
第 4 章	电子商务客户关系管理	8～12
第 5 章	电子商务支付与安全	8～12
第 6 章	电子商务物流与配送	8～12
第 7 章	移动电子商务	8～12
第 8 章	跨境电子商务	8～12
课时总计		60～88

本书由刘桓、高志坚担任主编，程艳红、李忠美、许应楠、薛瑾、苏雷担任副主编。此外，凌守兴、张建芹、王利锋参与了本书的编写。在本书的编写过程中，我们查阅了大量国内外同行、专家的研究成果，在此一并向有关人士致以诚挚的谢意。对本书在编写过程中参阅的大量教材、专著与期刊，我们已在参考文献中尽可能地逐一列出，如有疏漏，敬请原作者见谅。

虽然我们做了大量的准备，尽心竭力地想使本书能最大限度地满足读者的需要，但是由于学术水平有限，书中难免会有不足和偏颇之处，敬请广大读者提出意见并及时反馈，以便逐步完善。

本书为江苏高校品牌专业建设工程资助项目（TAPP）阶段性成果。

编　者

2016 年 12 月

目录 —— CONTENTS

CONTENTS

电子商务导论

学习目标

通过本章的学习，可以了解电子商务的概念、传统商务的流程、电子商务的起源与发展；理解电子商务与传统商务的区别；了解电子商务的技术基础及电子商务在企业中的各种应用；了解电子商务在消费者中的应用；了解电子商务的企业和产业形成；理解电子商务经济活动分析的方法，正确评价电子商务开展对经济活动的影响。

导入案例

请看下列这些现实生活中的情景，是不是就发生在我们身边，并悄悄地使我们的生活和工作发生了变化。

实例 1：网上订餐

一个科研小组从白天工作到晚上，大家都饿了。于是，他们从网上找到了永和大王网上快餐店，然后查看了餐厅提供的网上菜单，从中订购了几种食物。不一会儿，外卖就给送来了，他们很快吃到了所订购的热腾腾的食物。

实例 2：网上订票

一对夫妇打算在国庆节放假期间带着女儿出去旅游，于是他们从网上找到了途牛旅游网并确定了要去云南旅行。他们同时在网上还查询了旅游路线、景点、交通、餐饮、购物等方面的情况，最后，他们预订了到昆明的飞机票，出行前他们收到了机票，并愉快地踏上了旅程。

实例 3：网上购物

王先生准备在"五一"时结婚，近一段时间为筹备婚礼忙得不亦乐乎，听朋友介绍说海尔最近推出了一款液晶彩电不错，于是晚上在家打开计算机准备上网，经过搜索找到了青岛海尔集团网站，并从海尔网上商城中看到了朋友所说的那台彩电，查询后对这台彩电的性能非常满意，于是订购了一台 42 英寸的液晶彩电。按照预定时间，海尔集团的工作人员将彩电送上了门，并详细介绍了使用方法，还调试了所有的功能。临走时，他们告诉王先生，今后有什么问题都可以联系他们，他们随叫随到。

实例 4：网上银行

张老师在某职业学校工作，学校每月将她的工资直接存入她在招商银行的"一卡通"账户。张老师只要登录招商银行网站，如图 1-1 所示。在计算机上经过一番操作，她便可得知本月的工资数额。张老师一直在使用招商银行的网上银行管理自己的"一卡通"账户，足不出户，在家里就可以实现账务查询、代交费用等业务。目前，国内各大银行都开通了网上银行，方便顾客办理信息咨询、银证转账、个人理财等多种业务，特别是办理数额较大的资金存取与转账，既方便，又安全。

图 1-1　招商银行网上银行

实例 5：果品销售

赵大伯一家是承包果园的专业户。往年每到水果成熟的季节，赵大伯是既高兴又着急。高兴的是历经一年的辛苦，最后终于硕果累累；着急的是由于地处偏僻、交通不便，信息不灵，如果水果卖不出去，烂了就会白忙一年。可今年赵大伯一点都不急，因为在城里念大学的女儿学了电子商务的课程，帮他买了一台计算机，并且教会了他如何上网发布信息。于是赵大伯在水果成熟之前，就通过中国农副产品交易市场网站的果品市场发布了供货信息，不久后，各地的订货便让赵大伯应接不暇了。现在赵大伯只需将满园硕果采摘下来，等待订货商前来运走就行了。赵大伯高兴极了，夸女儿学电子商务真有用。

从以上实例可以看出，电子商务是借助于计算机网络进行的交易活动，它打破了时空界限，给交易双方带来了方便和好处。从企业的角度来看，借助电子商务可以更迅捷地完成各种商业贸易、销售及采购等活动，降低经营成本，增加商业价值，并创造新的商机；从消费者的角度来看，借助电子商务足不出户也能通过查询获取详细的信息，并轻松地完成消费活动，我们可以通过这些现实生活中的电子商务来认识电子商务的本质。

弄清楚电子商务和传统商务的关系后，才能对电子商务有着很好地理解。

传统的商务活动往往采取面对面直接交易或纸面单证往来传书的方式进行。在传统的商务运作活动中，无论是柜台售货、开架自选，还是召开订货会进行商贸谈判，或借助纸面单证往来传书的方式询价与报价等，都是以直接或间接的物理接触来完成业务交易。例如，人们在商场看中一件衣服决定是否购买，先试穿，然后付现金购买；按照样品订购货物，签订合同，按合同规定交货、付款结算；填写一张保险单，购买国库券等。

传统商务活动大部分依靠面对面及书面单证往来传递为主，这使得传统商务具有信息不完善、耗费时间长、花费高、库存占用大、生产周期长、客户服务不及时等局限性。

电子商务是在传统商务基础上发展起来的。电子商务与传统商务并不是截然分开的，两者有着密切的联系。电子商务的发展并不是要完全排除和取代传统的商务模式。例如，很多电子商务网站都提供了传统的"货到付款"的支付方式，尤其是在宣传和推广网站时，电子商务也离不开传统的广告和促销模式。

电子商务具有巨大的融合性。电子商务把过去看似不相干的很多概念、技术和工作融合到一起，也把传统商务模式和电子商务模式融合在一起。电子商务使一些传统的工作方式和岗位消失或改变，并不断创造新的工作方式、工作内容、沟通方式和创业模式。

归根结底，电子商务与传统商务是分不开的，所以，我们在认识电子商务的时候，要站在商务的角度，结合我们对传统商务的理解，认清电子商务的本质。

1.1　电子商务的基本概念

目前对电子商务的认识和理解因各国文化和发展的差异而不同，但总的来说可以归结为以下两种解释。

广义的电子商务（Electronic Business，EB）是指各行各业，包括政府机构、企业和事业单位等各种业务的电子化、网络化，包括狭义的电子商务、电子政务、电子军务、电子医务、电子教务、电子公务等，可称为电子业务。

狭义的电子商务（Electronic Commerce，EC）是指人们利用电子化手段进行以商品交换为中心的各种商务活动，如企业与企业、企业与消费者利用计算机网络进行的商务活动，包括网络营销、网络广告、网上商贸洽谈、电子购物、电子支付、电子结算等不同层次、不同程度的电子商务活动，也可称为电子交易。

1.2　电子商务产生的历史

早在 1839 年，人们就经常使用电话和电报的方式收发贸易信息，应该说，这是运用电子手段进行商务活动的开端。具有一定意义的电子商务活动产生于 20 世纪 70 年代。1970 年，美国银行家协会开发了无纸金融信息传递的全国结算系统，并提出了行业标准。自 1970 年以来，银行一直使用电子资金转账（Electronic Funds Transfer，EFT），EFT 是指通过企业间的通信网络进行的账户交易信息的电子传输。1975 年，第一个电子数据交换（Electronic Data Interchange，EDI）标准出台。电子数据交换是指一个企业把标准格式的计算机可读数据传送到另一个企业。它的出现源于美国运输业，当时运输业流通量大，货物和单证的交接次数多，而单证的交接速度慢。EDI和 EFT 是企业间电子商务的最早应用。按照具有代表性的不同技术，可将电子商务的发展历程划分成四个阶段。

第一阶段：EFT 时代

20 世纪 70 年代，EFT 开始在安全的专用网络上推出，改变了金融业的业务流程。这是电子商务最原始和最普遍的形式，如在零售店的收款处使用的借记卡，单位直接将工资转入各职工的银行账户等。

第二阶段：电子报文传送技术

20 世纪 70 年代末，电子商务以电子报文传送技术（如 EDI）的形式在企业内部得到推广。企业间交换的单据几乎在每笔交易中都包括同样的内容，企业花费了大量的时间向计算机录入数据再打印出来后，交易的对方又要重新输入这些数据。每笔交易中订单、发票和提货单的大部分内容都是一样的（如商品代号、名称、价格和数量等），不同企业的书面单据在表述这些信息时又有自己单独的格式。电子报文传送技术将这些信息转换成标准化的格式，再以电子数据的方式来传输，这样，企业就可以减少错误和重新录入的工作量、节省打印和邮寄成本，简化了业务流程，提高了自动化水平。

EDI 使企业能够用标准化的电子格式与供货商交换商业单证（如订单）。如果将电子数据交换与准时化生产相结合，供货商就能将零件直接送到生产现场，从而节约了企业的存货成本、仓储成本和处理成本。电子邮件（1972 年诞生）对组织内部和组织之间的非结构化沟通，也发挥了相当重要的作用。采购人员也不再是购买价格最低的产品，运用 EDI 技术，能够让他们争取在购买某一品种中最热销的商品时实现最大程度的节约。这种技术改进了购买行为，降低了制造商和零售商双方的成本。

第三阶段：联机服务

20 世纪 80 年代中期，联机服务开始流行，它不仅提供了新的社交交互形式，还提供了知识共享的方法，如文件传输协议 FTP 和新闻组 Usenet（1979 年诞生）。这就为互联网用户创造了一种虚拟社区的感觉，全世界的人都可以相互沟通。

第四阶段：WWW 应用

20 世纪 90 年代中期，互联网上出现了 WWW 应用（1993 年诞生 Mosaic，1994 年诞生 Navigator），这是电子商务的转折点。WWW 为信息出版和传播方面的问题提供了简单易用的解决方案。WWW 带来的规模效应降低了业务成本，它所带来的范围效应则丰富了企业业务活动的多样性。WWW 也为小企业创造了机会，使它们能够与资源雄厚的跨国公司在平等的技术基础上竞争。新经济形势下的传统企业要保持其竞争优势必须重新考虑成本结构。

案例1-1

亚马逊网上书店

1994 年，一个名叫杰夫·贝佐斯的年轻人迷上了迅速发展的因特网，当时的他还只是个财务分析师兼基金管理员。他列出了 20 种可能在因特网上畅销的产品，并寻找可能给顾客带来最高价值的商品。通过认真地分析，他选择了图书。5 年后，他创办的亚马逊网上书店（Amazon.com）年销售额超过了 6 亿美元。贝佐斯之前并没有图书销售的经验，但他知道图书属于低价商品，易于运输，而且很多顾客在买书时并不要求当面检查。因此，如果促销有力，就能够激发顾客购买图书的欲望。然而，即使是最大的书店也不可能库存 20 万种图书。由此，贝佐斯发现了图书在线销售的战略机会。

除了上述销售机会，另一个因素对于亚马逊网上书店的成功也是同样重要的，这就是图书销售这个行业的供应商结构。贝佐斯发现，图书市场上有很多出版商，但没有一个出版商能够垄断市场。因此，就没有出版商能够制约亚马逊网上书店的图书供应。

亚马逊网上书店在成长过程中总是不断地寻找新的战略机会。1998 年，贝佐斯开始销售 CD 唱片和录像带。它的 WWW 网站软件可以追踪顾客的购货记录并向顾客推荐相关书籍。此外，顾客还可以要求亚马逊网上书店在某一作者出版新书时通知自己。由于不断关注并改进图书的进货、销售和运输等业务环节，贝佐斯和它的亚马逊网上书店成为电子商务领域中最耀眼的一颗明星。

亚马逊网上书店是世界上销售量最大的书店。它可以提供 310 万册图书的目录，比全球任何一家书店的存书都要多 15 倍以上。而实现这一切既不需要庞大的建筑，也不需要众多的工作人员，亚马逊网上书店的 1600 名员工人均销售额 37.5 万元，比全球最大的拥有 2.7 万名员工的 Barnes & Noble 图书公司要高 3 倍以上。电子商务在这一切的实现中所起的作用十分关键。

我们来看看亚马逊电子商务的业务模式，这对我们认识电子商务很有帮助。

（1）购买过程

通过一台连入 Internet 的计算机进入亚马逊网上书店站点。进入站点之后，首先，顾客可以经过各种检索手段找到自己想要购买的图书，把它放入手推车中；然后，可以选择继续购物或付款；在手推车界面中顾客还可以任意删减已选中的图书；挑选完毕以后进入付款主页，在这里顾客可以选择付款方式；如果是礼品，还可以附上赠言，甚至还可以选择礼品包装纸；最后，可以选择交货方式和地点。

（2）进货

进货通常是企业面对供应商的环节，包括对原材料（书籍、CD 等）搬运、质量检查、仓储、库存管理、车辆调度和向供应厂商退货等。亚马逊网上书店的进货与传统书店相比有很大的优势，传统书店一般要配足 160 天的库存才能提供足够的购书选择，而购进的图书在 45～90 天后，必须向分销商或出版社付款，因此，自己必须承担 4 个月的图书成本。而亚马逊网上书店只保留 15 天的库存，加上买主又是用信用卡立即付款，因此，手中总有 1 个月左右的免息流动资金。

（3）发货

发货是在顾客购买了商品之后，包括公司地面商品的订货处理、库存处发送货物、车辆调度等。在运输管理中，亚马逊网上书店给顾客多种运输方法的选择。不同的运输方法，货物运输需要的时间和运费是不同的，顾客可以灵活选择所需要的运输方式。至于其他的库存管理和车辆调度等发货后勤功能则无需顾客操心，那些属于公司的内部管理。

（4）电子支付

亚马逊网上书店提供了多种支付方式，目前有信用卡支付、离线支付。它对电子支付系统做了 100%的保证。如果顾客还是不能放心使用，亚马逊网上书店还提供了另一种方法，只要你填一张在线表，填入你信用卡的最后 5 位数和它的到期日，一旦你提交了订单，你就会被提供一个电话号码，你需要打此电话告诉亚马逊网上书店你的信用卡的其余号码。

除了以上业务模式外，亚马逊网上书店还有很多在传统书店中没有的创新业务。

（1）搜索引擎

亚马逊网上书店的主页提供了各种各样的全方位的搜索方式，有对书名的搜索、对主题的搜索、对关键字的搜索和对作者的搜索，同时还提供了一系列如畅销书目、得奖音乐、最卖座影片等导航器，并且在书店的任何一个页面中都提供了这样的搜索工具，方便用户进行搜索，引导用户选购。

（2）技术问答

公司专门提供了一个页面，回答用户经常提出的一些问题。例如，如何进行网上的电子支付；运输费是多少；如何订购脱销书；等等。

（3）用户反馈

亚马逊网上书店的网站提供了电子邮件、调查表等获取用户对起商务站点的反馈。书店一方面解决用户意见——这实际上是一种售后服务活动，另一方面，也可以从用户反馈中获取大量有用的市场信息，这常常可以作为指导今后公司各项经营策略的基础，实际上也是一种市场分析和预测活动。

（4）读者论坛

亚马逊网上书店的网站还提供了一个类似于 BBS 的读者论坛，主要目的是以一些热门话题引起公众兴趣，引导和刺激消费市场。通过对公众话题和兴趣的分析把握市场需求动向，从而经销用户感兴趣的书籍和音响产品。

1.3　电子商务的特点

电子商务与传统商务相比，除了具有一般商务的基本特性之外，还是有以下几个突出的特性。

1．对网络的依赖性

电子商务是随着计算机网络的发展而发展起来的，电子商务反过来也大大地促进了计算机网络的发展。如银行的通存通兑需求，对银行的计算机网络的发展就起过关键性的促进作用。今天的电子商务，是建立在全球性的 Internet 基础上的电子商务。离开了 Internet，就谈不上电子商务。

2．全球性

电子商务在地域上有高度的广泛性。由于电子商务是基于 Internet 上的，而 Internet 是一个全球连接的极为庞大的互联网，因此，电子商务轻而易举地跨越了地域的限制，成为全球性的商务活动。而传统的电子商务，多以区域性为主，仅一些跨国公司有全球性业务。使用基于 Internet 的电子商务，中、小型公司只要上网就能经营全球性的业务，要解决的问题仅仅是语言问题以及采用统一的国际标准的问题。

3．快捷性

商务通信是开展商务活动的重要条件。传统的商务通信是通过邮件、报纸等印刷品或通过电台、电视台等广播方式来传递信息的，这些方式的缺点是传递速度缓慢，或只能单向传递，效率较低。电子商务由于采用了计算机网络，Internet 的交互性使单向的通信变成了双向通信，因此商务通信的速度大大加快，使人们几乎可以用思维的速度来进行商务活动。

4．集成性

电子商务以计算机网络为主线，对商务活动的各种功能进行了高度的集成，同时也对参加商务活动的商务主体各方进行了高度的集成。它集成了如网上广告、网上洽谈、订货、收款、付款、客户服务、货物递交等各种商务活动功能，还将客户、企业、分销商、银行、海关、税务部门等作为商务主体的各方紧紧集成在一起，高度的集成性使电子商务进一步提高了效率。

5．安全性

电子商务的安全性问题，也是一个完全不同于传统商务的特殊问题。电子线路的可窃听性、电子信息的可复制性，以及互联网软、硬件目前仍存在的一些缺陷，使人们对电子商务的安全大为担心。但是目前已经研究成功并在不断发展的安全的电子商务，能够很好地解决这一问题。黑客攻击、病毒侵害、网上欺骗、网上盗窃，都是可以防范和拦截的。安全性是电子商务高速发展的重要保证。

1.4 电子商务的分类与层次

1. 按交易主体分类

按交易主体可以分为 B2B、B2C、C2C 三种类型。其中 B2B 是指企业与企业间的电子商务；B2C 是指企业与消费者之间的电子商务，主要表现为网上零售；C2C 是指消费者与消费者之间的电子商务（网上拍卖）。

2. 按交易对象分类

按交易对象可以分为直接和间接电子商务（完全和不完全电子商务）。直接电子商务的交易对象是无形货物和服务，又称为完全电子商务；间接电子商务的交易对象是有形货物，它仍需要传统的物流配送，又称为不完全电子商务。两者区分的主要标志是物流环节是在网上还是在网下进行。

1.5 电子商务的功能及其优势

1. 电子商务的功能

电子商务的起源和发展皆是社会生产的需要，在此过程中，其功能也不断在更新、充实、完善。对于企业来说，电子商务的功能有如下七种。

（1）广告宣传

电子商务可凭借企业的 Web 服务器和客户浏览量，在 Internet 上发布各类商业信息。客户可借助网上的检索工具（Search）迅速地找到所需商品信息，而商家可利用网上主页（Home Page）和电子邮件（E-mail）在全球范围内做广告宣传。与以往的各类广告相比，网上的广告成本最为低廉，而给顾客的信息量却最为丰富。

（2）网上订购

电子商务可借助 Web 中的邮件交互传送实现网上的订购。网上的订购通常都是在产品介绍的页面上提供十分友好的订购提示信息和订购交互格式框。当客户填完订购单后，通常系统会回复确认信息单来保证订购信息的正确性。订购信息也可采用加密的方式使客户和商家的商业信息不会泄露。

（3）咨询洽谈

电子商务可借助非实时的电子邮件（E-mail）、新闻组（News Group） 和实时的讨论组（chat）来了解市场和商品信息、洽谈交易事务，如有进一步的需求，还可用网上的白板会议（Whiteboard Conference）来交流即时的图形信息。网上的咨询和洽谈能超越人们面对面洽谈的限制、提供多种方便的异地交谈形式。

（4）网上支付

电子商务要成为一个完整的过程。网上支付是重要的环节。客户和商家之间可采用信用卡账号实施支付。在网上直接采用电子支付手段将可省略交易中很多人员的开销。不过，网上支付将需要更为可靠的信息传输安全性控制以防止欺骗、窃听、冒用等非法行为。

（5）物流服务

对于已付款完成的客户应将其订购的货物尽快地传递到他们的手中。而有些货物在本地，有些货物在异地，电子邮件可用于网络中物流的调配。而最适合在网上直接传递的货物是信息产品，如软件、电子读物、信息服务等，它能直接从电子仓库中将货物发到用户端。

（6）交易管理

交易管理将涉及人、财、物多个方面，包括企业和企业、企业和客户及企业内部等各方面的协调和管理。因此，交易管理是涉及商务活动全过程的管理。电子商务的发展，将会提供一个良好的交易管理的网络环境及多种多样的应用服务系统，这样能保障电子商务获得更广泛的应用。

（7）客户反馈

电子商务能十分方便地采用网页上的"选择""填空"等格式文件来收集用户对销售服务的反馈意见，这样使企业的市场运营能形成一个封闭的回路。客户的反馈意见不仅能提高售后服务的水平，更能使企业获得改进产品、发现市场的商业机会。

这七种功能如图 1-2 所示。

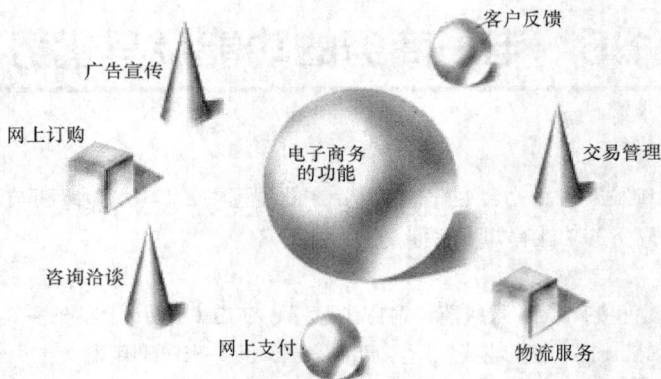

图 1-2　企业电子商务的功能示意图

2．电子商务的优势

电子商务是社会发展的必然选择，因为先天优势众多，所以才能在短短的十几年内发展如此迅速，这也是企业或者商家要大力推崇它的首要原因。在如此环境下成长的电子商务必然也会对企业的发展带来如下的优势。

（1）高速高效、发展潜力巨大。

（2）显著降低营运成本。

（3）覆盖全球市场。

（4）功能更齐全、服务更周到。

（5）24 小时营业，增加更多的商机。

（6）使用更灵活，交易更方便。

（7）全面增强企业的竞争力。

案例1-2

电商交易额达 3 万亿元，阿里巴巴形成全球最大"网上经济体"

2016 年 3 月 21 日 14 时 58 分 37 秒，阿里巴巴集团 2016 年全年电商交易额（GMV）突破 3 万亿元人民币。这意味着，阿里巴巴在 2016 年全年内（2015 年 4 月 1 日～2016 年 3 月 31 日）有望成为全世界最大的零售平台。

2015 年，中国社会消费品零售总额约为 30 万亿元人民币。阿里巴巴的 3 万亿元，相当于全国消费品零售总额的 10%，也相当于国内一个中大型省份的 GDP。

成为世界第一零售平台，沃尔玛用了 54 年，阿里只用了 13 年。在很多业内人士看来，3 万亿元标志着商业发展的"奇点"已经出现，新经济的脚步已经追上传统经济。以阿里巴巴为代表的新商业时代正走向舞台中央。

1.6 中国电子商务的发展现状

电子商务可以应用于国内外贸易、金融、证券、咨询、运输、旅游、广告、新闻出版、加工制造等各个经济领域，其发展潜力巨大。电子商务除了可以提高生产效率，降低生产成本和流通费用外，还能节约能源和社会经济资源，有利于保护自然环境和提高环境质量，促进教育事业广泛发展，加快科技知识的传播和推广应用，促进社会进步。

1. 商务信息采集和交换

Internet 作为一种信息工具，不但是信息服务机构、服务客户的有效载体，也是社会各界、各种机构（包括政府部门、社会团体）发布自身信息的一种极为方便、快捷、直观的途径。Internet 上信息资源极其丰富，信息服务内容多姿多彩。

（1）信息服务公司

信息服务公司集中大量的人力、物力从事信息资源的开发，一方面可避免"巧妇难为无米之炊"的窘境，为用户提供优质、及时的信息服务；另一方面也是信息商品生产的客观要求。信息资源的一个重要特点是它可被多用户多次利用的共享性。

信息服务公司可以为企业提供以下几方面的服务。

① 市场动态预测。
② 企业研究。
③ 竞争性分析。
④ 商业机会的评估。
⑤ 客户分析和信用分析。
⑥ 企业管理与发展分析。

（2）网络广告

网络广告是指在因特网站点上发布的以数字代码为载体的各种经营性广告，企业把有关商品和服务信息送到网络上，让网民有机会访问了解，其形式有企业自己设立的网页和由专门的信息商家集中

2．电子商务在工业领域的应用

（1）设计无纸化和网络化

随着网络的发展，多媒体在 Internet 上有更多发展和应用，生产厂家可以充分依赖多媒体提高自己的设计水平。供应商和消费者通过其所在的交易圈，可以更好地了解哪些程序能通过直接联系而进行集成。图形设计师和生产部门的工程师及管理专家也需要通过这种交互式媒体来收集和交换信息。简单的数字信息已不再使用，现在需要的是复杂的多维信息。

（2）电子采购网络

企业要保住和扩大自己的客户网，建立网上模拟商场、推出在线销售是必须走的一步棋，而且还得越快越好。戴尔（DELL）公司就是一个很好的范例。1997 年初，DELL 公司把电脑销售业务搬上互联网后，不到 3 个月销售额就达到日均 100 万美元，到 2000 年已达到日均 1000 多万美元。

（3）业务外部化

企业技术来源改变：企业生产所需要的技术，总是部分来源于企业自身的研究和开发，部分来源于企业外部。两个来源的比例，对于不同的企业而言可能相差很大。但不可能完全没有外部的技术来源。

业务外包：随着市场竞争的加剧，越来越多的企业采取保留核心业务而把大量非核心业务委托外加工的办法，以提高企业竞争力。

3．电子商务在商贸服务领域的应用

电子商务的发展为商贸企业提供了许多机会，同时，对于传统商业来说也面临着一场新的革命，原有商业格局将重组，商品流通形式会出现重大变革，这一变革过程会打破旧的市场格局和企业间原有的差距，使大家站在同一起跑线上。

（1）批发商业

电子商务环境对批发企业来说是一次严峻的挑战，零售企业也考虑跨过批发环节是否能进一步降低进货成本。许多消费者对价廉便捷的网上直销有浓厚兴趣。全球成千上万的批发商正在寻找电子商务环境下批发企业的立足点和应对方案。与此同时，电子商务也为批发商提供了新的营销手段和市场机会。

（2）零售商业

批发商、零售商都希望借助电子商务手段降低商品流通费用，提高贸易效率。在制造商、批发商、零售商、消费者的整个流通链上，由于竞争加剧和电子商务技术的出现，不仅零售商想撇开批发商，直接面向厂家进货，制造商也想去掉中间环节，直接面对消费者。每个环节的企业都面临挑战，都得考虑自己的市场地位，保留自己存在的价值并扩大市场份额。

（3）网上商店

亚马逊网上书店经常被作为电子商务中成功的典型，在各种媒体中被广为介绍。许多人把书价低廉说成是亚马逊网上书店最吸引顾客的地方。亚马逊网上书店经销的图书确实比市价低不少，其网页上就有让顾客"节省 30％"的承诺，有些图书可比街上书店低 4～5 成。亚马逊网上书店成功的另外两个要素是书籍挑选范围广和网页操作简便，这使得亚马逊网上书店能为消费者提供专卖服务。

亚马逊网上书店现在已大大扩充了自己经营的产品范围，包括 CD、玩具、礼品等，建立了规模庞大的配送中心系统，并打算提供网上专卖店的目录管理服务，凭借自己的品牌优势，输出自己完善的网上专卖业务管理模式，为其他网上专卖店提供广告和指引服务，而这种服务称为 Place 服务，其他

网上专卖店在亚马逊网上书店网站上扮演专有内容提供商的角色。分工的精密有利于效率和质量的提高，因而，越来越多的企业采用分工合作的方式。

（4）国际贸易电子化

无纸化电子贸易的最大优势在于对大量重复单据的快速、准确处理。

使用 EDI 等电子技术传递单证时，网络上有专门的翻译软件，可将输入的内容自动翻译成所要求的单证形式、语言形式，而且可以根据需要做成不同份数及组合，并保证自动传递到有关部门，同时追踪结果，这一过程在极短时间内就可完成。

海关发展电子商务的作用主要有两个：一是适应海关业务量扩大的形势需要，提高自身的管理效率；二是促进企业的进出口，给企业提供方便，同时杜绝逃税现象。

（5）旅游电子商务系统

相对于传统的旅游业来说，旅游电子商务可以提高工作效率，降低边际成本，而且由于旅游产品本身具有的个性化、信息化、时令化等特性，使它非常适合网上销售，更何况旅游产品还具有无形性和不可贮藏的特点，其生产和销售的过程是在服务的过程中完成的，在电子商务方面不需要配送环节，只需考虑网上支付的问题，而目前许多银行已提出一系列网上支付解决方案，因此，发展旅游电子商务的条件正在成熟。

4. 电子商务在金融领域的应用

对于通过电子商务手段完成交易的双方来说，银行等金融机构的介入是非常必要的，银行通过信用卡、智能卡、光卡、数字现金、电子支票、电子资金传输（EFT）等各种方式来完成交易支付。因此，金融电子化既是银行业提高效率、降低成本的需要，也是电子商务在其他领域推广应用的前提。此外，网上证券交易、网上保险也是电子商务的重要应用领域。

网上银行服务系统（Online Banking Services System，OBSS）的目的是要在传统的业务处理系统的基础上，利用 Internet / Intranet 技术，将所有业务处理系统有机地联系起来，通过在整个银行范围内建立面向客户的服务体系，为客户提供统一、综合、安全、实时的金融服务。

网上证券交易系统主要为用户提供实时行情服务，接收并处理用户网上交易和查询请求，帮助股民进行实时行情分析及进行证券交易。

5. 电子商务在交通运输业的应用

计算机订票系统可实现联网异地售票。民航订票系统可提供航班座位的控制与销售服务。内陆水运、远洋航运及公路运输均可采用货运交易信息系统。

案例1-3

全球十大电商 中国占四席

中国电商行业在国际上占据了绝对优势。国外调查机构公布的统计数据显示，在全球十大电商公司中，阿里巴巴以 26.6% 的市场份额，毫无争议地成为全球第一电商公司。在前 10 名中，中国共有 4 家企业入选。

除了阿里巴巴以绝对优势领跑外，统计数据还显示，美国亚马逊以 13% 的份额排行第二、eBay 以 4.5% 的份额排在第三，而中国的京东以 3.8% 的份额排在第四。

除了传统电商巨头外，手机等硬件厂商依靠强大出货量也进入前 10 名。其中，苹果商城以 1.4% 的市场份额排名第六，中国小米商城以 1% 的市场份额排名第八。而由家电卖场拓展做电商的苏宁，以 1.3% 的市场份额排在了第七，美国戴尔以 0.9% 的市场份额排在第九。值得一提的是，前 10 名中只有一家传统零售企业，即沃尔玛电商业务以 0.8% 的市场份额排名第十。

1.7 电子商务的影响

电子商务是商业领域重大变革的结果，它指引着现代商业的发展方向，作为一种创新的经济运作方式，其影响远远超出商业领域。全球电子商务的发展正改变着社会生活的各个方面，它对人类社会的生产经营活动、生活和就业、政府职能、法律制度及教育文化等各个方面都将带来了十分深刻的影响。电子商务对社会各个行业的渗透也是空前的，无论是工业、流通业、金融业还是媒体传播业，无论是政府、企业还是科研机构，甚至传统的农业都已经受到相应的影响。

1. 电子商务对企业的影响

电子商务为企业参与国际、国内经济贸易活动带来了机遇，并改变了企业商务活动的方式。企业从 Internet 庞大的信息资料库中获得开展各种商业活动前所需要的信息，并利用 Internet 发布产品信息，进行广告宣传和促销。公司之间订立合同，不再需要面对面地谈判，而是通过网络进行。财务人员也不再需要一遍又一遍地跑银行、跟单证，而是利用网络方便准确地进行资金划拨、税款缴付等一系列原来相当复杂的操作。

在传统的商品流通的情形下，中间商在商品从生产者转移到消费者的过程中起着桥梁和纽带作用，有效推动了商品广泛进入目标市场。但是中间商的出现，提高了商品的最终价格，还在一定程度上加大了消费者与生产者之间的距离，不利于生产者对产品情况做出迅速的回应，加上有中间商趁机压低产品售价，哄抬零售价格，这既损害了生产者的利益，又损害了消费者的利益，从而影响了商品的流通。

电子商务缩短了生产厂家与最终用户供应链上的距离，企业可以绕过传统的经销商而直接与用户沟通，客户的需求可直接转化为企业的生产指令，这不仅可以大大增加企业与消费者的联系，并且可以因减少许多中间环节，使企业大幅度降低经营管理成本，从而改变了传统市场的模式，即从生产厂家到商场再到消费者的市场模式。

2. 电子商务对信息服务业的影响

Internet 最大的优势在于它能够方便快捷地提供用户需要的各种信息。从某种程度上讲，电子商务最适合的行业就是信息服务业，因为信息服务不需要任何形式的交割，整个交易过程可以完全通过 Internet 来完成，实现真正意义上的网上交易。

网上就业信息服务是随着 Internet 而兴起的一种新型服务行业。通过 Internet 提供就业信息，一方面把企业对劳动力的需求快速及时发布在 Internet 上，让求职者能够及时了解劳动市场的需求，调整完善自己，并寻找合适的岗位；另一方面，把求职者的信息也及时发布在 Internet 上，让劳力缺乏的企业能够及时从网上找到所需的合适人才。

另一类比较成功的信息服务类电子商务就是法规信息服务。法规信息浩如烟海，而每个人需求的信息只是这庞大信息库的沧海一粟，这就要求法规信息服务必须全面准确。鉴于法规信息又不断变化，因此，法规信息服务必须能够及时反映出法规的变化情况。通过 Internet 提供法规信息服务可以非常容易地满足这些需求。

还有一种信息服务，就是网上信息搜索的门户站点。门户站点按照一定的分类和标准集中了众多 Internet 网页的摘要信息，让用户可以非常方便地从中找到自己需要的各种信息及站点。

信息传播的基本要求是快速及时，由于 Internet 传播不需要经过印刷、传递等报纸所必须经过的过程，只需要简单编排，并且信息更新几乎不受任何时间、地域的限制，因此更及时、更快捷。用户也不必像买报纸一样把全部信息买下来，它只需要根据自己的兴趣和爱好选择自己需要的信息来阅读就行了。随着多媒体技术的发展，Internet 上的传播完全可以做到集报纸、广播和电视的功能于一体，并且具有目前报纸、广播和电视所不具备的功能。

3. 电子商务对人们生活的影响

电子商务改变了人们消费的方式。网上购物使人足不出户，货比多家。消费者将以一种十分轻松自由的自我服务的方式完成交易。电子商务可为企业创造和提供新的顾客服务和支持渠道来提高顾客满意度。

4. 对传统教育方式的影响

利用互联网开展的网上远程教育同以广播、电视为手段的远程函授教育相比，有了质的飞跃。它是交互式的，即学生与老师可以对话，学生可以提问，老师在线解答，或"系统"按事先预设的方案回复。再有就是不按呆板的课程时间表，因此学生学习的时间可以有很大的灵活性，教学内容丰富，设有不同的课程、不同的程度，兼顾提高和普及的要求。

远程教育是低投入、高产出的。首先，它不需要学生宿舍，不需要服务学生生活的庞大的后勤辅助机构，学校机构管理和学生管理人员也相应地减少。其次，排除了地域的差别。在我国它还缩小了边远地区和大城市之间教学质量的差距。最后，它可以更好地发挥好教师、好教材的优势。

1.8 电子商务的当前热点及未来趋势

1. "互联网+"

"互联网+"是指创新 2.0 下的互联网发展新形态、新业态，是知识社会创新 2.0 推动下的互联网形态演进。新一代信息技术发展催生了创新 2.0，而创新 2.0 又反过来作用与新一代信息技术形态的形成与发展，重塑了物联网、云计算、社会计算、大数据等新一代信息技术的新形态，并进一步推动知识社会以用户创新、开放创新、大众创新、协同创新为特点的创新 2.0，改变了我们的生产、工作、生活方式，也引领了创新驱动发展的"新常态"。

2015 年 3 月 5 日上午，十二届全国人大三次会议上，总理在政府工作报告中首次提出"互联网+"行动计划。总理所提出的"互联网+"在早先相关互联网企业提出的"互联网与传统产业融合发展"基础上已经有了进一步的深入和发展。伴随知识社会的来临，驱动当今社会变革的不仅仅是无所不在的网络，还有无所不在的计算、无所不在的数据、无所不在的知识。

普适计算之父马克·韦泽说："最高深的技术是那些令人无法察觉的技术，那些技术不停地把它们自己编织进日常生活，直到你无从发现为止。"而互联网正是这样的技术，它正潜移默化地渗透到我们的生活中来。"互联网+"就是指以互联网为主的一整套信息技术（包括移动互联网、云计算、大数据技术等）在经济、社会生活各部门的扩散、应用过程。

互联网作为一种通用目的技术（General Purpose Technology），和 100 年前的电力技术、200

年前的蒸汽机技术一样，将对人类经济社会产生巨大、深远而广泛的影响。

"互联网+"的本质是传统产业的在线化、数据化。无论是网络零售、在线批发、跨境电商，还是快的打车、淘点点，他们所做的工作分享都是努力实现交易的在线化。只有将商品、人和交易行为迁移到互联网上，才能实现"在线化"；只有"在线"才能形成"活的"数据，随时被调用和挖掘。在线化的数据流动性最强，不会像以往一样仅仅封闭在某个部门或企业内部。在线数据随时可以在产业上下游、协作主体之间以最低的成本流动和交换。数据只有流动起来，其价值才得以最大限度地发挥出来。

"互联网+"的前提是互联网作为一种基础设施被广泛安装。英国演化经济学家卡萝塔·佩蕾丝认为，每一次大的技术革命都形成了与其相适应的技术——经济范式。这个过程会经历两个阶段：第一阶段是新兴产业的兴起和新基础设施的广泛安装；第二个阶段是各行各业应用的蓬勃发展和收获。每个阶段各20～30年）。

2015年是互联网进入中国的21周年，中国迄今已经有6.5亿网民，5亿的智能手机用户，通信网络的进步，互联网、智能手机、智能芯片在企业、人群和物体中的广泛安装，为下一阶段的"互联网+"奠定了坚实的基础。

"互联网+"的内涵根本上区别于传统意义上的"信息化"，或者说互联网重新定义了信息化。我们之前把信息化定义为：ICT技术不断应用深化的过程。但假如ICT技术的普及、应用没有释放出信息和数据的流动性，促进信息和数据在跨组织、跨地域的广泛分享和使用，就会出现"IT黑洞"陷阱，信息化效益难以体现。

很多人的共识是，所谓的"互联网+"就是互联网平台上加上一个传统行业，相当于给传统行业加一双"互联网"的翅膀，然后助飞传统行业。如互联网金融，由于与互联网的相结合，诞生出了很多普通用户触手可及的理财投资产品，如余额宝、理财通以及P2P投融资产品等；再如互联网医疗，传统的医疗机构由于互联网平台的接入，使得人们实现在线求医问药，这些都是最典型的"互联网+"的案例。

2. 网络共享经济

网络共享经济是指拥有闲置资源的机构或个人有偿让渡资源使用权给他人，让渡者获取回报，分享者利用分享他人的闲置资源创造价值。通过公共网络平台，人们对企业数据采取的是一种个人终端访问的形式。员工不仅能访问企业内部数据，还可将计算机、电话、网络平台全部连通，让办公更便捷。智能终端便携易用、性能越来越强大，让用户使用这些设备来处理工作的意愿越来越明显。例如，房屋出租网架起了旅游人士和家有空房出租的房主合作桥梁，用户可通过网络或手机应用程序发布、搜索度假房屋租赁信息并完成在线预定程序。

网络共享经济的核心是通过将所有者的闲置资源频繁易手，重复性地转让给其他社会成员使用，这种"网络串联"形成的分享模式把被浪费的资产利用起来，能够提升现有物品的使用效率，高效地利用资源，实现个体的福利提升和社会整体的可持续发展。

共享服务网站、智能手机、社交网站和在线支付等信息技术支持降低了交易成本：网站信息平台为供求双方提供结约机会，可以直接将主人与租用者连接起来；以带有GPS定位功能的智能手机和平板电脑为代表的信息终端可以让需求者了解标的物概貌；社交网络平台提供了查看他人并建立信任的途径；共享交易都通过网上付费，网上支付系统解决了资金交付事务。这些，使得资产共享比以往更加便宜、更加便捷，因此使分散的交易具备了形成更大规模的可能性。

随着共享经济的兴起，个别的、细微的消费行为变化经过集聚整合最终将会带来巨大的商业变革和社会变革。

网络共享经济扩大了交易主体的可选择空间和福利提升空间。在传统商业模式下，人们主要是被动地接受商家提供的商品信息，个别人对商品的体验评价被压缩在熟人圈子，而基于网络平台的共享经济模式却使供求双方都能够通过互联网发布自己能够供给的分享物品或需求物品，增加了特定供给者或需求者可选择的交易对象，并具备了掌握交易对象更多信息的可能，这就避免了欺诈性不公平交易，降低了交易成本，从根本上提高了交易质量，有利于促进双方福利的增加。

网络共享经济改变了传统产业的运行环境，形成了一种新的供给模式和交易关系。传统生产方式是企业家组织生产要素，提供产品，在生产环节的组织化程度很高，而消费者主要是分散的散客。网络平台提高了消费者的组织化程度，将每一个顾客的消费需求变得更加精确，"柔性生产"和"准时供给"成为普遍性的生产方式，预示着精细生活时代的到来。从整个社会供给来看，共享经济减少了社会供给总量，推动了绿色革命，有可能开启下一轮产业革命，也将成为过度消费的终结者。

案例1-4

一项研究发现，约 4.15 亿中国"千禧一代"通过手机购买日常生活用品，使得中国快速消费品（FMCG）在线销售的增速达到了美国的 7 倍。

咨询公司 OC&C 的一份报告显示，2011 年至 2015 年间，中国快消品在线销售平均增速为78.4%，远超美国的 10.7% 和英国的 7.9%。2015 年，中国在线快消品销售总额达 253 亿美元，比英美两国加起来还多。

上述数据显示出了出生于 20 世纪最后 20 年的"千禧一代"，对世界第二大经济体消费趋势的日益增长的影响力。"他们过着非常忙碌的生活，与（较富裕的）经合组织（OECD）国家相比，他们平均每周多工作 8.3 个小时，"OC&C 的报告称，"因此，消费者对便利的需要助推了随时随地在线购买快消品的需求激增。"

根据投资银行高盛（Goldman Sachs）的预测，随着中国"千禧一代"的平均年收入从 2014年的 5900 美元增长至 2024 年的 1.3 万美元，他们势必将主导中国未来 10 年的消费格局。到 2024年，这一群体的总计年收入将达到 5.4 万亿美元——是目前英国国内生产总值（GDP）的两倍。

"千禧一代"乐意花钱享受还体现在 2016 年电影票、出境旅行、宠物食品、净水器及益生菌酸奶销量激增上。这些产品（通常是过去几代人享受不到的）还为无数年轻人提供了在长时间工作、忍受交通拥堵和严重污染之余的难得的闲暇。

OC&C 的研究发现，虽然代表着中国的决定性消费趋势，但快消品在线销售仅占 2016 年中国零售电商市场的 5%。根据研究机构"中国互联网观察"（China Internet Watch），2017 年中国零售电商市场预计将达到 9110 亿美元，2018 年或将达到 1.57 万亿美元。

如此快速的增长不只依靠消费习惯转变的支撑。阿里巴巴、京东商城（JD.com）等大型电商公司一直在投入巨资建设物流体系，以实现更快速的商品投递。OC&C 表示，京东在中国各地拥有 7 个"超级"仓库、234 个大型仓库及 6756 个发货仓库，这些仓库帮助京东在全国 18 个城市实现快消品两小时送达服务。

中国快消品在线销售的火爆对外国公司也是好消息。美国零售商好市多（Costco）表示，2014年决定通过阿里巴巴旗下天猫商城（Tmall）销售食品时，它被"光棍节"（Single's Day）一天就卖出 350 万美元商品"惊呆了"。每年 11 月 11 日的光棍节是阿里巴巴推出的在线购物打折日，相当于美国的"网购星期一"（Cyber Monday）和"黑色星期五"（Black Friday）。

本章小结

本章重点讨论了什么是电子商务、电子商务和传统商务的关系、电子商务的产生和发展；简要介绍了电子商务的特征与分类法、电子商务的五大功能及其应用领域。

目前电子商务尚处于初期阶段，因此对电子商务还没有一个统一的规范的定义。对电子商务的理解，应从"现代信息技术"和"商务"两个方面考虑。一方面，"电子商务"概念所包括的"现代信息技术"应涵盖各种使用电子技术为基础的通信方式；另一方面，对"商务"一词应做广义解释，使其包括各种商务活动。电子商务所覆盖的范围应当是这两个方面所形成的交集。

电子商务与传统商务并不是截然分开的，两者有着密切的联系。电子商务也具有巨大的融合性。电子商务使一些传统的工作方式和岗位消失或改变，并不断创造新的工作方式和工作内容、新的沟通方式和创业模式。

电子商务的发展可分为三个阶段：即始于 20 世纪 70 年代的 EDI 电子商务和始于 90 年代的 Internet 电子商务以及新兴的移动电子商务阶段。当前正处于 Internet 电子商务阶段，随着移动通讯的发展与普及，正向移动电子商务迈进。

电子商务具有高效性、方便性、安全性、集成性和可扩展性的五大特征。

电子商务可以分别按照电子商务活动的范围、电子商务活动对象类型和电子商务活动的运作方式不同来进行分类。

电子商务功能包括广告宣传、网上订购、咨询洽谈、网上支付、物流服务、交易管理、客户反馈七项功能。

电子商务的应用领域，涉及商贸服务、金融与证券、交通运输、工业企业生产制造等各个领域，发展潜力巨大。

课堂问答

1. 什么是电子商务？
2. 简述国际组织及世界各著名公司对电子商务是如何定义的。
3. 简述电子商务和传统商务的关系。
4. 什么是电子商务的概念模型？电子商务由哪些要素构成？
5. 简述电子商务的产生与发展过程。
6. 中国电子商务的发展趋势及面临的主要问题是什么？
7. 电子商务的特征有哪些？
8. 简述电子商务的分类。
9. 电子商务的功能有哪些？
10. 举例说明电子商务有哪些应用领域？
11. 举出几个你身边运用电子商务的例子来说明电子商务是如何改变人们的生产或者生活的。

1. 结合本章内容，登录电子商务相关网站，查询国内外电子商务的发展过程及现状，写出调查报告。

2. 登录亚马逊网上书店，了解网上书店与传统书店的异同点，分析电子商务与传统商务的区别。

💰 **扩展案例**

月子农场：398 元一只还限量，"90 后"农场主卖的是"战斗鸡"？

浙江嘉兴有个"90 后"办的"月子农场"，里面 1 只鸡卖 398 元，15 只鸡蛋卖 198 元，这样的"天价"令人惊呼——咋不上天呐！但这样的鸡和鸡蛋却让不少嘉兴本地、杭州、上海的月子中心喊话——快到碗里来！

"价格永远不变！"这个"90 后"农场主高磊燕非常坚定地告诉记者，她的"月子农场"走的就是高价定位，做的就是农业界的奢侈品。

刚参加完嘉兴市政府组织的"嘉兴市家庭农场女负责人的培训班"，高磊燕显得有些疲态。这个打扮时尚的短发女孩，脸上稚气未脱，却已不乏创业者的自信与坚定。大学学的是形象设计，但跟很多同龄人的理解不一样，她对"时尚"的定义不仅仅是光鲜的衣着打扮，她觉得"时尚"同样也是创意农业的标签。

从包装人到包装农业，高磊燕在给自己转型的同时也在给传统农业转型，借助的是"互联网+"的东风。

"互联网+农场"颠覆传统模式

"爸妈做农业做了十年，但我并不喜欢那种传统的模式。"高磊燕毕业之后曾经帮父母经营过农场。她母亲的"笨天篷"品牌靠着农村合作社的批量生产，以走超市和农贸市场为主的销售方式，早已在当地打开了市场，小有名气。但这种线下走量的传统模式在高磊燕看来并不与时俱进，毕竟现在是互联网时代，线上同类型的禽类产品又多，她觉得转型是应对未来瓶颈期的必行之道。

毕业前高磊燕曾开过个人工作室主营新娘跟妆，所以不由自主就把新娘群体当成了目标受众和二次客户。

思来想去，她决定把互联网、"时尚"和传统农业三者有机结合起来，于是就萌发了"月子皇后"这个设想。"月子皇后"顾名思义针对的是孕产妇市场，为孕产妇提供优质的"月子鸡"和"月子鸡蛋"。"农产品的市场细分现在还不成熟，孕产妇市场会是一个很好的点。" 高磊燕决定用自己的方式来试一试，甚至特意去学了兽医。

高磊燕向父母要了 20 亩地作为"月子农场"，饲养童子鸡。这些鸡不吃普通饲料，只吃玉米、谷子、小麦等五谷杂粮，其中还拌有专门开发的中草药，这是"月子农场"专门开发的病程免疫程序，还申请了专利。除了成长中几次必要的疫苗，完全不使用抗生素，以此保证鸡的健康，提高免疫力。不仅如此，高磊燕还在农场外围种了 6 亩桃树，打造一个小型的自然生态循环，只用鸡粪浇灌。

这样的饲养方式成本远比普通饲养高得多，而且每一批"月子鸡"只产 500～600 只，客户必须先通过网上预约。所有的鸡至少饲养半年才能出售，有些甚至一年，实行限量销售。高磊燕告诉记者，她一开始就不打算让所有人都接受她的"月子鸡"，所以她的定位一直是高端孕产妇市场，完全采用网络销售和针对性对点销售的方式，有特殊需要又有条件的还能进行私人订制。同时，她也为线上的客户提供领养、众筹等形式，让客户直接参与线下体验，或者通过互联网动态监控。

目前，"月子皇后"的产品已经打入一家月子中心和一家月嫂中心，并通过微商城实现了全网销售，接下来还将与婚庆活动、妇幼保健院、母婴平台等绑定进行营销。

高价定位背后的品牌服务

高磊燕的 1 只鸡售价 398 元，15 个鸡蛋售价 198 元，而她母亲经营的"笨天篷"一只鸡平均售价才 100 元，一个鸡蛋平均售价 3 元。高价定位的背后除了受众群体不同、线上线下营销模式不同，还有品牌服务的差别。

线下的传统销售很少有"服务"的概念，或者说"质量"即"服务"。但"月子皇后"的服务除了做好自产的核心产品"月子鸡"和"月子鸡蛋"，还会去全国挑选品质优良的适合孕产妇和新生儿的原生态产品，如蜂蜜、花茶、月子油、宝宝米等，作为赠品送给客户。

高磊燕对赠品的挑选标准并不比自营产品低。首要因素就是要符合"月子皇后"的品牌定位；其次，质量一定要好，所以每一份高磊燕都会亲自去考察，确保没有添加任何有害的化学药剂；再则，产品包装一定要是自己亲自统一设计过的；考虑客户的新鲜度，赠品会经常性变换，最长一个月，这都是为了给客户选择当季最适合食用的产品。

在高磊燕看来，这种增加附加值的做法不仅提升了自身的品牌服务，还可以为全国各地的好产品做宣传，帮助更多的农产品找出路，符合"互联网＋"所提倡的共享经济。反过来，这些产品供应商也会通过自己的平台帮她推广"月子皇后"的产品，实则又是相辅相成的互助。

"月子皇后"的服务还不仅仅是赠品这么简单，高磊燕正在筹备"月子皇后生活馆"，让客户直接到店里体验营养搭配，提供孕产妇养生指导和免费试吃新品的服务。除了嘉兴，"月子农场"在江西还有一个 2970 亩的后方基地，将集生态度假与农场为一体，为客户打造舒适的体验区，并且增加更多品类的"月子产品"。

比起跑量，高磊燕更看重服务和用户数，她从不刻意去推荐产品，而是希望能通过服务让客户主动来找她。"现在的重心是品牌的建设，先求关注再求销量。"对于现阶段的成绩，高磊燕还是挺满意的，"在我的活动里，能调动起来的就有两三千人，核心的有一两百人，我需要她们去帮我打开市场。"

建"梦创基地"打造创业联盟

"月子皇后"已逐渐步入正轨，但这个"90 后"小姑娘的探索还未停止。她告诉记者，她要把自己的农场项目作为一个成功的案例来复制，开发更多的农业项目，带动更多的传统农业触网，让更多的年轻人到第一产业创业。

这话并不是空头支票，高磊燕和朋友一起发起并创立了一个创业基地，名为"梦创基地"，位于同济大学浙江学院东门沿街商铺的三楼，占地约 1700 多平方米。基地的口号是："同舟共济，创梦未来！"旨在支持更多的创业群体和创业项目在这里孵化，打造一个创业联盟。

建立这个基地，高磊燕并不单纯地只希望农业项目进来，还有农业服务类项目，例如设计、摄影、网络等，为传统农业企业触网服务。现阶段已有 20 多个项目入驻，清一色"85 后""90

后"，都是一群有创业梦想的年轻群体。

在嘉兴市家庭农场女负责人的培训班上，最年轻的高磊燕也不忘跟在场 50 多位妈妈级的农场主们宣传"互联网+"农业的转型新趋势，给她们灌输支持孩子在农业领域创业的思想，并且开放"梦创基地"让她们的子女来实践学习。

女儿的创业理念也让父母的态度发生了转变。一开始觉得可以帮助自家产业升级，提高销量，二老并不反对，毕竟自身年龄大，很难快速接受新鲜事物。但由于中期"月子农场"的资本投入和精力投入较大，回报较慢，二老就不干了，一直劝她放弃。直到现在看到女儿的创业不光是为了自己，还能帮助别人，高爸爸、高妈妈开始大力支持，并把自己的"笨天篷"品牌也全权交给女儿打理。

嘉兴市天篷农业休闲有限公司董事长、"月子皇后"总监、"梦创基地"CEO，高磊燕现在顶着三大标签，被电视台、报社竞相报道，参加各种各样的培训会、对接会，俨然一个商业成功人士。然而她最喜欢的还是"90 后时尚农场主"的称谓，因为她觉得自己是互联网时代的新农人。

02 第2章
电子商务的模式

学习目标

通过本章的学习要了解电子商务商业模式的基本组成；理解电子商务的总体框架和概念模型，了解电子商务系统的基本结构，了解电子商务的基本交易模式，掌握 B2B、B2C、C2C 三种典型电子商务模式的特点、运行机理和应用；了解电子商务的交易流程；认识电子商务领域的全新商业模式；理解电子商务中应用的基本商务原理和企业战略。

导入案例

出行服务电子商务：滴滴出行

滴滴出行是涵盖出租车、专车、快车、顺风车、代驾及大巴等多项业务在内的一站式出行平台，2015 年 9 月 9 日由"滴滴打车"更名而来。以下是该创业团队的自述。

滴滴出行的产生

当年，我们团队从阿里巴巴离职，兄弟们想着要创业，那时候寻找了好些个创业方向，有的听起来很靠谱，但是在实际论证或者前期实践中都发现走不通，就放弃了。我们的出发点觉得一定要做大产业，做大众主流、刚性需求。

后来为什么要做这个事情？我们是基于两个判断：一是论证下来认为一定要做一个大众主流刚性需求的产品；二是陌陌的出现。

那是 2012 年 2 月，陌陌刚有点儿苗头要火，我第一眼看到这个产品，就说这个事情靠谱，陌陌的出现使得基于距离的应用突飞猛进，陌陌是通过距离提升社交的效率，打车和距离远近的关系更强大，对司机来说，500 米的活儿他就愿意去接，但是两公里他就懒得去了。

受到陌陌启发，加之那段时间我在北京，打车非常痛苦，北京的冬天太冷，我曾经有过站在路边 45 分钟都没打到车的经历，所以我们就觉得做基于地理位置的打车产品应该是靠谱的。

滴滴出行的商业模式

关于商业模式的打磨，我们一开始就非常清晰，要做可以规模化上量的平台。

险峰华兴和真格投资的聚美只创立了 4 年的时间就上市了，这在业界已经算是奇迹，可是移动互联网比互联网速度还要快 5 倍。如果互联网是飞机，移动互联网就是火箭，要么一飞冲天，要么狠狠地摔下来，死得比谁都快。

如果产品的量没直线上升，那就说明需求点找得不准，因为用户变迁是井喷的东西。

做滴滴打车时，从第一天我们就有几个不碰触的地方。

第一，先不做硬件。有的媒体上说我们永远不碰硬件，实际上我们没说永远不做，只是先不做硬件，如每台出租车上放一台 Pad 或者智能终端。现在你能看到每个司机有一台安卓手机，实际上两年前智能手机在司机中的普及率还很低，那时候我们在司机端的推广还是比较痛苦，一些 O2O 打车或租车类的公司在车上部署联网的 Pad，但是我们觉得太重，会影响规模化发展。未来某一天也说不准，至少现在没有做硬件的必要。

第二，不做支付。大家都喜欢说交易的闭环，要把支付绑定起来，但是 2012 年的社会大环境中，移动支付还不普及，用户支付有障碍的话，也会影响规模化。

第三，不做加价。滴滴打车做着做着，市场上就有了越来越多的竞争对手，我们这把刀要以最简单的方式冲到全国各地，任何锦上添花的东西我们都做不了，也先不做，要靠一个最简单的产品做到全国范围，这是在创业早期，对于我们来说最重要的事情。

我们做的很多业务都是平台业务，平台业务只有一个壁垒，就是规模，凡是影响规模的事情我们都不做。

滴滴出行的市场策略

在这个市场上，要把规模做到极致，每天都要往前冲。时常要向竞争对手亮刺刀，且刀刀见血。哪怕一个小小的疏忽，一两周的懈怠，很有可能就是失去一个区域。

有一个细节是，我们当初抢司机时，所有的方法都用了，包括去出租公司宣讲、去各大火车站守着、去各大宾馆、去司机吃饭的地方和加油的地方，凡是能去的地方我们都去了，我们想哪种方法效率最高就用哪种方法。

后来摸出来了，在火车站守着跟司机说："师傅，你把手机拿过来，我们给你装好了。"我们做了一个小插件，带着电脑接一下就可以了。如果让他们自己下载肯定有很大难度的，对移动互联网使用率相当低的群体，我们得帮他们装 App。

后来，我们发现机场是最重要的战场，但是搞定这个战场却异常艰难。不过，经过各种努力各种死磕，我们最后还是拿下了这个战略要地。

我们开始在做滴滴打车时，第一版的产品体验很差劲，页面下方有导航和车流的提醒等。

后来产品进行改版，坚持把语音做到极致。关于用机器音叫车，还是每个用户真实的声音，我们团队内部也进行了很多次讨论。后来在司机中做调研，司机每天开车在路上，听久了机器音会觉得很乏味，有审美疲劳，但是如果让每个用户需要叫车的声音都放出来，订单的真实性立刻就上去了，司机们也能听到各种各样的声音，还有方言，他们觉得有趣和真实。

我们有几个移动互联网产品的核心原则，一是紧紧抓住应急需求，消灭二级菜单，实现用户零等待；二是让所有的小白用户都要用起来方便；三是要把距离因素用到极致。

由产品创新到模式创新

产品属性抓清楚后，就按照这个逻辑去设计。第二个版本我们坚持了语音，后来我们开始做预约订单，你会看到页面下方有两个按钮，一个做即时订单，另一个是预约，就这两个按钮，简简单单，一目了然。

"滴滴打车"的出现改变了传统的路边拦车的打车方式，利用移动互联网特点，将线上与线下相融合，从打车初始阶段到下车使用线上支付车费，建立了大移动互联网时代下引领用户的现代化出行方式。

目前，滴滴打车是在挣订单，现在的订单基础是以后经营盈利产生价值的基础，没有订单，一切广告、一切挣钱可能性都是白扯。

滴滴用了短短两年就取得了这样的成绩：覆盖全国 300 个以上城市，出租车注册总数达到 100 万，乘客注册总数超过 1 亿，日均成交订单达 530 万单，用车高峰时，滴滴每秒都能接到 1000 个订单，每天都有 20 亿的定位请求。如前所言，当企业的客户量级达到如此规模的时候，就不仅仅是砸钱这么简单了。就以 IT 能力来说，人和车都是运动的，大部分参数需要实时计算，每一次的计算量都非常大，并且每天有接近 10 亿次计算，而且还要考虑到后端的订单分配系统是否能够支撑订单爆发，支付体系要保证成功交易无错误，就必须保证公司拥有庞大的云计算集群，以支撑如此大的业务量。

"电子商务导论"在博文中这样评价电子商务模式创新的重要性：在互联网时代，电子商务商业模式的创新将可能改变市场竞争规则，使企业从过时的商业模式向能够为客户带来更大、更全面价值的电子商务商业模式转移。电子商务商业模式创新设计已成为决定企业盈利能力和未来持久发展的战略问题。世界知名企业都非常重视电子商务商业模式创新设计，并从长远的角度来制订企业的电子商务战略。美国的 eBay 和 Amazon 等所取得的成功实质上都是电子商务商业模式的成功。

企业选择的电子商务商业模式可以促进企业战略的实现，等到电子商务无处不在的时候，电子商务商业模式可能会直接决定企业的发展方向和命运。很多企业开展电子商务应用时，往往重电子、轻商务，重模仿、轻创新。从开展电子商务开始就存在急功近利的投机思想，盲从非理性在一段时间占了上风，缺乏系统的思考和长远的战略规划，这也是 2000 年网络泡沫化危机形成的重要原因。

成功的电子商务商业模式可以使企业获得两种竞争优势：①电子商务商业模式改进原业务重要流程或特性进行，从而提高运作效率，并降低成本，如在对客户的管理中引入互联网服务的策略；②电子商务商业模式对原业务进行创新性的突破，创造了新的价值，如开拓新市场，改革行业的标准或规则。第一种优势在一定的内外部环境下可能会转化为另一种优势。例如，Dell 将互联网和强大的第三方物流相结合，通过建立全新的网上直销渠道，形成了上述第二种优势。

电子商务商业模式能够提供独特的价值，也很容易招来同行模仿。无论多么适合的电子商务商业模式都会随着客户需求、市场状况和竞争威胁的变化而失去存在性，所以，商业模式创新是永恒的主题。目前出现的企业电子商务应用创新度（Degree of Innovation）是不同的，大致有三种类型：第一种是传统商务活动的自动化或在线实现；第二种是在原有商务活动的基础上增加新的功能或网络化商务改进；第三种是 Internet 环境下特有的，是传统商务不可能出现的电子商务形式。即使是同一种类型，不同的企业在具体实施时也会有差别。如 eBay 的成功，不仅仅是因为它比其他的网络拍卖公司抢跑了几步，更重要的是 eBay 没有其他拍卖网站头疼的库存问题。

创新的电子商务商业模式对一个企业的意义重大，不仅可以创造新价值，更重要的是能够建立比较长期的竞争优势。因此对电子商务商业模式的保护，尤其是利用专利保护也是势在必行。目前电子商务模式在美国、欧洲和日本都可以申请专利，但是电子商务商业模式专利申请问题却存在着争议——没有专利的保护，电子商务商业模式创新很快会被扩散。例如，八佰拜、8848 等网站都出现克隆事件，不仅有损于网站的品牌，而且也有损于消费者对网站的信任度。为了鼓励创新，进行某种程度的电子商务商业模式专利保护是有必要的。但商业模式作为专利来保护，也可能威胁电子商务的发展速度。

最终，我们可以发现，根据市场现状进行模式的创新，可能导致一个行业发生巨大的变革。成功的电子商务模式，总是可以同时惠及多方，这包括企业、消费者、开发者、监督者等利益相关群体，当然，电子商务模式的创新到成熟，是学习和实践电子商务的人们，应该首先重视起来的理论基础。

2.1 电子商务模式的概念

1. 模式和商务模式

模式（Model）是指从生产经验和生活经验中经过抽象和升华提炼出来的核心知识体系。模式（Pattern）其实就是解决某一类问题的方法论。把解决某类问题的方法总结归纳到理论高度，那就是模式。模式是一种指导，一个良好的指导，有助于你完成任务，有助于你做出一个优良的设计方案，从而达到事半功倍的效果，而且还会帮你得到解决问题的最佳办法。

商务模式（Business Model）指做生意的方法，是一个公司赖以生存的模式，一种能够为企业带来收益的模式。商务模式规定了公司在价值链中的位置，并指导其如何赚钱。商务模式和商业模式在大部分情况下指的是同一概念。

虽然商务模式在管理领域出现得比较晚，但是 20 世纪 90 年代中期以后随着电子商务的迅猛发展，商务模式一词几乎成了媒体、政府、企业界和学术界的常用词汇，在电子商务、信息系统、战略和管理等领域引起了广泛讨论。

莫里斯（Morris）于 2005 年将商务模式的定义归为三类：盈利观、运营观和战略观。盈利观认为商务模式是企业获取利润的逻辑；运营观认为商务模式是一种结构化的配置，强调内部流程和基础管理；战略观认为商务模式应该从总体上体现企业的市场定位，跨组织边界的相互作用和发展机会，强调竞争优势和持续发展。

到了 2007 年，原磊在此基础上，将商务模式的定义分为四类：盈利观、运营观、战略观和整合观。整合观认为商务模式是对企业商业系统如何很好运行的本质描述，企业盈利不仅需要依靠内部资源，而且需要协同外部力量。

2012 年，学者孙艳霞对商务模式进行了系统的研究。除了针对电子商务模式的概念进行研究之外，一些学者在此基础上进一步研究了其构成因素。有的人研究了文献中常用的 19 种商务模式定义，发现共包括 24 种构成要素，其中，15 种被反复提起，提起最多的是价值提供（11 次）、经济模式（10 次）、顾客界面/关系（8 次）、伙伴网络/作用（7 次）、内部基础管理/连接活动（6 次）和目标市场（5 次）。有的人研究了文献中常用的 14 种商务模式定义，发现有 9 个构成要素至少被提到 2 次，这 9 个因素分别是：价值主张、目标客户、分销渠道、客户关系、价值配置、核心能力、伙伴网络、成本结构和收入模式。还有人研究了 12 个商务模式定义，发现共包含 42 个构成因素，通过将至少被提到两次的构成因素进行归类整理，谢弗（Shafer）等认为商务模式包括战略选择、价值创造、价值网络和价值获取四个部分。

研究者们提出：采取电子商务模式是为了创造企业价值，这一点在学术界已基本达成共识。一般来说，电子商务模式与企业价值创造之间关系的研究，大致可以归纳为三类：一类认为商务模式是价值创造的分析单位，另一类侧重于研究电子商务模式的价值来源（也称价值驱动因素），还有一类侧重于研究影响电子商务模式创造价值的因素。

2. 电子商务模式的研究现状

美国"网络就绪组织"认为，电子商务模式包括：①电子商店——作为买卖发生的场所，能够从传统的销售渠道中取得价值；②信息中介——是内容、信息、知识及经验的代理商，能够在特定电子商务领域增加价值；③信用中介——可以在买卖双方之间建立信用；④电子商务实施者——为其他电子商店或信息中介提供基础设施服务，以使电子商务进行得更好；⑤基础设施供应商——出于共同利益，通过共同的基础设施组织到一起的商业集合体。可见该组织是从电子商务中的组织形态及其作用来定义和划分商务模式的。

迈克尔·拉帕总结了九大类共 25 种电子商务模式，九大类为：经纪模式（Brokerage）、广告模式（Advertising）、信息中间人模式（Infomediary）、销售商模式（Merchant）、制造商模式（Manufacturer）、会员模式（Affiliate）、社区模式（Community）、订阅模式（Subscription）和效用模式（Utility）。其中各种模式都可以进一步分为若干个子模式。

保罗·蒂蒙斯提出可以从价值链分解再重构的方法来分析各种电子商务模式，并总结了 11 种电子商务模式。从电子商务企业基于创新和功能集成的程度不同，把目前存在的电子商务模式划分为 11 种模式：电子商店（e-Shop）、电子采购（e-Procurement）、电子拍卖（e-Action）、电子购物中心（e-Mall）、第三方市场（3rd Party Marketplace）、虚拟社区（Virtual Communities）、价值链服务提供商（Value Chain Service Provider）、价值链集成商（Value Chain Integrator）、合作平台（Collaboration Platforms）、信息经纪人（Information Brokers）、信任服务（Trust Services）。

袁新龙和吴清烈把电子商务分为 10 种业务模式：①网上黄页；②电子商店；③电子采购；④电子购物中心；⑤电子拍卖；⑥虚拟社区；⑦第三方交易市场；⑧价值链整合商；⑨价值链服务提供商；⑩信息中介。

荆林波着重从 B2B 和 B2C 两个角度对电子商务模式作了详细介绍，并把 B2B 分成七种模式：①目录模式；②兼营模式，即可做 B2B 又可做 B2C 的模式；③政府采购和公司采购模式；④供应链模式；⑤中介服务模式；⑥拍卖模式；⑦交换模式。

3. 电子商务模式的定义及内涵

电子商务模式是企业确定细分市场和目标顾客之后，通过企业内部特定的组织结构和在价值网中的定位，运用网络信息技术，与价值网上的各合作成员整合相关的流程，最终满足顾客的需要，并给企业带来盈利的方式。

针对上述电子商务模式的定义，需要注意以下几个关键词的内涵。

（1）细分市场和目标顾客反映了电子商务的实质仍然是市场营销，也就是说，电子商务企业在面临广阔的市场空间时，仍然需要运用市场的意识去左右自己的战略决策，通过对市场环境的分析，来评价市场情况，最终锁定自己有能力服务，也愿意接受自己服务的那一部分顾客群体，有的放矢地做好这一种商务活动。

（2）企业内部特定的组织结构是每个企业针对自己的企业目的和企业战略，在考察每个企业成员的能力和分工后，最终设计的分工与协作的综合状态。电子商务状态下的企业与传统企业存在的最大不同，就是企业运营方式与组织形式有着密切的联系。

（3）价值网是以网络和信息系统作为手段，快速、精确地收集网上各种信息，并与供应商、合作伙伴、分销商和顾客进行分享，用信息连接、协调和控制链上的所有活动，使价值链上所有成员密切地合作，快捷、可靠和高效地创造更多的价值。

阅读材料

价值网

电子商务的发展，使企业价值链呈现虚拟化和网络化的特点，传统线性的价值链将转化为网络化的模式。企业价值创造的方式不再局限于传统的价值链，价值网将成为企业盈利的主要来源。随着价值网理论研究的深入，价值网将成为企业商务模式分析与设计的重要理论工具。

大卫（David）等在 2000 年出版的著作《价值网——打破供应链，挖掘隐利润》（Value nets：Breaking the Supply Chain to Unlock Hidden Profit）中对价值网进行了研究，认为传统价值链理论已不适合动荡不确定的新商业环境，价值网也就成为新的指导企业行动的理论工具。

价值网理论能更有效地对新商业环境中的企业进行剖析与设计，更好地指导企业规划电子商务模式。以下四种主要力量促使价值链向价值网转变。

（1）越来越苛求的顾客

在市场逐渐透明的激烈竞争环境中，顾客成为真正的上帝，他们对产品或服务的价格、质量、性能和响应速度的要求越来越高。顾客需要的不仅仅是零碎的产品，他们对解决方案的个性化也十分重视。

（2）Internet 和数字技术

从主机时代、PC 时代、网络时代到后 PC 时代，接入网络给用户带来的效用呈爆炸性增长。国际互联网的发展速度超出大多数人的想象，变化以摩尔定律在加速。国际数据公司（IDC）的研究表明，在全球 500 强企业中，信息技术投资超过生产设备投资的企业占 65%，而网络技术投资的回报率则高达 10 倍以上。信息传递越来越快，谁能利用信息技术最快获得最新的信息，谁就将拥有先发优势。

（3）与日俱增的竞争压力

除传统的竞争力量外，网络会催生一批新的竞争力量，竞争态势更加复杂化，商业环境更难以预测。面对不确定变化的市场能否及时回应，如何给客户提供新的价值，如何保持或扩大市场份额已成为企业生存和发展的关键。

（4）全球化

信息技术迅猛发展极大地降低了交易成本，尤其是跨国交易成本的降低最为突出。生产要素自由流动并在全球优化组合，价值链逐渐虚拟化，改变了竞争的格局。企业能力核心化、运营合作化、响应快捷化和收益多赢化成为时代的趋势。在新经济时代，信息正在取代物质资源而成为创造财富的主要源泉，彻底变革着人们的生活方式。信息技术革命使传统企业竞争从现实空间扩展到全球虚拟空间，同时，竞争的范围变广、深度加强。

2.2 电子商务模式的分类

1. 电子商务构成要素与电子商务模式的关系

电子商务模式，实际上是构成电子商务的诸多要素，各种不同的组合形式及电子商务运营管理的方式与方法。

电子商务构成要素的不同组合，对应有不同的模式。按组合要素的不同和组合作用的不同，电子商务模式可分成电子商务空间模式、电子商务规模模式、电子商务等级模式、电子商务经营范围模式、电子商务运营管理模式、电子商务行业模式和电子商务平台模式，如图 2-1 所示。

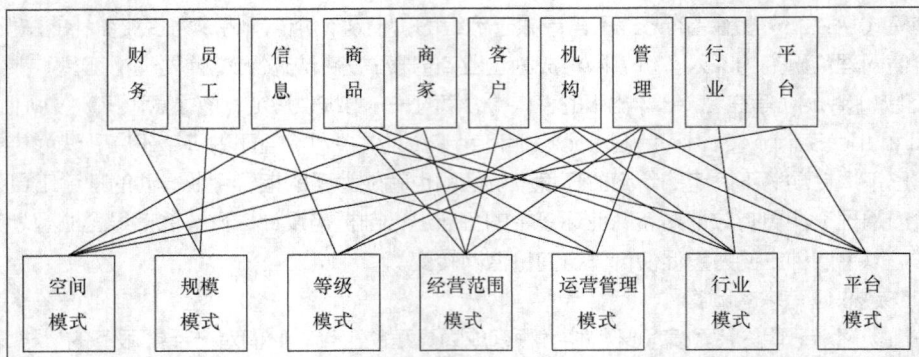

图 2-1　电子商务构成要素与电子商务模式之间的关系

2．电子商务模式的划分

（1）按空间划分

电子商务空间模式是指按物理区域划分的电子商务模式，由商家、客户、信息网络系统和支持服务机构四种要素组合而成。电子商务空间模式可分为本地区模式、跨地区模式和跨国家模式三种类型。

① 电子商务本地区模式通常是指利用本城市内或本地区内的信息网络实现的电子商务活动，电子交易的地域范围较小。

② 电子商务跨地区模式是指在本国或本省范围内进行的网上电子交易活动。其交易的地域范围较大，是在全国或全省范围内实现的电子商务活动。涉及工商行政管理、税务、银行等不同地区的众多部门。

③ 电子商务跨国家模式是指在全世界范围内进行的电子商务活动，参加电子商务各方通过网络进行贸易。涉及有关交易各方的相关信息系统，如买方国家进出口公司系统、海关系统、银行金融系统、税务系统、运输系统、保险系统等。全球电子商务业务内容繁杂，数据来往频繁，要求电子商务系统严格、准确、安全、可靠，应制订出世界统一的电子商务标准和电子商务（贸易）协议，使全球电子商务得到顺利发展。

（2）按规模划分

电子商务规模模式是以电子商务企业或单位的规模所划分的电子商务模式，由从业员工数、财务中的销售额两种要素组合而成。电子商务规模模式可分为大型、中型和小型三种电子商务类型。

电子商务规模模式划分标准参照国务院国有资产监督管理委员会办公厅 2003 年 11 月 4 日的国资厅评价函〔2003〕327 号《关于在财务统计工作中执行新的企业规模划分标准的通知》中的标准。

① 电子商务大型规模模式通常是指企业从事电子商务的从业人员数在 400 人及以上，销售额在 15000 万元及以上的企业或单位。如阿里巴巴为大型规模的电子商务企业，2015 年销售额突破 3 万亿元，从业人员数为 34433 人（2015 年 6 月）。

② 电子商务中型规模模式是指企业从事电子商务的从业人员数在 100 人至 400 人之间，销售额在 1000 万～15000 万元之间的企业或单位。

③ 电子商务小型规模模式是指企业从事电子商务的从业人员数在 100 人以下，销售额在 1000 万元以下的企业或单位。

（3）按等级划分

电子商务等级模式是根据经营服务水平所划分的电子商务模式，由信息网络系统、支付服务机构、组织管理三种要素组合而成。

电子商务等级模式根据经营服务水平不同可分为初级、中级和高级电子商务三种类型。

① 电子商务初级水平模式通常是指在商务活动中主要实现信息流、商流的网络化，即进行网上发布商品信息，网上签约洽谈等非网上支付型电子商务，实现初级经营服务的电子商务。

② 电子商务中级水平模式是指在商务活动中实现信息流、商流与资金流的网络化，以供应链管理与客户关系管理为基础，实现网上支付型电子商务，涉及支付服务机构及企业内部的营销管理，实现中级经营服务的电子商务。

③ 电子商务高级水平模式是指在商务活动中实现信息流、商流、资金流与物流的网络化。网上订货与上下游企业应用集成，及时精益生产，在智能化的基础上实现协同型电子商务，涉及四个"流"的高水平组合，实现高级经营服务的电子商务。

（4）按经营范围划分

电子商务经营范围模式是以经营业务的种类所划分的电子商务模式，由商品、商家、客户和组织管理四种要素组合而成。

电子商务经营范围模式以经营范围不同可分为专业和综合两种类型。

① 电子商务专业经营模式通常是指针对一个行业或某一方面做深、做透的商务模式，这种模式在专业上更具权威，在商品和用户群上更加精确。

② 电子商务综合经营模式是指针对多个行业或方面开展的商务模式，主要是在广度上下功夫。

（5）按运营管理划分

电子商务运营管理模式，是电子商务组织、业务流程的设计、实施、指挥、控制的机制与方式方法，由财务成本、商品、组织管理三种要素组合而成。

电子商务运营管理模式按照参与交易的主体不同，可分为企业交易模式（B2B）、网上零售模式（B2C）、个体交易模式（C2C）、顾客企业模式（C2B）、线上线下模式 Online to Offline（O2O），以及其他类型的模式。

该分类下各种模式的详细介绍，请参见 2.3 小节"电子商务的运营模式"部分。

（6）按行业划分

电子商务的行业模式是指基于电子商务进行企业经营的不同行业领域所特有的模式，由信息网络系统、客户、支持服务机构和行业四种要素组合而成。

根据行业的不同，电子商务的行业模式有快速消费品电子商务模式、农村电子商务模式、跨境电子商务模式、金融电子商务模式、服务电子商务模式、信息电子商务模式、交通电子商务模式等。

下面介绍几种常见的电子商务行业模式。

① 快速消费品电子商务中，快速消费品有一种新的叫法是 PMCG（Packaged Mass Consumption Goods），这类产品更加着重包装、品牌化以及大众化对这个类别的影响。最容易让人理解的对它的界定包括包装的食品、个人卫生用品、烟草、酒类和饮料。之所以称其为快速，是因为它们首先是日常用品，它们依靠消费者高频次和重复的使用与消耗、通过规模的市场量来获得利润和价值的实现。目前，各大综合性购物网站以及食行生鲜等，都是快速消费电子商务的大型平台。

② 农村电子商务，通过网络平台嫁接各种服务于农村的资源，拓展农村信息服务业务、服务领域，使之兼而成为遍布县、镇、村的三农信息服务站。作为农村电子商务平台的实体终端直接扎根于农村、服务于"三农"，真正使"三农"服务落地，使农民成为平台的最大受益者。

2015 年 10 月 14 日国务院总理李克强主持召开国务院常务会议，决定完善农村及偏远地区宽带电信普遍服务补偿机制，缩小城乡数字鸿沟；部署加快发展农村电商，通过壮大新业态来促消费惠民生；确定促进快递业发展的措施，培育现代服务业新增长点。

③ 跨境电子商务是指分属不同关境的交易主体，通过电子商务平台达成交易、进行支付结算，并

通过跨境物流送达商品、完成交易的一种国际商业活动。

跨境电子商务作为推动经济一体化、贸易全球化的技术基础，具有非常重要的战略意义。跨境电子商务不仅冲破了国家间的障碍，使国际贸易走向无国界贸易，同时它也正在引起世界经济贸易的巨大变革。对企业来说，跨境电子商务构建的开放、多维、立体的多边经贸合作模式，极大地拓宽了进入国际市场的路径，大大促进了多边资源的优化配置，实现企业间的互利共赢；对于消费者来说，跨境电子商务使他们非常容易地获取其他国家的信息并买到物美价廉的商品。

实际上，电子商务行业模式的提出，本身也意味着电子商务已渗透到社会经济活动的各个领域，并在这些领域中发挥着举足轻重的作用。

（7）按平台划分

电子商务平台模式是指根据电子商务运作的支持平台来划分的电商模式，由财务、支持服务机构、组织管理和平台四大要素组成。

按照电子商务支持平台的不同，可将电子商务平台模式划分为非移动电子商务模式和移动电子商务模式。

① 非移动电子商务模式即传统的，基于台式电脑、笔记本电脑等有线网络连接终端进行在线交易和支付的平台模式，目前已基本成熟。

② 移动电子商务就是利用手机、PDA 及掌上电脑等无线终端进行的 B2B、B2C、C2C 或 O2O 的电子商务。它将互联网、移动通信技术、短距离通信技术及其他信息处理技术完美地结合，使人们可以在任何时间、任何地点进行各种商贸活动，实现随时随地、线上线下的购物与交易、在线电子支付以及各种交易活动、商务活动、金融活动和相关的综合服务活动等。

著名学者姜汝祥认为，移动电商让电子商务进入全新的手媒体时代，也更改了传统的营销模式，使得非移动电子商务模式下的空间营销，逐步转变为移动电子商务模式下的时间营销。

2.3　电子商务的运营模式

1. 电子商务运营模式概述

电子商务经营模式是指电子化企业（e-Business）如何运用资讯科技与互联网，来经营企业的方式。简略归纳出企业交易模式（Business to Business，B2B）、网上零售模式（Business to Consumer，B2C）、顾客企业模式（Consumer to Business，C2B）、个体交易模式（Consumer to Consumer，C2C）、线上线下模式（Online To Offline，O2O）等经营模式。

2. 电子商务运营模式分类

（1）B2B

B2B 是指企业与企业之间通过专用网络或 Internet，进行数据信息的交换、传递、开展交易活动的商业模式。它将企业内部网和企业的产品及服务，通过 B2B 网站或移动客户端与客户紧密联系起来，通过网络的快速反应，为客户提供更好的服务，从而促进企业的业务发展。

B2B 是指进行电子商务交易的供需双方都是商家（或企业、公司），他们使用了互联网的技术或各种商务网络平台，完成商务交易的过程。电子商务是现代 B2B marketing 的一种主要表现形式。

B2B 含有以下三个要素。

① 买卖：B2B 网站或移动平台为消费者提供质优价廉的商品，吸引消费者购买的同时促使更多商家的入驻。

② 合作：与物流公司建立合作关系，为消费者的购买行为提供最终保障，这是 B2B 平台硬性条件之一。

③ 服务：物流主要是为消费者提供购买服务，从而实现再一次的交易。

B2B 模式往下分类，还可以进一步分成垂直模式、综合模式、自建模式和关联模式。

① 垂直模式

面向制造业或面向商业的垂直 B2B（Direct industry Vertical B2B），可以分为两个方向，即上游和下游。生产商或商业零售商可以与上游的供应商之间形成供货关系，生产商与下游的经销商也可以形成销货关系。简单地说，这种模式下的 B2B 网站类似于在线商店，这一类网站其实就是企业网站，就是企业直接在网上开设的虚拟商店，通过这样的网站可以大力宣传自己的产品，用更快捷、更全面的手段让更多的客户了解自己的产品，促成交易。或者也可以是商家开设的网站，这些商家在自己的网站上宣传自己经营的商品，目的也是用更加直观便利的方法促成并扩大商业交易。

② 综合模式

面向中间交易市场的 B2B。这种交易模式是水平 B2B，它是将各个行业中相近的交易过程集中到一个场所，为企业的采购方和供应方提供了一个交易的机会，这一类网站自己既不是拥有产品的企业，也不是经营商品的商家，它只提供一个平台，在网上将销售商和采购商汇集一起，采购商可以在其网上查到销售商的有关信息和销售商品的有关信息，反之亦然。

③ 自建模式

行业龙头企业自建 B2B 模式是大型行业龙头企业基于自身的信息化建设程度，搭建以自身产品供应链为核心的行业化电子商务平台。行业龙头企业通过自身的电子商务平台，串联起行业整条产业链，供应链上的上下游企业通过该平台实现资讯、沟通、交易。但此类电子商务平台过于封闭，缺少产业链的深度整合。

④ 关联模式

行业为了提升电子商务交易平台信息的广泛程度和准确性，整合综合 B2B 模式和垂直 B2B 模式而建立起来的跨行业电子商务平台。

（2）B2C

B2C 其中文简称为"商对客"。"商对客"是电子商务的一种模式，也就是通常说的直接面向消费者销售产品的服务商业零售模式。这种形式的电子商务一般以网络零售业为主，主要借助于互联网开展在线销售活动。B2C 即企业通过互联网为消费者提供一个新型的购物环境——网上商店，消费者通过网络进行网上购物、网上支付等消费行为。

B2C 模式的营销策略比较特殊，主要有以下几个方面。

① 剔除

在 B2C 电子商务模式中，大部分人都会认为"库存和物流"是理所当然的因素，而且这两块儿也是成本较高的因素。既然这两块儿是成本比较高的因素，那么能不能剔除呢？大部分人的第一反应是：肯定不能。没有什么是不可能的，办法总比问题多，已经有电子商务网站剔除掉了这两个环节。剔除掉这两个环节有两个方法：销售信息类产品，就不要销售实物类产品；销售实物类产品的话，就需要整合相关的资源。

② 创造

A. 导购资讯

大部分 B2C 网站都是产品展示和产品销售，内容单调，很难留住回头客。很多购买者在有需求的时候，面对众多的同类产品，太多选择反而会让他们变得非常盲目。如果有非常合理的导购信息让自已对自己所要购买的产品有一个客观的了解和比较的话，他们就可以购买一个让自己满意的产品。客户满意了，他才愿意继续到你的网站购买产品。客户买产品，买的不是产品本身，买的是产品带给自己的好处。人性化的导购信息可以帮助客户快速地获得各类产品的好处。

B．购物文化

大部分购物网站都缺少一种东西，那就是购物文化。购物文化就是让你的购物网站营造出一种氛围，让用户感觉到在这种氛围内购买产品其本身就是一种享受。

③ 仓储物流服务

随着电子商务日益发展，物流配送业务也日趋庞大，甚至出现了供不应求的市场局面。因此，仓储物流行业在近几年变得异常火爆，这类企业的主要业务除了仓储、代发货、物流配送外，还包括了配送跟踪、终端消费者退货投诉处理等业务。而一家全面的仓储物流公司还会帮助供应商提供具体的物流解决方案，如高效的配送方案、低成本的配送选择等。而这类企业主要集中在上海、北京、广州等资源集中型城市。

④ 增加

大部分 B2C 网站只是选择两三种简单的支付方式。其实，支付方式是否便捷，直接决定着用户的购买欲望。大部分消费者都属于冲动性购物者，如果在购物过程中遇到了一些麻烦，这些消费者就会转化成理智型购物者。因此，支付越便捷，就对 B2C 的销售越有好处，而且这条特别重要。中国的 SP 行业之所以能够有如此疯狂的市场，最大的原因就是其支付的便捷性。如果 SP 的服务都是去邮局汇款这一种支付方式的话，不可能会有今天的市场的。如果要做 B2C 行业，一定要把支付方式做到行业标准之上。做到最便捷，对销售特别有好处。

（3）C2C

C2C 实际是电子商务的专业用语，是个人与个人之间的电子商务。其中 C 指的是消费者，因为顾客（消费者）的英文单词是 Customer（Consumer），又因为英文中 2 的发音同 to，所以 C to C 简写为 C2C。C2C 即 Customer（Consumer）to Customer（Consumer）。

C2C 的意思就是消费者个人间的电子商务行为。比如一个消费者有一台电脑，通过网络进行交易，把它出售给另外一个消费者，此种交易类型就称为 C2C 电子商务。

C2C 模式有几个典型的平台举例如下。

① 淘宝网

淘宝网（taobao.com）是中国深受欢迎的网购零售平台，目前拥有近 5 亿的注册用户，每天有超过 6000 万的固定访客，每天的在线商品数已经超过了 8 亿件，平均每分钟售出 4.8 万件商品。截至 2011 年年底，淘宝网单日交易额峰值达到 43.8 亿元，创造 270.8 万直接且充分就业机会。随着淘宝网规模的扩大和用户数量的增加，淘宝也从单一的 C2C 网络集市变成了包括 C2C、团购、分销、拍卖等多种电子商务模式在内的综合性零售商圈。目前已经成为世界范围的电子商务交易平台之一。

淘宝网致力于推动"货真价实、物美价廉、按需定制"网货的普及，帮助更多的消费者享用海量且丰富的网货，获得更高的生活品质；通过提供网络销售平台等基础性服务，帮助更多的企业开拓市场、建立品牌，实现产业升级；帮助更多胸怀梦想的人通过网络实现创业就业。新商业文明下的淘宝网，正走在创造 1000 万就业岗位这下一个目标的路上。

淘宝网不仅是中国深受欢迎的网络零售平台，也是中国的消费者交流社区和全球创意商品的集中地。淘宝网在很大程度上改变了传统的生产方式，也改变了人们的生活消费方式。不做冤大头、崇尚时尚和个性、开放擅于交流的心态以及理性的思维，成为淘宝网上崛起的"淘一代"的重要特征。淘宝网多样化的消费体验，让淘一代们乐在其中：团设计、玩订制、赶时髦、爱传统。

② 拍拍网

拍拍网是京东战略收购的原腾讯电商旗下业务。拍拍致力于打造一个卖家和买家互通的移动社交电商平台，通过提供包括服装服饰、母婴、食品和饮料、家居家装和消费电子产品等在内的丰富的产品，来全面满足消费者的需求。与此同时，拍拍也为第三方卖家提供数据挖掘和分析等增值服务，这些增值服务将帮助卖家对消费者和市场做出精准分析，并为其产品规划和开展精准营销提供支持。通过布局拍拍，京东正式进军移动社交电商领域，京东原有的电商生态也在 B2C 的基础上得到了进一步丰富。

拍拍将秉持"坚决杜绝假货"和"更公平的流量分配体系"两条核心原则，扶持包括大学生、中小商家、农民等广泛的电子商务创业者群体，建立公平、透明的商家生态，吸纳优质商家和商品入驻，并充分保障中小卖家的权益，在帮助中小卖家健康成长的同时，服务好最终消费者。

（4）C2B

C2B 是互联网经济时代新的商业模式。这一模式改变了原有生产者（企业和机构）和消费者的关系，是一种消费者贡献价值（Create Value）、企业和机构消费价值（Consume Value）的新模式。

C2B 模式和我们熟知的供需模式（Demand Supply Model，DSM）恰恰相反，真正的 C2B 应该先有消费者需求产生而后有企业生产，即先有消费者提出需求，后有生产企业按需求组织生产。通常情况为消费者根据自身需求定制产品和价格，或主动参与产品设计、生产和定价。产品、价格等彰显消费者的个性化需求，然后，生产企业根据需求进行定制化生产。

C2B 的核心是以消费者为中心，消费者当家作主。站在我们平时作为消费者的角度看，C2B 产品应该具有以下特征：第一，相同生产厂家的相同型号的产品无论通过什么终端渠道购买价格都一样，也就是全国人民一个价，渠道不掌握定价权（消费者平等）；第二，C2B 产品价格组成结构合理（拒绝暴利）；第三，渠道透明（O2O 模式拒绝山寨）；第四，供应链透明（品牌共享）。

长期以来由于定制生产成本很高，产销双方在交易过程中存在空间障碍、时间障碍、金融支付障碍和沟通障碍等导致交易成本很高，因此消费者和生产企业退而求其次，以牺牲个性化交换工业化生产的低成本，这就是以生产企业为中心、少品种大批量的 B2C 模式。进入 21 世纪，互联网技术为产销双方提供了低成本、快捷、双向的沟通手段，现代物流畅达，金融支付手段便捷，以模块化、延迟生产技术为代表的柔性生产技术日益成熟，使交易成本和柔性生产成本大幅下降，为发展 C2B 创造了条件。

C2B 具有以下模式特性。

① C2B 营销概念，即将庞大的人气和用户资源（Customer）转化为对企业（Business）产品和品牌的注意力，转化为企业所迫切需要的营销价值，并从用户的角度出发，通过有效的整合与策划，改变企业营销内容及形式，从而形成与用户的深度沟通与交流。

② 招集众商家联合合作营销，给顾客更多的选择。

③ 要约——买家发布要什么样的商品、价格、大小、样式等构成要约成立的条件，让企业来找你，从而促成双赢的局面。

④ 聚合分散的数量庞大的客户群，形成一个强大的采购集团，扭转以往一对一的劣势出价地位，享受批发商的价格优惠。

⑤ 客户个性化定制产品，邀约厂商生产，实现以客户需求为引擎，倒逼企业柔性化生产。厂商也可实现以销定产、降低库存，同时减少销售环节、降低流通成本。

（5）O2O

O2O 是指将线下的商务机会与互联网结合，让互联网成为线下交易的前台，这个概念最早来源于美国。O2O 的概念非常广泛，只要产业链中既可涉及线上，又可涉及线下，就可通称为 O2O。

O2O 电子商务模式需具备五大要素：独立网上商城、国家级权威行业可信网站认证、在线网络广告营销推广、全面社交媒体与客户在线互动、线上线下一体化的会员营销系统。

一种观点是，一家企业能兼备网上商城及线下实体店两者，并且网上商城与线下实体店全品类价格相同，即可称为 O2O；也有观点认为，O2O 是 B2C 的一种特殊形式。

在 1.0 早期的时候，O2O 线上线下初步对接，主要是利用线上推广的便捷性等把相关的用户集中起来，然后把线上的流量导到线下，主要领域集中在以美团为代表的线上团购和促销等领域。在这个过程中，存在着单向性、黏性较低等缺点。平台和用户的互动较少，基本上以交易的完成为终结点。用户更多是受价格等因素驱动，购买和消费频率等也相对较低。

发展到 2.0 阶段后，O2O 基本上已经具备了目前大家所理解的要素。这个阶段最主要的特色就是升级为了服务性电商模式：包括商品（服务）、下单、支付等流程，把之前简单的电商模块，转移到更加高频和生活化场景中来。由于传统的服务行业一直处在一个低效且劳动力消化不足的状态，在新模式的推动和资本的催化下，出现了 O2O 的狂欢热潮，于是上门按摩、上门送餐、上门生鲜、上门化妆、滴滴打车等各种 O2O 模式开始层出不穷。在这个阶段，由于移动终端、微信支付、数据算法等环节的成熟，加上资本的催化，用户出现了井喷，使用频率和忠诚度开始上升，O2O 开始和用户的日常生活逐渐融合，成为生活中密不可分的一部分。但是，在这中间，有很多看起来很繁荣的需求，由于资本的大量补贴等，虚假的泡沫掩盖了真实的状况。有很多并不是刚性需求的商业模式开始浮现，如按摩、洗车等。

到了 3.0 阶段，开始了明显的分化，一个是真正的垂直细分领域的一些公司开始凸显出来。比如专注于快递物流的速递易，专注于高端餐厅排位的美味不用等，专注于白领快速取餐的速位。另外一个就是垂直细分领域的平台化模式发展。由原来的细分领域的解决某个痛点的模式开始横向扩张，覆盖到整个行业。

比如饿了么从早先的外卖到后来开放的蜂鸟系统，开始正式对接第三方团队和众包物流。以加盟商为主体，以自营配送为模板和运营中心，通过众包合作解决长尾订单的方式运行。配送品类包括生鲜、商超产品，甚至是洗衣等服务，实现平台化的经营。

2013 年 6 月 8 日，苏宁线上线下同价，揭开了 O2O 模式的序幕。

（6）其他运营模式

除了以上五种常见的运营模式之外，随着电子商务的快速发展，还有不少新模式在出现，它们分别承担了一部分经济职能，为电子商务行业的发展提供了模式支持。

① Business to Manager（B2M）

B2M 是相对于 B2B、B2C、C2C 的电子商务模式而言，是一种全新的电子商务模式。而这种电子商务相对于以上三种有着本质的不同，其根本的区别在于目标客户群的性质不同，前述三者的目标客户群都是作为一种消费者的身份出现，而 B2M 所针对的客户群是该企业或者该产品的销售者或者为其工作者，而不是最终消费者。

B2M 与传统电子商务相比有了巨大的改进，除了面对的用户群体有着本质的区别外，B2M 具有一个更大的特点优势：电子商务的线下发展。以上三种传统电子商务的特点：商品或者服务的买家和卖家都只能是网民，而 B2M 模式能将网络上的商品和服务信息完全地走到线下，企业发布信息，经理人获得商业信息，并且将商品或者服务提供给所有的老百姓，不论是线上还是线下。其实 B2M 本质上是一种代理模式。

② Manager to Consumer（M2C）

M2C 是针对于 B2M 的电子商务模式而出现的延伸概念。B2M 环节中，企业通过网络平台发布该企业的产品或者服务，职业经理人通过网络获取该企业的产品或者服务信息，并且为该企业提供产品销售或者提供企业服务,企业通过经理人的服务达到销售产品或者获得服务的目的。而在 M2C 环节中,经理人将面对 Consumer,即最终消费者。

M2C 是 B2M 的延伸,也是 B2M 这个新型电子商务模式中不可缺少的一个后续发展环节。经理人最终还是要将产品销售给最终消费者,而这里面也有很大一部分是要通过电子商务的形式,类似于 C2C,但又不完全一样。C2C 是传统的盈利模式,赚取的基本就是商品进出价的差价。而 M2C 的盈利模式则丰富、灵活得多,既可以是差价,也可以是佣金。而且 M2C 的物流管理模式也可以比 C2C 更富多样性,比如零库存;现金流方面也较传统的 C2C 更有优势。

③ Social Network Service(SNS-EC)

社交电子商务,social commerce,是电子商务的一种新的衍生模式。它借助社交媒介、网络媒介的传播途径,通过社交互动、用户自生内容等手段来辅助商品的购买和销售行为。在 Web2.0 时代,越来越多的内容和行为是由终端用户来产生和主导的,比如博客、微博。一般可以分为 2 类:一类是专注于商品信息的,比如 Kaboodle,Thisnext 是比较早期的模式,主要是通过用户在社交平台上分享个人购物体验、在社交圈推荐商品的应用;另一类是比较新的模式,通过社交平台直接介入了商品的销售过程,例如社交团购网站 Groupon。还有就是社交网店,比如法国的 Zlio、中国的辣椒网 Lajoy,这类是让终端用户也介入到商品销售过程中,通过社交媒介来销售商品。

④ Agents Business Consumer(ABC)

ABC 模式是新型电子商务模式的一种,被誉为继阿里巴巴 B2B 模式、京东商城 B2C 模式、淘宝 C2C 模式之后电子商务界的第四大模式。它是由代理商(Agents)、商家(Business)和消费者(Consumer)共同搭建的集生产、经营、消费为一体的电子商务平台,三者之间可以转化。大家相互服务,相互支持,你中有我,我中有你,真正形成一个利益共同体。

⑤ Business to Government(B2G)

B2G 是新近出现的电子商务模式,即“商家到政府”(是术语 B2B 或 business to government 的变化形式),它的概念是商业和政府机关能使用中央网站来交换数据并且与彼此做生意,而比他们通常离开网络更加有效。举例来说,一个提供 B2G 服务的网站可以提供一个单一地方的业务,为一级或多级政府(城市、州或省、国家等)来定位应用程序和税款格式;提供送出填好表格和付款的能力;更新企业的信息;请求回答特定的问题等。B2G 也可能包括电子采购服务,通过它商家可以了解代理处的购买需求和代理处请求提议的回应。B2G 也可能支持虚拟工作间,在这里,商家和代理可以通过共享一个公共的网站来协调已签约工程的工作,协调在线会议,回顾计划并管理跟进发展。B2G 也可能包括在线应用软件和数据库设计的租赁,尤其为政府机关所使用。B2G 有时也被称为电子政务。

⑥ Consumer to Consumer to Business(C2C2B)

C2C2B 这种电子商务模式结合了 C2C 和 C2B 的优势,形成了第四代电子商务模式。在这种模式下,作为个人可以通过介绍他人来一个更好的交易平台,为他人提供一个消费或者经营的机会,从而让他人也来推荐更多的商家入驻或者叫加盟来获得更大的消费群体,以达到增加销量的目的。在这样一个新的交易平台,消费者、经营者和商家三方达成平衡式的获利,这种理念也是在国外刚刚兴起的交互式营销的概念。

C2C 模式通过消费者之间的推荐关系来平等地参与社会财富分配,消费和投资之间可以互相转化。C2C2B 模式不仅消费者可以推荐消费者,还可以推荐企业商家,建立自己的销售联盟和消费者联盟。这一模式的特点是把消费者放在核心地位,让消费者与消费者结合,让消费者与企业结合,使电子商务变得更加有活力,发挥群体的智慧。它的一个显著特点和必要点就是重视服务,符合电子商务电子服务化的大趋势。

2.4 电子商务的商业模式

1. 商业模式的提出与发展

"商业模式"术语源自英文"Business Model",也有人将其翻译为"商务模式""业务模式"或者"经营模式"。

关于互联网商业模式的研究,蒂蒙斯是最早研究的学者之一,他指出商业模式包含三个方面:一是关于产品、服务和信息流的构架,包括对各种商业活动参与者和他们所扮演角色的描述;二是各种商业活动参与者潜在利益的描述;三是收入来源的描述。

商业模式是创业者创意,商业创意来自于机会的丰富和逻辑化,并有可能最终演变为商业模式。其形成的逻辑是:机会是经由创造性资源组合传递更明确的市场需求的可能性,是未明确的市场需求或者未被利用的资源或者能力。尽管它第一次出现在 20 世纪 50 年代,但直到 90 年代才开始被广泛使用和传播,已经成为挂在创业者和风险投资者嘴边的一个名词。

商业模式就是公司通过什么途径或方式来赚钱。简言之,饮料公司通过卖饮料来赚钱,快递公司通过送快递来赚钱,网络公司通过点击率来赚钱,通信(运营)公司通过收话费(通信费)赚钱,超市通过平台和仓储来赚钱,等等。只要有赚钱的地方,就有商业模式存在。

随着市场需求日益清晰以及资源日益得到准确界定,机会将超脱其基本形式,逐渐演变成为创意(商业概念),包括如何满足市场需求或者如何配置资源等核心计划。

2. 商业模式的构成要素

(1)定位

一个企业要想在市场中赢得胜利,首先必须明确自身的定位。定位就是企业应该做什么,它决定了企业应该提供什么特征的产品和服务来实现客户的价值。定位是企业战略选择的结果,也是商业模式体系中其他有机部分的起点。

关于定位已有大量的文献和理论,最具代表性的应属波特、特劳特和科特勒分别对定位的不同理解。在波特的战略理论体系中,十分强调定位的重要性,关于竞争战略的低成本和差异化本身就是企业对于未来发展态势的刻画。波特认为战略就是在竞争中做出取舍,战略的本质就是选择不做哪些事情,没有取舍,就没有选择的必要,也就没有制定战略的必要。20 世纪 90 年代,波特曾经批评日本企业普遍缺乏战略,实际上是指日本企业过分关注运营效益的提升,尤其是达到生产率边界后仍然忽视企业的方向选择,大量企业的战略趋同。所以,在波特的战略体系中,定位实际上就是企业选择应该做什么,这个定位的内涵是关注企业在公司层面如何发展。

相对波特对于定位即战略选择的理解,特劳特关于"定位"的概念则聚焦在企业具体的产品服务层面。特劳特在具体产品营销方面强调利用社会消费心理学塑造获得消费者心理认同的独特产品定位,利用消费者已有的观念构筑差异化的产品形象,也就是如何在目标受众的头脑中占据一席之地的方法。

科特勒在其营销理论中提出了著名的 STP 工具,也就是细分市场——Segmentation;确定目标市场——Targeting;定位,对于供给进行独特设计以在目标消费者心目中占据特定位置——Positioning的三步曲。在这里,定位包括了该如何设计产品的特色,该如何定价等。很明显,定位实际上也就成为了营销的核心工作。

我们认为，定位是在战略层面和执行层面建立更直接和具体的联系，即企业的定位直接体现在商业模式所需要实现的顾客价值上，强调的是商业模式构建的目的。企业对于自身的定位直接影响（而非决定）到企业需要构筑何种"物种"的商业模式。与战略中的定位略微有些差异的是战略中的定位将决定战略的成败，而商业模式中的定位更多地作为整个商业模式的一个支撑点，因为同样的定位可以有不一样的商业模式，同样的商业模式也可以实现不一样的定位。此外，商业模式中的定位更多地可以用来帮助理解企业的状态，这个状态包括提供什么样的产品和服务、进入什么样的市场、深入行业价值链的哪些环节、选择哪些经营活动、与哪些合作伙伴建立合作关系、怎么分配利益等。在商业模式的定位中，选择不做什么与选择做什么同样重要，同时，这也关系到企业构建业务系统、确定盈利模式、分布资源能力、设计现金流结构等商业模式体系中的其他部分。

（2）业务系统

业务系统是指企业达成定位所需要的业务环节、各合作伙伴扮演的角色以及利益相关者合作与交易的方式和内容。我们可以从行业价值链和企业内部价值链以及合作伙伴的角色两个层面来理解业务系统的构造。

业务系统是商业模式的核心。高效运营的业务系统不仅仅是赢得企业竞争优势的必要条件，同时也有可能成为企业竞争优势本身。一个高效的业务系统需要根据企业的定位识别相关的活动，并将其整合为一个系统，然后再根据企业的资源能力分配利益相关者的角色，确定与企业相关价值链活动的关系和结构，围绕企业定位所建立起来的这样一个内外部各方利益相关者相互合作的业务系统而形成一个价值网络，该价值网络明确了客户、供应商和其他合作伙伴在影响企业通过商业模式而获得价值的过程中所扮演的角色。

（3）关键资源能力

业务系统决定了企业所要进行的活动，而要完成这些活动，企业需要掌握和使用一整套复杂的有形和无形资产、技术和能力，我们称之为"关键资源和能力"。

关键资源和能力是让业务系统运转所需要的重要的资源和能力。任何一种商业模式构建的重点工作之一就是了解企业所需要的重要的资源能力有哪些、它们是如何分布的以及如何才能获取和建立这些资源和能力。不是所有的资源和能力都是同等珍贵，也不是每一种资源和能力都是企业所需要的，只有和定位、业务系统、盈利模式、现金流结构相契合、能互相强化的资源能力才是企业真正需要的。

（4）盈利模式

盈利模式指企业如何获得收入、分配成本、赚取利润。盈利模式是在业务系统中各价值链所有权和价值链结构已确定的前提下，企业利益相关者之间利益分配格局中企业利益的表现。良好的盈利模式不仅能够为企业带来利益，更能为企业编织一张稳定共赢的价值网。

各种客户怎样支付、支付多少，所创造的价值应当在企业、客户、供应商、合作伙伴之间如何分配，是企业收入结构所要回答的问题。

一个企业可以使用多种收益和成本分配机制。例如，同样是新闻媒体，电视台与报纸对于客户的收费方式就不完全一样。电视台的收入主要是向广告客户收取的广告费、赞助费等，而报纸则除了向广告客户收费外，还可以从读者客户中收取报纸费用。一个好的盈利模式往往可以产生多种收入来源，传统的盈利往往是企业提供什么样的产品和服务就针对这种产品和服务向客户收费，现代企业的盈利模式则变化极大，经常出现的盈利模式是企业提供的产品和服务不收费并且是永远不收费，吸引来的顾客产生的价值则由其他利益相关者支付。例如，客户使用互联网上的搜索引擎不需支付费用，但被搜索到的产品和服务的提供商却需要支付费用。同样的业务系统的盈利模式也可能不一样，例如网络游戏就有收费、免费和向玩家付费三种方式。

成本结构是和企业提供的产品和服务、业务系统及其资源能力分布紧密相关的。传统盈利模式的成本结构往往和收入结构一一对应，而现代盈利模式中的成本结构和收入结构则不一定完全对应。同样是制造销售手机，那些通过专卖店、零售终端销售手机的企业，其销售成本结构主要是销售部门的办公与管理费用、销售人员的工资奖金费用等。而通过与运营商提供的服务捆绑，直接给用户送手机的制造商的销售成本结构则完全不一样。

（5）自由现金流结构

自由现金流结构是企业经营过程中产生的现金收入扣除现金投资后的状况，其贴现值反映了采用该商业模式的企业的投资价值。不同的现金流结构反映企业在定位、业务系统、关键资源能力以及盈利模式等方面的差异，体现企业商业模式的不同特征，并影响企业成长速度的快慢，决定企业投资价值的高低、企业投资价值递增速度以及受资本市场青睐程度。

（6）企业价值

企业价值，即企业的投资价值，是企业预期未来可以产生的自由现金流的贴现值。

如果说定位是商业模式的起点，那么企业的投资价值就是商业模式的归宿，是评判商业模式优劣的标准。企业的投资价值由其成长空间、成长能力、成长效率和成长速度决定。好的商业模式可以做到事半功倍，即投入产生效率高、效果好，包括投资少、运营成本低、收入的持续成长能力强。

企业的定位影响企业的成长空间，业务系统、关键资源能力影响企业的成长能力和效率，加上盈利模式，就会影响企业的自由现金流结构，即影响企业的投资规模、运营成本支付和收益持续成本的能力和速度，进而影响企业的投资价值以及企业价值实现的效率和速度。投资价值实现的效率可以用企业价值/资产规模、企业价值/净资产规模来评价；投资价值实现的速度可以用企业价值递增速度和达到更大规模层次所花费的时间来评价。例如，企业价值从一亿元到百亿元、千亿元、万亿元所需要的时间。同样一个机会、同样的市场、顾客需要、新技术、新产品、独特的资源或能力、独有的社会资本等，采用不同商业模式产生的企业价值规模、价值实现的效率、价值递增的速度和价值达到更大规模所需要的时间则大相径庭。

商业模式的这六个要素是互相作用、互相决定的：相同的企业定位可以通过不一样的业务系统实现；同样的业务系统也可以有不同的关键资源能力、不同的盈利模式和不一样的现金流结构。例如，业务系统相同的家电企业，有些企业可能擅长制造，有些可能擅长研发，有些则可能更擅长渠道建设；同样是门户网站，有些是收费的，而有些则不直接收费，等等。商业模式的构成要素中只要有一个要素不同，就意味着不同的商业模式。一个能对企业各个利益相关者有贡献的商业模式需要企业家反复推敲、实验、调整和实践上述六个方面才能产生。

本章小结

通过对商业模式的学习，掌握商业模式的概念和要素。商业模式是为了在市场中获得利润而规划好的一系列商业活动，商业模式是商业计划的核心内容。电子商务构成要素的不同组合，对应有不同的模式。按组合要素的不同与其组合作用的不同，电子商务模式可分成电子商务空间模式、电子商务规模模式、电子商务等级模式、电子商务经营范围模式、电子商务运营管理模式、电子商务行业模式和电子商务平台模式。

本章对主流的电子商务运营模式——B2B、B2C、C2C 电子商务模式特点进行了详细的介绍。B2B 是一种企业之间的电子商务，是一种主要针对其他企业进行销售的业务形式，应用较广泛的模式主要有电子市场中心、电子分销商、B2B 服务提供商以及信息中介等；B2C 电子商务模式是企业通过网络针对个体消费者实现价值创造的商业模式，是目前电子商务发展最为成熟的商业模式之一，B2C 目前发展较为成熟的电子商务模式有门户网站、电子零售商、内容提供商、交易经纪人、社区服务商等。C2C 是个人与个人之间的电子商务。最后对新兴的电子商务模式及其特点进行了分析和总结。

课堂问答

1. 从传统商务模式到电子商务模式的转变有哪些？
2. 电子商务模式可以从哪些角度进行划分？
3. 什么是 B2C 模式？
4. 请将 C2C 和 B2C 模式进行简单比较。
5. 新兴的电子商务模式有哪些？

实践练习

1. 分析猪八戒网的商业模式。
2. 分析聚美优品网站的商业模式。
3. 选取 B2C、C2C 网站各一个，完成一次完整的购物过程。

扩展案例

国内新兴的电子商务模式

模式一：中粮模式——玩转产业链

中粮集团作为国内龙头农业产业集团，已经从单一的粮油贸易延展到全产业链。通过对涉及农业的各领域，在技术、信息、种子、金融服务、网络、渠道、终端等方面进行投资和整合，从而对产业链的各个环节进行全方位的投资与服务开发，如今，米、面、油、糖、肉、奶、饲料、玉米深加工产品、番茄酱、葡萄酒等领域均在国内取得了一定的市场规模和影响力。

解读： 整合产业链只是基础，玩转产业链的各大环节才是王道！中粮服务的很多农业企业涉及米面粮油、鸡蛋、榨菜等各大领域，虽然它们只涉及一个细分产业，但却能把该产业做到极致！

模式二：依云模式——用稀缺产地资源

依云，法国最普通的矿泉水，为何能在中国的超市卖到二十几元钱？原因不仅仅因为它来自阿尔卑斯山，还在于其背后的关键词：世界少有的无污染地区，海拔 2000 米以上，年均气温 0℃

以下，丰富无污染。就是因为地域的唯一性和独特性，造就了该产品的唯一性和独特性，使之成为了世界上最贵的水！

解读：学会利用产地优势，形成强大竞争力，不是所有矿泉水都叫"依云"！在与客户的接触中发现：他们背后并不缺乏资源，缺乏的是嫁接资源的方法！如乌江榨菜企业，一句"中国榨菜数涪陵，涪陵榨菜数乌江"顿时红遍大江南北，还迅速带动了当地企业形成产业化发展，大大拉动了当地经济的飞快发展！

模式三：双汇模式——走深加工之路

作为老牌肉食品企业，双汇不是单纯地卖火腿，而是借助当地（河南）养猪的原料资源所具有的规模优势，通过引进先进技术，不断挖掘深加工。双汇摩拳擦掌打造"畜禽—屠宰加工—肉制品精深加工"产品链，加强畜禽养殖基地和产业带建设，提高工业化屠宰集中度。依托精深加工、加工销售生鲜肉是双汇发展新的战略重点。双汇一手推开了市场之门，一手则挽起农民同奔富裕。

解读：立足自身资源，引进先进技术，走深加工之路，不断提高深加工环节的含金量，大大转化高附加值，绷紧整个产业链条，这是农产品加工企业制胜的关键，正在成为越来越多涉农企业的选择。

模式四：阳澄湖大闸蟹模式——饥饿营销+网络营销+会员卡制度

为何偏偏阳澄湖大闸蟹每年没上桌前，都能被炒的"红遍全球"？其核心是转变营销模式！阳澄湖大闸蟹在产品尚未上市之时，利用微博在网上热炒，并实行团购预定。为了满足顾客的多样化消费需求，直营店里的蟹卡采用了磁条记忆的技术，实现了可多次刷卡消费及反复充值使用。"饥饿营销+网络营销+会员卡制度"让一只小小的螃蟹在经济低迷的时期依旧火爆！

解读：老树如何开新花？传统农业品牌需要在营销思路上大胆创新！转变固有的传统营销模式，产品在墙内开花还仅仅是第一步，只有墙外香到消费群的内心深处，才能成为真正的品牌！

模式五：极草5X模式——利用稀缺效应

极草5X，更是被戏称为"极草X5"。一年的销售额就达到18亿元，据了解，目前仅北京市场单店的月销售额基本都在100万元左右。即便在今年大市场环境不佳的严峻形势下，其市场表现依旧强劲。为什么？一根小小的"极草"威力为何如此之大？"极草X5"利用产地的唯一性、产品的稀缺性，靠贩卖稀缺打造了一个亿级的礼品市场。

解读：利用产品本身的稀缺属性，再加上贩卖稀缺的营销方式，让极草5X盆满钵满！只有站在战略的高度，通过新奇的营销思路，挖掘产品背后的稀缺特质，才能使之与其他竞品形成鲜明的差异化。

模式六：百瑞源模式——嫁接旅游资源

被外界一贯认为是"地摊货"的宁夏枸杞，有时候实在是让人拿不出手，但又没有更好的东西可送，最后只能落于自豪与羞涩的尴尬境地。但百瑞源是个例外。这家企业创造了一个奇迹：日销百万元，单店年销破亿元。它是怎么做到的呢？"文化元素+旅游整合"，最终创造了前所未有的行业奇迹！百瑞源大力挖掘枸杞背后的文化元素，打造了百瑞源枸杞养生馆及博物馆。百瑞源枸杞养生馆以"尊贵、优雅、品位"的品牌个性，融枸杞养生文化、枸杞系列产品与品牌文化于一体，让客户在体验和购买产品的同时品味优雅生活、感受养生文化。

解读：在产品背后，还要深挖其文化，可结合故事化的手法，延伸品牌的文化内涵，让消费者不仅能感受到产品的品质，还能联想到其深厚的文化底蕴，同时巧借当地资源优势实现产品动销，可以达到意想不到的效果。

模式七：沱沱工社模式——玩转电子商务

随着食品安全问题频发，导致很多中小型食品企业纷纷倒闭，但也有一些企业抓住了这个契机，大赚了一把。比如，很火的网上购物平台沱沱工社，依托其自身的产业基地，利用消费者对食品安全问题的恐慌，创办中国首家专业提供有机食品的 B2C 网上购物平台。抓住了食品供应体系的根源问题，让它成为白领购买有机产品的首选。

解读：传统渠道已经逐渐呈现出"僵尸化"态势。天猫、淘宝、京东商城等电商们的电商大战，就已见端倪！对目前的农业企业而言，随着信息技术及移动互联网技术的飞快发展，人们的消费环境及消费手段正在发生变化。此时，对众多农民企业而言，一定要学会运用新兴渠道的力量来贩卖自己的产品。

模式八：斯慕昔模式——社区会员直供

如果你是一家做饮品的企业，有人问你，你的产品在哪里卖？估计大多数人首先会想到超市或是其他流通渠道。但斯慕昔告诉我们："这些方式都已经被我们玩剩下了"！斯慕昔饮品在网上直接销售会员卡，只要会员一个电话，足不出户，几个小时之内就能喝上"特供"的饮料，再加上还有"月卡""季卡""年卡"等多种优惠方式，因此，它受到了不少白领的喜爱。不仅如此，斯慕昔还走进社区便利店，让消费者能够更快、更便利地喝到纯正无添加的果汁。

解读：给消费者提供更为便利的购物体验，将是未来战胜竞争对手的有力法宝。目前像鸡蛋、米面、粮油等一些跟我们生活贴近的农产品，已经开始深入社区，这些企业让老百姓足不出社区，就可以吃到最新鲜、最健康的食品。

模式九：千岛湖模式——跨界餐饮，赚大钱

日益激烈的市场竞争，已经使不少企业开始转换思路，寻找新的玩法，浙江的千岛湖就是其中一例。对外地游客来讲，来千岛湖就是"赏天下第一秀水，品淳牌有机鱼头"，否则便是枉到千岛湖了。杭州千岛湖发展有限公司开创了我国有机水产品养殖的先河，并以鱼味馆为载体，成功举办"千岛湖"杯全国淡水鱼烹饪大赛，把有机鱼头卖给全国各大品牌餐饮店，使其成为各大品牌餐饮主打的招牌菜，从地区走向全国，实现迅速提高知名度、占领市场的目标。

解读：在市场竞争日益激烈的今天，跳出传统产品开发思路，提升产品的技术含量及其附加值，在"跨界"之中借力，在借力之中形成合力。跨界开发新产品正在成为越来越多企业的选择。

模式十：超综连锁卖 O2O 模式——连锁经营理念

超综连锁卖 O2O 电商模式，是秉承连锁经营"货品同源，多店同业，店店锁客"的核心思想，通过互联网技术和思维，把海量经营者组织起来，以统一品牌为生产者销售商品提供渠道、方案、数据服务，为消费者购买和使用商品提供线上线下集合服务的电子商务模式。

解读：超综连锁卖 O2O 电商模式，利用互联网架起商品生产者与消费者之间的桥梁，减少中间环节，降低商品流通费用，提高流通效率，彻底摒弃了传统电商模式的批发（B2B）、零售（B2C）、逻辑，是生产商发展实体连锁站、经销商拓展采购渠道和开发区域客户的首选交易网站。

03 第3章

网络营销

学习目标

通过本章的学习，了解网络营销产生的背景及网络营销的特点；了解消费者行为理论并掌握其理论内涵；了解整合营销理论并掌握其营销操作思路；了解直复营销理论并掌握其活动过程；了解关系营销理论并掌握其基本模式；了解全球营销理论，理解其与其他营销的异同；了解服务营销的理论；理解企业应如何做好服务营销；理解网络营销的理论；掌握网络营销的理念，掌握网络营销的管理过程和网络顾客服务。

导入案例

海尔的网络营销

中国海尔创立于 1984 年，经过 30 年创业创新，从一家资不抵债、濒临倒闭的集体小厂发展成为全球第一家电品牌。作为中国家电企业的一面旗帜，海尔在网络营销上也走在了很多企业的前面。

早在 2002 年，海尔就建立起了网络会议室，在全国主要城市开通了 9999 客服电话，并在"非典"时真正体现出它巨大的商业价值和独有的战略魅力。海尔如鱼得水地坐在了视频会议桌前调兵遣将。通过 BBP 交易平台，海尔每月接到 6000 多个销售订单，订制产品品种逾 7000 个，采购的物料品种达 15 万种。新物流体系降低了 73.8% 的呆滞物资，库存占压资金减少 67%。

几年前，海尔集团采用了 SAP 公司为之搭建的国际物流中心，成为国内首家达到世界领先水平的物流中心。"网络营销远非广告和销售渠道，它更重要的是企业系统化的网络体制。"王汝林认为海尔就是这种典范。

赢得全球供应链网络

在要么触网、要么死亡的互联网时代，海尔作为一家著名的电器公司，迈出了非常重要的一步。海尔公司于 2000 年 3 月开始与 SAP 公司合作，首先进行企业自身的 ERP 改造，随后便着手搭建 BBP 采购平台。从平台的交易量来讲，海尔集团可以说是中国最大的一家电子商务公司。

海尔集团首席执行官张瑞敏在评价该物流中心时说："在网络经济时代，一个现代企业如果没有现代物流，就意味着没有物可流。对海尔来讲，物流不仅可以使我们实现三个零的目标，即零库存、零距离和零营运资本，更给了我们能够在市场竞争中取胜的核心竞争力。"

在海尔，仓库不再是储存物资的水库，而是一条流动的河，河中流动的是按单来采购生产必需的物资，也就是按订单来进行采购、制造等活动，这样，从根本上消除了呆滞物资、消灭了库存。

海尔通过整合内部资源、优化外部资源使供应商由原来的 2336 家优化至 978 家，国际化供应商的比例反而上升了 20%，由此建立了强大的全球供应链网络，有力地保障了海尔产品的质量和交货期。不仅如此，更有一批国际化大公司已经以其高科技和新技术参与到海尔产品的前端设计中，目前可以参与产品开发的供应商比例已高达 32.5%，至此，海尔实现了三个 JIT（just-in-time，准时生产），即 JIT 采购、JIT 配送和 JIT 分拨物流的同步流程。

目前，通过海尔的 BBP 采购平台，所有的供应商均在网上接受订单，并通过网上查询计划库存，及时补货，实现 JIT 采购；货物入库后，物流部门可根据次日的生产计划利用 ERP 信息系统进行配料，同时根据看板管理 4 小时送料到工位，实现 JIT 配送；生产部门按照 B2B、B2C 订单的需求完成订单以后，通过海尔全球配送网络送达客户手中。目前海尔在中心城市实行 8 小时配送到位，区域内 24 小时配送到位，全国 4 天以内到位。

计算机网络连接新经济速度

在企业外部，海尔 CRM（客户关系管理）和 BBP 电子商务平台的应用架起了与全球用户资源网、全球供应链资源网沟通的桥梁，实现了与用户的零距离接触。目前，海尔 100% 的采购订单由网上下达，使采购周期由原来的平均 10 天降低到 3 天；而网上支付也已达到总支付额的 20%。

在企业内部，计算机自动控制的各种先进物流设备不但降低了人工成本、提高了劳动效率，还直接提升了物流过程的精细化水平，达到质量零缺陷的目的。计算机管理系统搭建了海尔集团内部的信息高速公路，能将电子商务平台上获得的信息迅速转化为企业内部的信息，以信息代替库存，达到零营运资本的目的。

海尔在物流方面所做的探讨与成功，尤其是采用国际先进的协同电子商务系统，进一步提升了海尔的核心竞争力。

3.1　网络营销概述

1. 网络营销的定义

简单地说，网络营销就是利用计算机网络进行的营销活动，是一种通过互联网的"双向沟通"方式，企业可将其产品、服务及广告等信息存放在自己所建立的网站上，并通过互联网让消费者访问。消费者也可从企业的网站上获取所需要的信息，并且能够订购商品或留置信息，如图 3-1 所示。

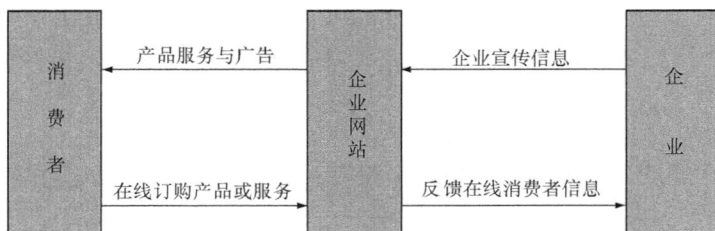

图 3-1　网络营销示意图

网络营销是指企业以现代营销理论为基础，利用互联网技术和功能，最大程度地满足客户需求，以达到开拓市场、增加盈利目标的经营过程。网络营销是企业整体营销战略的一个组成部分，作为企业经营管理手段，是企业电子商务活动中最基本和最重要的网上商业活动。但是，网络营销并不能完全替代传统营销，而是对传统营销的扩展和延伸。

2．网络消费者市场及购买行为

网络营销成效的取得需要企业具有正确的网络营销理念，实施切实可行的营销战略和策略。而要做到这些，首先必须了解网络市场和客户的购买行为。这是因为，网络使传统的市场概念发生了很大的变化，既有时间维度上的扩张，又有空间维度上的拓展。这个迅速发展的网络市场，已经并将继续显现出与传统市场不同的特征，其市场结构、交易模式、需求与行为等都发生了很大的变化，使得人们对市场营销策略、方法需要进行新的探索与组合。

（1）网络消费者市场

在营销学中，消费是指人们在生活或生产活动中为满足某种需要而消耗物质产品和非物质产品的活动。狭义的消费者，是指购买、使用各种消费品或服务的个人。广义的消费者是指购买、使用各种产品与服务的个人或组织。下面从狭义消费者的角度讨论消费者行为。

消费者市场被定义为以消费为目的的购买产品或服务的个人或家庭的最终消费者构成的市场（即B2C市场）。

网络消费是人们借助互联网实现其自身需求满足的过程。生产工具是生产力性质的决定性因素，同时也是消费形态的决定性因素。18世纪蒸汽机技术和19世纪电气技术的广泛应用，造就了工业社会的消费形态。20世纪90年代以来，信息技术的发展造就了一种新的消费形态——网络消费形态。

网络消费者有狭义和广义两种理解：狭义的理解指通过互联网购买产品、进行消费的人或组织；广义的理解指所有的互联网用户。

（2）网络消费者市场的特征

网络消费者市场与传统市场一样具有以下一些特征。

① 所交易的商品受消费者个人因素的影响较大

从交易的商品看，由于是供个人或家庭最终消费的产品，因此，它更多地受到诸如文化修养、欣赏习惯、收入水平等消费者个人因素的影响。

② 市场分散、交易规模小、方式多

消费品市场购买者众多、市场分散、成交次数频繁，但交易数量不大、交易方式多种多样。与传统市场所不同的是，传统市场中绝大部分商品是通过中间商销售的。而网络市场中，生产商不仅可以通过电子中间商销售，也可以实行网络直销，其目的都是方便消费者购买。

③ 购买行为具有很大的可变性和可诱导性

生产者市场的购买决策常常受生产特征的限制及宏观政策和市场变化的影响。而在消费者市场中则不同，消费者大多缺乏相应的商品知识和市场知识，其购买行为属非专业性购买，对产品的选择往往是受广告、厂商促销、媒体舆论甚至感情冲动等因素的影响，其购买行为具有很大的可变性与可诱导性。

④ 需求的多样性和差异化，供求关系复杂

开展网络营销的消费品经营者面对的是一个覆盖全球的大市场，消费者的需求及由此产生的供求关系将比传统市场更加复杂。

（3）消费者行为特征与购买动机

消费者行为是指人为了满足自身物质和文化生活的需要，根据其收入条件，取得消费资料并进行消费的行为方式、方法、行为过程及其变化的总和。无论是传统环境还是网络环境，对消费者行为的研究，一般都可以从三个方面进行研究，即消费者是谁、什么时候购买、到哪里购买，如今，网上消费的环境已经比较成熟，任何互联网用户都是潜在的消费者，他们可以根据自己的需求和厂商所提供的产品与服务，在任何时间、任何地点进行网上消费。因此，前两个问题比较容易解决，值得重点研究的是网络消费者为什么购买和怎样购买这两个问题。

① 网络消费者的需求特点

注重自我，强调个性消费。随着市场经济的发展，商品数量和品种已经极度丰富，人们可以按照个人意愿选择商品与服务。这时人们选择商品的条件不只是商品的使用价值，更多的是将个人心理感觉认同作为决策购买的优先条件，人们更注重个性化消费。目前网络用户多以年轻、高学历用户为主，他们拥有不同于他人的思想和喜好，有自己独立的见解和想法，对自己的判断能力也比较自负。网络消费者对产品和服务的具体要求越来越独特，而且变化多端，越来越体现了个性化。他们特别喜欢消费新颖的产品，即新产品或者时尚类产品，并且这些产品一般来说是在本地传统市场中暂时无法买到或不容易买到的，以此来展现自己的个性和与众不同的品位。

消费需求具有明显的差异性和分散性。网络消费者注重自我，强调个性消费，这种个性化的消费使网络消费需求呈现出差异性。不同的网络消费者因所处的时代、环境不同也会产生不同的需求。即使不同的网络消费者在同一需求层次上的需求也会由于收入水平等因素的差异使消费需求有所不同。与传统市场的集中性相比，网络消费更多地体现出分散性。在网络消费市场中，消费者的决策时间短，消费需求的差异性大，购买的次数多，但每次的购买金额相对较小，购买的流动性大，商品的替代性强、需求弹性大。

消费需求强调购买的便利性和购买乐趣。消费者选择网络进行购买商品，就是因为网上购物可以免去他们去商场购物的往返路途时间、寻找商品和挑选商品的时间、排队交款结账的时间，同时免除他们去商场购物所产生的体能消耗。总之，网络营销简化了购物环节，节省了时间和精力，减少了购物过程中的麻烦。此外，在网上购物，除了能满足实际的购物需求以外，消费者在购买商品的同时，还能得到许多信息，并得到在逛各种传统商店中没有的乐趣。

网络消费者的消费具有层次性。消费的层次性是指消费者通过满足某一层次的需求，随即便开始另一层次的消费。在传统的商业模式下，人们的需求一般是由低层次向高层次逐步延伸发展的，只有当低层次的需求满足之后，才会产生高一层次的需求。而在网络消费中，人们的需求是由高层次向低层次扩展的。在网络消费的开始阶段，消费者侧重于精神产品的消费，到了网络消费的成熟阶段，消费者在完全掌握了网络消费的规律和操作，并且对网络购物有了一定的信任后，消费者才会从侧重于精神消费品的购买转向日用消费品的购买。

网络消费需求具有超前性和可诱导性。网络的诞生改变了人们的生活，网络带来了无限的商机，网络构造了一个全球化的虚拟大市场。在这个市场中最先进的产品和最时尚的商品会以最快的速度与消费者见面。以年轻人为主体的网络消费者通过网络获得这些商品信息。追求时尚与形象、展现个性与发展自我的需求特点必然使这些网络消费者接受这些新商品，从而带动其周围消费层，即新的一轮消费热潮。网络消费者的需求特点与影响网络消费者需求的因素是相辅相成的。

② 网络消费者的购买动机

人们的消费需要都是由购买动机引起的。网络消费者的购买动机，是指在网络购买活动中，能使网络消费者产生购买行为的某些内在的动力。只有了解消费者的购买动机，才能预测消费者的购买行为。网络消费者的购买动机与传统消费的购买动机一样，基本上可以分为两大类：需求动机和心理动机。

A. 需求动机

网络消费者的需求动机是指由需求而引起的购买动机。根据美国心理学家马斯洛的需要层次理论分析的消费需求包括如下方面。

从满足生理需要的角度讲，需消费的商品包括食品、饮料、鞋帽、服装等。

从满足安全需要的角度讲，消费类型五花八门，如自卫防身用品，为了保护自己的家庭财产而购买防止偷盗的安保用品、保险服务等。

归属和爱的需要反映在人们结交朋友、参与社交活动、赠送礼品以及在公共场合的消费等。为满足自尊的需要而消费的商品类型也比较多，如各类名牌商品、名贵商品、稀有商品以及为了改变或美化自我形象的各类美容化妆品、服装服饰品、高档商品等。

在追求自我实现的消费时，不在意这些商品而在意这些商品的消费是否具有一定的独特性，如为了实现自己在摄影方面的才能，购买一些摄影器材或相关商品。

此外，网络消费还可以满足消费者另外三方面的基本需要。

兴趣需要，即人们出于好奇和能获得成功的满足感而对网络活动产生兴趣。

聚集需要，通过网络给相似经历的人提供了一个聚集的机会。

交流需要，网络消费者可聚集在一起互相交流买卖的信息和经验。

B. 心理动机

心理动机是由于人们的认识、感情、意志等心理过程而引起的购买动机。网络消费者购买行为的心理动机主要体现在理智动机、感情动机和惠顾动机三个方面。

理智动机具有客观性、周密性和控制性的特点。这种购买动机是消费者在反复比较各在线商场的商品后才产生的。因此，这种购买动机比较理智、客观而很少受外界气氛的影响。这种购买动机的产生主要用于耐用消费品或高档商品的购买。

感情动机是由人们的情绪和感情所引起的购买动机。这种动机可分为两种类型：一是由于人们喜欢、满意、快乐、好奇而引起的购买动机，它具有冲动性、不稳定的特点；二是由于人们的道德感、美感、群体感而引起的购买动机，它具有稳定性和深刻性的特点。

惠顾动机是建立在理智经验和感情之上，对特定的网站、国际广告、商品产生特殊的信任与偏好而重复、习惯性地前往访问并购买的一种动机。由惠顾动机产生的购买行为，一般是网络消费者在做出购买决策时心目中已首先确定了购买目标，并在购买时克服和排除其他同类产品的吸引和干扰，按原计划确定的购买目标实施购买行动。具有惠顾动机的网络消费者，往往是某一站点忠实的浏览者。

阅读材料

网络消费者行为特征

由于互联网商务的出现，消费观念、消费方式和消费者的地位正在发生着重要的变化。互联网迅速的发展促进了消费者主权地位的提高。网络营销系统巨大的信息处理能力，为消费者挑选商品提供了前所未有的选择空间，使消费者的购买行为更加理性化。

1. 网络消费者的行为特征

网络用户是网络营销的主要个体消费者，他们的购买行为决定了网络营销的发展趋势，要做好网络市场营销工作，就必须对网络消费者的群体特征进行分析，以便采取相应的对策。网络消费需求主要有以下七个方面的特点。

（1）个性化的消费需求明显

在近代，工业化和标准化生产方式的发展，使消费者的个性被淹没于大量低成本、单一化的产品洪流之中。这个新的世界，是一个计算机网络交织的世界，消费品市场变得越来越丰富，消费者进行产品选择的范围趋于全球化，产品的设计趋于多样化，消费者开始制定自己的消费准则，整个市场营销又回到了个性化的基础之上。没有一个消费者的消费心理是一样的，每一个消费者都是一个细小的消费市场，个性化消费成为消费的主流。

（2）消费者需求的差异性显现

不仅仅是消费者的个性消费使网络消费需求呈现出差异性，不同的网络消费者因其所处的时代环境不同，也会产生不同的需求，不同的网络消费者，即便在同一需求层次上，他们的需求也会有所不同。网络消费者来自世界各地，有不同的国家、民族、信仰和生活习惯，因而会产生明显的需求差异性。所以，从事网络营销的厂商，要想取得成功，就必须在整个生产过程中，从产品的构思、设计、制造，到产品的包装、运输、销售，都认真思考这些差异性，并针对不同消费者的特点，采取相应的措施和方法。

（3）消费的主动性增强

在社会化分工日益细化和专业化的趋势下，消费者对消费的风险感随着选择的增多而上升。在许多大额或高档的消费中，消费者往往会主动通过各种可能的渠道获取与商品有关的信息并进行分析和比较。或许这种分析、比较不是很充分和合理，但消费者能从中得到心理的平衡，以减轻风险感或减少购买后产生的后悔感，增加对产品的信任程度和心理上的满足感。消费主动性的增强来源于现代社会不确定性的增加和人类需求心理稳定、平衡的欲望。

（4）消费者与厂家、商家的互动意识增强

传统的商业流通渠道由生产者、商业机构和消费者组成，其中商业机构起着重要的作用，生产者不能直接了解市场，消费者也不能直接向生产者表达自己的消费需求。而在网络环境下，消费者能直接参与到生产和流通中来，与生产者直接进行沟通，如此，减少了市场的不确定性。

（5）追求方便的消费过程

在网上购物，除了能够完成实际的购物需求以外，消费者在购买商品的同时，还能得到许多信息，并得到在逛各种传统商店时没有的乐趣。今天，人们对现实消费过程出现了两种追求的趋势：一部分工作压力较大、紧张程度高的消费者以方便性购买为目标，他们追求的是时间和劳动成本的尽量节省；另一部分是由于劳动生产率的提高，自由支配时间增多，他们希望通过消费来寻找生活的乐趣。今后，这两种相反的消费心理将会在较长的时间内并存。

（6）消费者选择商品的理性化

网络营销系统巨大的信息处理能力，为消费者挑选商品提供了前所未有的选择空间，消费者会利用在网上得到的信息对商品进行反复比较，以决定是否购买。对企事业单位的采购人员来说，可利用预先设计好的计算程序，迅速比较进货价格、运输费用、优惠、折扣、时间效率等指标，最终选择有利的进货渠道和途径。

（7）价格仍是影响消费心理的重要因素

从消费的角度来说，价格不是决定消费者购买的唯一因素，但却是消费者购买商品时肯定要考虑的因素。网上购物之所以具有生命力，重要的原因之一是因为网上销售的商品价格普遍低廉。尽管经营者都倾向于以各种差别化来减弱消费者对价格的敏感度，避免恶性竞争，但价格始终对消费者的心理产生重要的影响。因消费者可以通过网络联合起来向厂商讨价还价，所以产品的定价逐步由企业定价转变为消费者引导定价。

2. 网络时代消费行为的变化

网络经济时代的最大特征是买方市场。互联网强大的通信能力和网络商贸系统便利的交易环境，改变了消费者的消费行为，企业营销也必须跟上时代发展的步伐。网络时代消费行为的变化可以概括为以下几个方面。

（1）消费产品个性化

由于社会消费品极为丰富，人们收入水平不断提高，这些因素进一步拓宽了消费者的选择，并使产品的个性化消费成为可能。消费者购买产品也不再仅仅是满足其物质需要，而且还要满足其心理需要，这一全新的消费观念影响之下的个性化消费方式正在逐渐成为消费的主流。网络营销必须面对这一市场环境，并对市场实行细分，直至极限。

（2）消费过程主动化

在网络营销中，消费者消费主动性的增强，来源于现代社会不确定性的增加和人类追求心理稳定、平衡的欲望。这种消费过程主动性的特点，对网络营销产生了巨大的影响，它要求企业必须迎合消费者的这种需要，对顾客不再"填鸭式"地宣传，而是通过和风细雨式的影响，让顾客在比较中做出选择。

（3）消费行为理性化

在网络环境下，消费者可以很理性地选择自己的消费方式，这种理性消费方式主要表现在：①理智地选择价格；②大范围地选择比较，即通过"货比千家"，精心挑选自己所需要的商品；③主动地表达对产品及服务的欲望，即消费者不再会被动地接受厂家或商家提供的商品或服务，而是根据自己的需要主动上网去寻找适合的产品，即使找不到也会通过网络系统向厂家或商家主动表达自己对某种产品的欲望和要求。

（4）购买方式多样化

网络使人们的消费心理稳定性减少、转换速度加快，这直接表现为消费品更新换代的速度加快。这种情况，反过来又使消费者求新、求变的需求进一步加强，同时，由于在网上购物更加方便，因此人们在满足购物需要的同时，又希望能收获购物的种种乐趣。这两种心理使购买方式变得多样化，这种多样化的购买方式又直接影响了网络营销。

3．网络营销的内容

网络营销作为新的营销方式和营销手段实现企业的营销目标，其内容非常丰富。一方面，网络营销要针对新兴的网络市场，及时了解和把握网络市场的消费者特征和消费者行为模式的变化，为企业在网上市场进行营销活动提供可靠的数据分析和营销依据。

另一方面，网络营销作为在 Internet 上进行的营销活动，它与传统营销的基本营销目的是一致的，传统营销中的产品品牌、价格、渠道和促销等要素都会在网络营销中体现，但与传统营销相比，又有很多变化。以下是网络营销中的一些主要内容。

（1）网上市场调研。

（2）网上消费者行为分析。

（3）网络营销策略制定。

（4）网上产品和服务策略。

（5）网上价格营销策略。

（6）网上渠道选择与直销。

（7）网上促销与网络广告。

（8）网络营销管理与控制。

4．网络营销的特点

随着互联网技术发展的成熟以及联网成本的低廉，互联网好比是一种"万能胶"将企业、团体、组织以及个人跨时空联结在一起，使得它们之间信息的交换变得"唾手可得"。市场营销中最重要也最本质的是组织和个人之间进行信息传播和交换。如果没有信息交换，那么交易也就是无本之源。正因如此，互联网具有营销所要求的某些特性，这使得网络营销呈现出以下特点。

（1）跨时空

营销的最终目的是占有市场份额，由于互联网具有超越时间约束和空间限制进行信息交换的天然优势，因此使得脱离时空限制达成交易成为可能，企业可有更多时间和更大空间进行营销，可每周 7 天、每天 24 小时随时随地地提供全球性营销服务。

（2）多媒体

互联网被设计成可以传输多种媒体的信息，如文字、声音、图像等信息，使得为达成交易进行的信息交换能以多种形式存在和交换，从而充分发挥营销人员的创造性和能动性。

（3）交互式

互联网通过展示商品图像，商品信息资料库来提供有关的查询，来实现供需互动与双向沟通，还可以进行产品测试与消费者满意调查等活动。互联网为产品联合设计、商品信息发布以及各项技术服务提供最佳工具。

（4）个性化

互联网上的促销是一对一的、理性的、消费者主导的、非强迫性的、循序渐进式的，而且是一种低成本与人性化的促销，避免推销员强势推销的干扰，并通过信息提供与交互式交谈，与消费者建立长期良好的关系。

5．网络营销与传统营销

网络营销作为一种全新营销方式，具有很强的实践性，它的发展速度是前所未有的。21 世纪是信息世纪、网络世纪，那么营销必将走向信息化和网络化。随着我国市场经济发展的国际化、规模化，国内市场必将更加开放，更加容易受到国际市场开放的冲击，而网络营销的跨时空性无疑会对整个营销产生巨大影响，如图 3-2 所示。

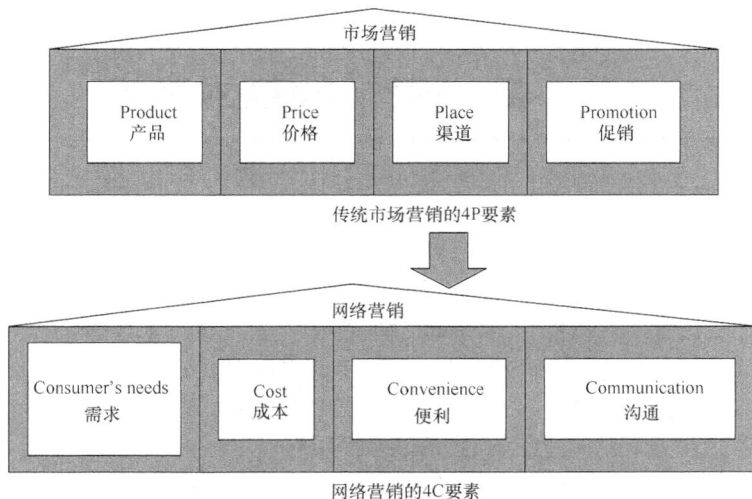

图 3-2　网络营销与传统营销比较

（1）对传统营销策略的影响。传统营销依赖层层严密的渠道，并以大量人力与广告投入市场，这在网络时代将成为无法负荷的奢侈品。

（2）对传统营销方式的冲击。随着网络技术迅速向宽带化、智能化、个人化方向发展，用户可以在更广阔的领域内实现声、图、像、文一体化的多维信息共享和人机互动功能。"个人化"把"服务到家庭"推向了"服务到个人"。

（3）对营销组织的影响。互联网带动企业内部网（Intranet）的蓬勃发展，使得企业内外沟通与经营管理均需要依赖网络作为主要的渠道与信息源。带来的影响包括：业务人员与直销人员减少、组织层次减少、经销代理与分店门市数量减少、渠道缩短，虚拟经销商、虚拟门市、虚拟部门等企业内外部虚拟组织盛行。这些影响与变化，都将促使企业对于组织再造工程（Reengineering）的需要变得更加迫切。

（4）网络营销与传统营销的整合。网络营销作为新的营销理念和策略，凭借互联网特性对传统经营方式产生了巨大的冲击，但这并不等于说网络营销将完全取代传统营销，网络营销与传统营销是一个整合的过程，理由有以下几个方面。

首先，互联网作为新兴的虚拟市场，它覆盖的群体只是整个市场中某一部分群体，许多群体由于各种原因还不能或者不愿意使用互联网。

其次，互联网作为一种有效的渠道有着自己的特点和优势，但对于许多消费者来说，由于个人生活方式的差异不愿意接收或者使用新的沟通方式和营销渠道，如许多消费者不愿意在网上购物，而习惯在商场上一边购物一边休闲。

再者，互联网作为一种有效沟通方式，可以方便企业与用户之间直接双向沟通，但消费者有着自己的个人偏好和习惯，有些更愿意选择传统方式进行沟通。

最后，互联网只是一种工具，营销面对的是具有灵性的人，因此一些以人为主的传统营销策略所具有的独特亲和力是网络营销无法替代的。

网络营销与传统营销是相互促进、相互补充的，企业在进行营销时应根据企业的经营目标和细分市场，整合网络营销和传统营销，以最低成本达到最佳的营销目标。网络营销与传统营销的整合，就是利用整合营销策略实现以消费者为中心的传播统一、双向沟通，最终实现企业的营销目标。

3.2　网络营销的基本理论

1. 网络直复营销理论

根据美国直复营销协会（ADMA）为直复营销下的定义，直复营销是一种为了在任何地方产生可度量的反应或达成交易而使用一种或多种广告媒体的相互作用的市场营销体系。直复营销的"直"来自英文的"direct"，即直接的意思，是指不通过中间分销渠道而直接通过媒体连接企业和消费者；直复营销中的"复"来自英文中的"response"，即"回复"的意思，是指企业与客户之间的交互，客户对这种营销能够有一个明确的回复，企业可以统计到这种明确回复的数据，由此可以对以往的营销效果进行评价。"回复"是直复营销与直接销售的最大区别。

从直复营销的定义来看，网络营销所包含的这一系列活动完全符合直复营销的理念，并成为典型的直复营销活动。互联网作为一种交互式的、可以双向沟通的渠道和媒体，为企业与客户之间架起了方便的双向互动的桥梁，通过互联网，顾客可以直接参与从产品设计、定价到订货、付款的生产交易全过程；企业可以直接获得市场需求情况、开发产品、接收订单、安排生产并直接将产品送给顾客。网络营销作为一种有效的直复营销策略，源于网络营销活动的效果是可测试、可度量和可评价的。互联网信息处理高效率、低成本的特点，使企业可以及时了解消费者需求变化的情况，细分目标市场，提高营销活动效率。有了及时的营销效果评价，企业还可以及时改进以往的营销努力，从而获得更满意的营销执行结果。

2. 网络软营销理论

"软营销"理论是与工业化时代为配合大规模生产经济而提出的"强势营销"理念相对的新的营销理念，它从消费者心理学角度为网络营销提供了又一个理论基础。

在互联网上，信息交流是平等、自由、开放和交互式的，强调的是互相尊重和沟通。网络使用者比较注重个人体验和自主性。因此，企业采用传统的强势营销手段在互联网上展开营销活动必适得其反。

软营销和强势营销的一个根本区别就在于：软营销的主动方是消费者，而强势营销的主动方是企业。网络本身的特点和消费者个性化需求的回归，使得网络营销成为一种"软营销"。

3. 网络关系营销理论

关系营销一词是 1983 年被首次引入文献的。1985 年巴巴拉·杰克逊在产业市场营销领域提出了这个概念，认为："关系营销是指获得、建立、维持与产业用户紧密的长期关系。"关系营销的实质是在买卖关系的基础上建立非交易关系，以保证交易关系能够持续不断地确立和发生，其目标是建立和发展同相关个人、组织的兼顾双方利益的长期联系，包括：企业与客户的关系、与上游企业的关系、企业内部关系以及与竞争者、社会组织和政府之间的关系。关系营销实际上认识到企业不过是社会经济大系统中的一个子系统，企业的营销目标能否实现要受到众多外在因素的影响。自 20 世纪 90 年代以来，关系营销的重要性越来越受到企业决策者的认同，这一理论也获得了广泛应用。

如果说传统营销的核心是获得顾客的话，那么关系营销的核心则是企业获得和保持顾客。企业实施顾客关系营销的原因至少有两点：其一，企业通过服务顾客等手段为保持顾客所支出的费用远远小于争取新顾客的费用；其二，在商品交易过程中，顾客支付价值获得使用价值，企业让渡产品实现价值获得利润。这说明企业和顾客之间存在共同的利益，二者可以通过长期合作实现双赢。信息技术和网络技术的发展为企业和顾客之间建立有效的双向沟通渠道提供了良好的技术支持。依靠信息和网络技术实现全面互动，旨在以顾客为导向而建立的顾客关系管理的企业可以高效地收集、处理和传递信息。因此，互联网是企业与顾客建立长期关系的有效保障。网络关系营销的常用方式有以下两种。

（1）互动栏目设计（Interactive Channel Design），互动栏目的运用是充分发挥网络特性的一种营销手段，通过互动栏目可充分了解访问者的特征及喜好，从而更直接地掌握第一手的市场资料。此手段要与其他网络推广手段相配合。

（2）会员关系管理（Member Relationship Management）。针对网络会员设计一系列服务，通过网络会员管理系统可以准确地了解每个人不同的喜好及基本情况。有针对性地为会员提供信息及服务，可以在恰当的时间把恰当的信息及服务送到恰当的人手中。

4. 网络整合营销理论

整合营销（Integrated Marketing Communication）又称"整合营销传播"，它是欧美国家 20

世纪 90 年代以消费者为导向的营销思想的具体体现。整合营销理论起步于 20 世纪 90 年代，网络互动的特性使顾客真正参与到整个营销过程中来成为可能。顾客不仅参与的主动性增强，而且选择的主动性也得到加强，因为网络上信息丰富的特征使顾客的选择余地变得很大。在满足个性化消费需求的驱动之下，企业必须严格地执行以消费者需求为出发点，以满足消费者需求为归宿点的现代市场营销思想，否则顾客就会选择其他企业的产品。因此，网络营销首先要把顾客整合到整个营销过程中来，从他们的需求出发开始整个营销过程。

不仅如此，在整个营销过程中要不断地与顾客交互，每一个营销决策都要从消费者出发而不是像传统营销理论那样主要从企业自身的角度出发。在此情况下，传统的以 4P 理论为典型代表的营销管理方法就需要做进一步的扩展。因为 1960 年美国市场营销学家杰罗姆·麦卡锡提出的 4P 组合（产品/服务、价格、渠道、促销）理论的经济学基础是厂商理论，即利润最大化，它的基本出发点是企业的利润，而没有把消费者的需求放到与企业的利润同等重要的位置上，它指导的营销决策是一条单向的链。但网络营销需要企业同时考虑消费者需求和企业利润。20 世纪 90 年代，以舒乐兹教授为代表的营销学者从消费者的角度切入提出了"4C"理论，从四个方面分析消费者需求，它包括消费者需求（Consumer's Wants and Needs）、成本（Cost）、方便（Convenience）和沟通（Communication）四大因素。企业如果从 4C 出发（而不是从利润最大化出发），在此前提下寻找能实现企业利益最大化的营销决策，就可以同时达到利润最大和满足顾客需求两个目标。

网络整合营销的理论模式可以表述为：营销过程的起点是消费者的需求；营销决策（4P）是在满足 4C 要求的前提下的企业利润最大化；最终实现的是消费者满足和企业利润最大化。而由于消费者个性化需求的良好满足，他对企业的产品、服务形成良好的印象，在他第二次需求该种产品时，会对本企业的产品、服务产生偏好，自然会优先考虑本企业；随着第二轮的交互，产品和服务可能更好地满足他的需求。如此重复，一方面，顾客的个性化需求不断地得到越来越好的满足，自然而然地建立起对企业产品的忠诚意识；另一方面，由于这种满足是针对差异性很强的个性化需求，就使得其他企业进入的壁垒变得很高，也就是说其他生产者即使也生产类似的产品也不能同样程度地满足该消费者的个性消费需求。这样，企业和顾客之间的关系就变得非常紧密，甚至牢不可破，这就形成了"一对一"的营销关系。上述这个理论框架称为网络整合营销理论，它始终体现了以顾客为出发点及企业和顾客不断交互的特点，它的决策过程是一个双向的链。

5．4C 理论

4C 理论的核心：强调购买一方在市场营销活动中的主动性与参与性，强调顾客购买的便利性。4C 理论的实际应用是为买卖双方创造了得以即时交流的小环境，符合消费者导向、成本低廉、购买的便利以及充分沟通的 4C 要求。

（1）网络营销真正贯彻了消费者导向的基本原则

4C 理论的核心思想，便是企业的全部行为都要以消费者需求和欲望为基本导向。网络营销作为这一大背景下的产物，强调的仍然是比竞争对手更及时、更有效地了解并传递目标市场上所期待的满足。这样，企业要迅速而准确地掌握市场需求，就必须离消费者越近越好。这是由于一方面信息经过多个环节的传播、过滤，必然带来自然失真，这是由知觉的选择性注意、选择性理解、选择性记忆、选择性反馈和选择性接受所决定的；另一方面，由于各环节主体利益的不同，他们往往出于自身利益的需要而过分夸大或缩小信息，从而带来信息的人为失真。网络营销绕过复杂的中间环节，直接面对消费者，通过各种现代化信息传播工具与消费者进行直接沟通，从而避免了信息的失真，可以比较准确地了解和掌握他们的需求和欲望。

（2）以 4C 理论为核心的网络营销降低了消费者的满足成本

网络营销是渠道最短的一种营销方式，由于减少了流转环节，节省了高昂的店铺租金，使营销成本大为降低，又由于其完善的订货、配送服务系统，使购买的其他成本也相应减少，因而降低了满足成本。

（3）以 4C 理论为核心的网络营销方便了顾客购买

网络营销商经常向顾客提供大量的商品和服务信息，顾客不出家门就能购得所需物品，减少了顾客购物的麻烦，增进了购物的便利性。网络营销实现了与顾客的双向互动沟通，这是网络营销与传统营销最明显的区别之一。

6．让客价值

世界市场学权威、美国西北大学教授菲利普·科特勒在其 1994 年出版的《市场营销管理——分析、规划、执行和控制》中，提出了"让客价值"的概念。这一概念的提出，是对市场营销理论的又一发展。"让客价值"是指顾客总价值与顾客总成本之间的差额。其中顾客总价值是指顾客购买某一产品或服务所期望获得的一组利益，包括产品价值、服务价值和形象价值等。顾客总成本是指顾客为购买某一产品或服务所支付的货币及所耗费的时间、精力等，包括货币成本、时间成本及精力成本等。

由于顾客在购买时，总希望把有关成本降至最低，同时又希望从中获得更多的实际利益，因此，总是倾向于选择"让客价值"最大的方式。企业为在竞争中战胜对手，吸引更多的潜在顾客，就必须向顾客提供比竞争对手更多的"让客价值"。

首先，网络营销提高了顾客总价值。网络营销实现了"一对一"的营销，在这种观念指导下，其产品设计充分考虑了消费者需求的个性特征，增强了产品价值的适应性，从而为顾客创造了更大的产品价值。在提供优质产品的同时，网络营销更注重服务价值的创造，努力向消费者提供周密完善的销售服务，方便顾客购买。另外，网络营销通过一系列的营销活动，努力提升自身形象，培养消费者对企业的偏好与忠诚。

其次，网络营销降低了顾客总成本。消费者购买商品，不仅要考虑商品的价格，而且必须知道有关商品的确切信息，并对商品各方面进行比较，还必须考虑购物环境是否方便等。

因此，工商企业为了扩大商品销售，提高自身竞争力，既要考虑商品价格的制定能否被消费者所接受，更要考虑消费者在价格以外的时间与精力的支出。这些支出我们在这里称为交易费用。它的大小，直接制约交易达成的可能性，从而影响着企业营销效果。因此，降低交易费用也便成为营销方式变革的关键动因。网络营销方式，一方面既缩短了营销渠道——又不占用繁华的商业地段，也不需要庞大的零售商业职工队伍，因而降低了商品的销售成本，也就降低了顾客购买的货币成本；另一方面，网络营销通过直接媒体和直接手段及时向消费者传递商品信息，降低了消费者搜寻信息的时间成本与精力成本。另外，在家购物既节省了时间，又免去了外出购物的种种麻烦，也使这两项成本进一步降低。它减少了交易费用，扩大了商品销售，因而成为众多企业乐意采用的营销方式。

7．一对一直接沟通理论

两点之间最短的距离是直线，网络营销在和客户的沟通联系上采取了最短的直线距离，网络营销的线性模式遵循"沟通是直线的"这一重要理念。

1973 年，领导行为理论代表人物、美国行为科学家明茨伯格 H.Mintzberg 指出"管理工作有10 种作用，而沟通和人际关系占 3 成"。明茨伯格首先创立了经理角色理论，指出"爱用口头交谈方式"和"重视同外界和下属的信息联系"为经理角色六个特点中非常重要的两个特点,直接强化了直接沟通。

从泰勒科学管理理论初始探索下行沟通开始,管理沟通理论的发展历程主要经历了从研究"行政沟通"向研究"人际沟通"发展,从以"纵向沟通"研究为主向以"横向沟通"研究为主,进而向以"网络化沟通"研究为主发展,从以研究"单一的任务沟通"为主向"全方位的知识共享沟通"研究发展等一系列过程。

自 20 世纪 80 年代以来,管理思想随世界经济政治的变化发生了重大的转变,管理沟通理论的研究也遇到新的挑战,主要表现在信息网络技术在沟通中的应用,学习型组织及知识型企业的建立等。伴随现代管理理论呈现出的管理理念更加人性化、知识化,管理组织虚拟化,组织结构扁平化,管理手段和设施网络化,管理文化全球化等总体趋势,管理沟通理论也出现了企业流程再造沟通趋势、管理更加柔性化的文化管理沟通趋势、知识管理沟通趋势、网络经济和全球经济一体化的管理沟通的国际化趋势。网络营销的直接沟通,使沟通的距离达到了最短,从而强化了沟通的效果。

8. 顾客链式反应原理

（1）网络营销关心客户细分和客户价值

网络营销的 CRM 体系强调企业对与客户之间的"关系"的管理,而不是客户基础信息的管理。关心客户"关系"存在的生命周期,客户生命周期（Customer Life Cycle）包括了客户理解、客户分类、客户定制、客户交流、客户获取、客户保留等几个阶段。管理大师彼得·德鲁克说:"企业的最终目的,在于创造客户并留住他们。"一个完善的CRM应该将企业作用于客户的活动贯穿于客户的整个生命周期。

而以前的大多数营销理论和实践,往往集中在如何吸引新的客户,而不是客户保留方面,强调创造交易而不是关系。当前,企业争夺客户资源的竞争加剧,而客户总体资源并没有明显增长。在这种情况下,实现客户保留无疑是目前企业最关心的、也是最努力要实现的工作。

（2）网络营销关心客户忠诚度

客户理论的重点在于客户保留。客户保留最有效的方式是提高客户对企业的忠诚度。商业环境下的客户忠诚（Customer Loyalty）可被定义为客户行为的持续性。客户忠诚是客户对企业的感知（Perception）、态度（Attitude）和行为（Behavior）,它们驱使客户与企业保持长久的合作关系而不使其流失到其他竞争者那里,即便企业出现短暂的价格上或服务上的过失。客户忠诚来源于企业满足并超越客户期望（Expectation）的能力,这种能力使客户对企业产生持续的客户满意。所以,理解并有效捕获到客户期望是实现客户忠诚的根本。

（3）网络营销着重于客户增殖和裂变

物理学关于链式反应是这样解释的:铀核裂变时,同时放出 2~3 个中子,如果这些中子再引起其他铀核裂变,就可以使裂变反应不断地进行下去,这种反应叫作链式反应。

我们把物理学的链式反应引入到对网络营销的研究,比网络营销客户保留价值更重要的是客户增殖管理,传销是一种典型的链式反应过程。它通过"一传十、十传百"形成爆炸发展。而网络营销形成链式反应的条件是对客户关系的维护达到形成链式反应的临界点。这种不断进行的裂变反应使企业低成本扩张成为可能。

多米诺骨牌是一种非常古老的游戏,人们按照自己的意愿将骨牌摆成千奇百怪的图形,调整好骨牌间的位置,然后只需轻轻弹动手指,推倒第一张牌,后面的骨牌便会一个接一个地倒下去,并且推动它的"邻居"。网络营销的思想和体系使顾客增殖像多米诺骨牌一样不断地进行下去,并且规模越来越大,反应越来越剧烈。

3.3　个性化营销与精准营销

1. 个性化营销

案例3-1

亚马逊网上书店

亚马逊网上书店（Amazon.com）是一个虚拟的网上书店，它没有自己的店面，而是在网上进行在线销售。它提供了高质量的综合节目数据库和检索系统，用户可以在网上查询有关图书的信息。如果用户需要购买的话，可以把选择的书放在虚拟购书栏中，最后查看购书栏中的商品，选择合适的服务方式并且提交订单、最终付款，这样读者所选购的书在几天后就可以被送到家。

亚马逊网上书店还提供先进的个性化推荐系统，能为不同兴趣、偏好的用户自动推荐符合其兴趣需要的书籍。亚马逊网上书店使用推荐软件对读者曾经购买过的书以及该读者对其他书的评价进行分析后，将向读者推荐他可能喜欢的新书，只要鼠标点一下，就可以买到该书了。亚马逊网上书店能对顾客购买过的东西进行自动分析，然后因人而异的提出合适的建议。同时，读者的信息将被再次保存，这样顾客下次来时就能更容易地买到想要的书。此外，完善的售后服务也是亚马逊网上书店的优势，读者可以在拿到书籍的 30 天内，将完好无损的书和音乐光盘退回亚马逊网上书店，亚马逊网上书店将原价退款。当然，亚马逊网上书店的成功还不止于此，如果一位顾客在亚马逊网上书店购买一本书，下次他再次访问时，映入眼帘的首先是这位顾客的名字和欢迎的字样。

个性化营销（Personalization Marketing）就是量体裁衣。具体来说，就是企业面向消费者，直接服务于顾客，并按照顾客的特殊要求制作个性化产品的新型营销方式。它避开了中间环节，注重产品设计创新、服务管理、企业资源的整合经营效率，实现了市场的快速形成和裂变发展，是企业制胜的有力武器。特别是随着信息技术的发展，个性化营销的重要性日益凸显。

（1）个性化营销的产生

长期以来，大多数关于营销管理论述中的核心概念是 4P 要素——产品、价格、促销、渠道，也即 4P 营销组合，它概括了营销管理人员的主要决策依据。自从杰罗姆·麦卡锡（Jerome McCarthy）1975 年首次提出 4P 要素这一精练而又内涵丰富的概念，人们就一直用它来表述营销管理的主要任务。当确定了一个目标市场以后，营销经理必须制定一系列针对目标客户进行销售和建立长期关系的计划。营销计划包括产品、价格、促销、分销等决策，营销经理通过这些决策在有限的组织资源中实现其销售目标和利润目标。McCarthy 的 4P 理论一直沿用至今，许多营销教科书仍把 4P 要素作为核心概念，以此来组织各个方面的营销实践。

而当服务营销作为一个独特的管理理念出现时，给传统的 4P 理论带来了变化。研究服务营销的专家们付出极大的努力才把服务营销从产品营销中分离出来，其工作主要是对营销组合的反思，并指出服务与产品的巨大不同。通过证明服务营销需要与商品营销完全不同的策略，研究者把服务营销看作是一种独特的营销。服务营销组合与 4P 要素的主要不同之处在于它增添了三项新的决策因素，与以前的 4P 要素相结合，形成紧密结合的有效的营销组合。新的 3P 要素为人员（Personnel）、物质财富（Physical assets）、计划（Procedures），与传统的营销组合结合形成 7P 要素，从此，服务营销理论的研究者开辟出了与有形商品营销不同的新的管理理论和实践。这一观念上的更新引导我们对传统营销思想的重新审视，我们必须正视许多产品是同时包括有形商品和无形服务，因而不应把商品与服务截然分开。

市场细分的概念是美国市场学家温德尔·史密斯（Wendell R.Smith）于 20 世纪 50 年代中期提出来的。所谓市场细分就是指按照消费者欲望与需求把一个总体市场（总体市场通常太大以致企业很难为之服务）划分成若干个具有共同特征的子市场的过程。因此，分属于同一细分市场的消费者，他们的需要和欲望极为相似；分属于不同细分市场的消费者对同一产品的需要和欲望存在着明显的差别。例如，有的消费者喜欢计时基本准确、价格比较便宜的手表，有的消费者需要计时准确、耐用、且价格适中的手表，有的消费者要求计时准确、具有象征意义的名贵手表。手表市场据此可细分为三个子市场。细分市场不是根据产品品种、产品系列来进行的，而是从消费者的角度，根据市场细分的理论基础即消费者的需求、动机、购买行为的多元性和差异性来划分的。市场细分对企业的生产、营销起着极其重要的作用。传统的市场营销的前提是人以群分，人们被划分为思想不相同、需要不相同的各个群体。要想使这种方法有效，群体必须足够大，才能盈利。然而，注定了不断增强的多样性将使为每一群体提供特制品或特制服务的难度增大。各群体需要的范围将会更广泛，社会的分解将使每一人群中有代表性的人更难找到，差异不断显现，那么确认每一人群的需要的难度将越来越大。这样就使得传统的市场细分难以为继，成功的企业将了解这种新的多样化，并通过更多的相互交流去发现、了解个体的特定需求，而这种特定的需求无疑带有强烈的个人色彩。厂家也许会感觉到这种需求不可理解，但对于某个消费者而言却非常迫切并且也正是这千万种"不可理喻"的不相同的需求才是我们生活的真实世界，也是我们众多厂家在网络时代将直接面对的。在这种情况下，公司与单个消费者的关系显得非常重要，标准化的产品无法满足个性的需求，但个性化的商品除了满足个性化的需求之外，还应与客户建立良好的关系。公司必须从做成每笔交易的指导思想转变为树立忠实于客户思想的远见，必须着眼于为客户终身服务。每个客户都关系到你公司的成败，都是你未来盈利的保证。随着公司越来越能满足每个客户的要求，它们就有可能比较长期地留住这些客户。这样，企业的细分市场将越来越小，或者说每个客户都将成为你的细分市场，个性化营销因此应运而生。

（2）个性化营销的理念创新

个性化营销即企业把对人的关注、人的个性释放及人的个性需求的满足推到空前重要的地位，企业与市场逐步建立一种新型关系，建立消费者个人数据库和信息档案，与消费者建立更为个人化的联系，及时地了解市场动向和顾客需求，向顾客提供一种个人化的销售和服务，顾客根据自己需求提出商品性能要求，企业尽可能按顾客要求进行生产，迎合消费者个别需求和品味，并应用信息，采用灵活战略适时地加以调整，以生产者与消费者之间的协调合作来提高竞争力，以多品种、中小批量混合生产取代过去的大批量生产。这有利于节省中间环节，降低销售成本。不仅如此，由于社会生产计划性增强，资源配置接近最优，商业将出现"零库存"管理，企业的库存成本也节约了。

在过去，追求大规模集约生产技术、标准化的理念和操作的高效率，导致我们的商业哲学是强调把一种标准产品出售给尽可能多的顾客。销售者在识别和走进顾客的进程中呈现一种越来越明显的反复现象。由此，营销思想和实践也呈现出相应的变化轨迹：大众营销——市场细分——深度定位市场营销——微营销——批量订制——个性化。从 1950 年大众营销处于全盛期，经过几十年到 21 世纪，营销思想已转变到以越来越小的顾客群作为市场目标。现在，多种战略并存，使销售者可以在各种战略中进行挑选。顾客策略的多样性是未来营销实践的特点。销售者可以混合多种战略，一些战略针对相对较大的细分市场，另一些针对深度定位市场。其中一部分业务将个性化，其目标客户群将被细分为以单个人为单位，然后建立一对一的关系。

企业管理者除了需要做决策，创建关于产品、价格、促销、渠道的策略之外，还需考虑以下几方面的因素：出售产品的人员；产品所带来的物质财富；购买者获得和使用产品的程序；使产品个性化，具有独特性，满足不同购买者的独特需要。

在许多商品领域，这一理念已得到越来越多的实践。例如《华尔街日报》的报道："由于商店无法提供足够的选择余地或服务，使一些年长而富有的购物者感到厌倦，转而自己订制服装。"当今营销中这样那样的例子表明，重新规划营销组合的时机已经到来。个性化决策是整个决策中极其重要的部分，事实上它是经理们需要最先做出的决策，然后根据个性化的程度与性质才能为下一步的营销决策提供导向。

传统的营销组合主张管理人员必须首先确定需出售给顾客的产品是什么，这些决策主要包括产品所具有的特征、为顾客带来的好处、质量水准、数量和包装等。在专家意见、直觉、敏锐的洞察力和系统的市场研究基础上，产品的决策是基于产品本身——它是什么和它能为顾客带来什么。决策者一旦决定开发这种产品，就要做一个营销计划，详细制定该产品如何定价、送货和促销。营销的概念，这一被广泛讨论的商业哲学，始终强调4P要素在决策中的一体性，以形成统一的战略。学者认为个性化是所有营销战略中的重要因素，它应包含在产品开发之中，并以有关个性化的程度和性质的决策来指引产品开发的方向。当决策者开发这种产品时，他们应把想要提供给市场的个性化的程度融入其中。这一考虑将影响产品生产的批量订制方式以及怎样使服务个性化。

对一个服务性产品，管理者应决定是否每一个顾客都需要完全一样的服务（如公共汽车），或是否每一个顾客都需要完全不同的、独特的服务（如出租车）——服务商始终面临这一问题。当他们设计服务时，他们要考虑有多少服务可以产业化，有多少服务只能个别提供。正如银行可以兑换每一张支票，自动柜员机ATM也能自动进行这些兑换业务。而贷款，则需要大量的个别接触，使整个申请贷款和获得贷款的过程成为了个性化的经历。服务性产品个性化的程度是消费者偏好、操作效率和营销战略的函数。

对于其他服务也存在同样的例子。我们在不同公司的营销战略中可以看到个性化的不同运用。以麦当劳为例，作为经营高度标准化食物产品的先驱，虽在菜单的有限范围内可以做出个人选择，但每种汉堡包都是完全相同的。而与此相对的是，汉堡王（BurgerKing）告诉顾客可以用你自己的方式享用。麦当劳长期作为市场领导者一直保持至今，但BurgerKing仍保持竞争力，并获得相当大的销售收益，这表明消费者偏好会改变，从标准化变得越来越个人化。麦当劳现在正在开发一种更个人化的汉堡包来与之对抗。

在消费时尚的年代，消费者越来越追求具有个性化、情感化的商品，而不再满足于一般的大众化商品。客户消费观念从理性消费走向感性消费，体现出以下特征。

① 主观：消费者的主观性越来越强，广告和促销活动等已经越来越难以改变消费者的主观意念，行销成本直线上升。

② 个性化：消费者的行为呈现出相当的差异化。

③ 善变：买方市场的全面来临，竞争的日趋激烈使消费者的心态和行为越来越缺乏持续性，越来越逆反、求新、多变。

（3）个性化营销的优势

与传统的目标市场营销相比，个性化营销具有以下明显的优势。

① 更加充分地体现现代市场营销观念。现代市场营销观念，就是"顾客至上""爱你的顾客而非产品"等思想。

② 增强企业市场竞争力。个性化营销是根据自己的个性化需求自行设计，改进出来的产品是顾客最满意的产品。

③ 最大限度满足消费者的个性化需求。

④ 能带动企业提高经济效益。由于和消费者保持长期的互动关系，企业能及时了解市场需求的变化，有针对性地生产，不会造成产品积压；缩短了再生产周期，降低了流通费用；另外，个性化产品为产品需求价格增加了弹性，售价提高，从而提高了单位产品利润，企业经济效益自然凸显。

（4）个性化营销的实施

个性化营销的执行和控制是一个相当复杂的机制，它不仅意味着每个面对顾客的营销人员要时刻保持态度热情、反应灵敏，更主要也是最根本的是，它要求能识别、追踪、记录个体消费者的个性化需求并与其保持长期的互动关系，最终能提供个性化的产品或服务，并运用针对性的营销策略组合去满足其需求。所以，个性化营销的基础和核心是企业与顾客建立起一种新型的学习关系，即通过与顾客的一次次接触而不断增加对顾客的了解。利用学习关系，企业可以根据顾客提出的要求以及对顾客的了解，生产和提供完全符合单个顾客特定需要的顾客化产品或服务，最后即使竞争者也进行"一对一"的关系营销，你的顾客也不会轻易离开，因为他还要再花很多的时间和精力才能使竞争者对他有同样程度的了解。

个性化消费正在成为市场环境的主要特点，因此，满足不同消费个体的差异化需要的能力如个性化的营销和个性化的生产能力等是企业生存发展的核心能力，营销特征全面转向个性化，企业需要在消费者的个性化需求和规模效益之间找到最佳契合点。企业通过完成下列四步来实现对自己产品或服务的"个性化营销"。

① 建立目标顾客数据库

营销者对顾客资料要有深入、细致的调查、了解，掌握每一位顾客的详细资料对企业来说相当关键。对于准备实施"个性化营销"的企业来讲，关键的第一步就是能直接挖掘出一定数量的顾客，且至少大部分是具有较高价值的顾客，然后建立自己的"顾客库"，并与"顾客库"中的每一位顾客建立良好关系，最大限度地提高每位顾客的价值。仅仅知道顾客的名字、住址、电话号码或银行账号是远远不够的，企业必须掌握包括顾客习惯、偏好在内的所有其他尽可能多的信息资料。企业可以将自己与顾客发生的每一次联系都记录下来，例如顾客购买的数量、价格、采购的条件、特定的需要、业余爱好、家庭成员的名字和生日，等等。"个性化营销"要求企业必须从每一个接触层面、每一条能利用的沟通渠道、每一个活动场所及公司、每一个部门和非竞争性企业收集来的资料中去认识和了解每一位特定的顾客。

② 企业顾客差别化

"个性化营销"较之传统目标市场营销而言，已由注重产品差别化转向注重顾客差别化。从广义上理解顾客差别化主要体现在两个方面：一是不同的顾客代表不同的价值水平；二是不同的顾客有不同的需求。因此，"个性化营销"认为，在充分掌握了顾客的信息资料并考虑了顾客价值的前提下，合理区分顾客之间的差别是重要的工作内容。顾客差别化对开展"个性化营销"的企业来说，一者可以使企业的"个性化"工作能有的放矢，集中有限的企业资源从最有价值的顾客那里获得最大的收益，毕竟企业不可能有同样的能力与不同的顾客建立学习关系，从不同的顾客那里获取相同的利润；二者企业也可以根据现有的顾客信息，重新设计生产行为，从而对顾客的价值需求做出及时的反应；三者企业对现有"顾客数据库"进行一定程度和一定类型的差别化，将有助于企业在特定的经营环境下制定合适的经营战略。

③ 目标顾客沟通

面对"个性化营销"，我们熟悉的一些大众媒介已经不再能满足需要，这就要求企业寻找、开发、利用新的沟通手段。计算机的产业以及信息技术的高速发展，为企业与顾客提供了越来越多的"一对一"沟通选择，例如现在有些企业通过网络站点向他们的目标客户传输并获取最新最有用的信息，较之利用客户拜访中心，大大节约了成本。当然，传统的沟通途径如人员沟通、顾客俱乐部等的沟通功效仍不能忽视。

④ 企业行为"订制"

将生产过程重新解剖，划分出相对独立的子过程，再进行重新组合，设计各种微型组件或微型程序，以较低的成本组装各种各样的产品以满足顾客的需求。

采用各种设计工具，根据顾客的具体要求，确定如何利用自己的生产能力，满足顾客的需要，即"个性化营销"最终实现的目标是为单个顾客订制实体产品或提供订制服务。

2．精准营销

案例3-2

清华大学继续教育学院精准营销

清华大学继续教育学院为培养一批具备国际水平的中国企业家，决定面向中国民营企业家开展 MBA、EMBA 培训课程。经过市场调查分析，清华大学招生部选择了使用直邮（DM）商业信函精准营销与媒体品牌广告结合的方式进行推广。数据分析人员在其目标库中进行深入研究，根据课程的内容与价格进行分类，总结出清华大学推出的 MBA、EMBA 培训班用户主要集中在年营业额 1000 万元以上的企业。全国年营业额在 1000 万元以上的民营企业家共有 100 万多人，然后再根据各种限制条件筛选出其中的近十万人，这样就有效而精准地找到了核心人群。随后，工作人员把介绍 MBA、EMBA 课程的 DM 信函准确地送到了目标客户手中，实现了点对点传播。在 DM 投放 1 个星期之后，许多民营企业家纷纷打来电话咨询。2 个月左右，MBA、EMBA 课程的报名人数达 200 多人，该学院成功实现了精准营销的推广活动。

精准营销（Precision Marketing）就是在精准定位的基础上，依托现代信息技术手段建立个性化的顾客沟通服务体系，实现企业可度量的低成本扩张之路。就是公司需要更精准、可衡量和高投资回报的营销沟通，需要更注重结果和行动的营销传播计划，还有越来越注重对直接销售沟通的投资。是在充分了解顾客信息的基础上，针对客户喜好，有针对性地进行产品营销，在掌握一定的顾客信息、市场信息后，将直复营销与数据库营销结合起来的营销新趋势。按照精细化定向营销（Precise Marketing）的理念和结构框架，进行细分市场，帮助企业单位在激烈的市场竞争中取得竞争优势。目前，越来越多的企事业单位通过"精准营销"的营销模式，精确找到目标顾客的需求，从而拉近自身与具体顾客的距离。

精准营销有三个层面的含义。

第一，精准的营销思想，营销的终极追求就是不营销，逐步精准就是一个过渡的过程。

第二，是实施精准的体系保证和手段，而且这种手段是可衡量的。

第三，就是达到低成本可持续发展的企业目标。

（1）精准营销的核心

精准的含义是精确、精密、可衡量。精准一词比较恰当地体现了精准营销的深层次寓意及核心思想。

第一，精准营销就是通过可量化的精确的市场定位技术突破传统营销定位只能定性的局限。只有对市场进行准确区分，才能保证有效的市场、产品和品牌定位。

第二，精准营销借助先进的数据库技术、网络通信技术及现代高度分散物流等手段保障和顾客的长期个性化沟通，使营销达到可度量、可调控等精准要求。摆脱了传统广告沟通的高成本束缚，使企业低成本快速增长成为可能。

第三，精准营销的系统手段保障了企业和客户的密切互动沟通，从而不断满足客户的个性需求，建立稳定的企业忠实顾客群，实现客户链式反应增殖，从而达到企业的长期稳定高速发展的需求。

第四，精准营销借助现代高效广分散物流，使企业摆脱繁杂的中间渠道环节及对传统营销模块式营销组织机构的依赖，实现了个性关怀，极大地降低了营销成本。

（2）精准营销的体系

① 精准的市场定位体系

市场的区分和定位是现代营销活动中关键的一环。只有对市场进行准确区分，才能保证有效的市场、产品和品牌定位。

通过对消费者的消费行为的精准衡量和分析，建立相应的数据体系，通过数据分析进行客户优选，并通过市场测试验证来区分所做定位是否准确有效。

② 与顾客建立个性传播沟通体系

从精准营销的字面上大家就可以看到它采用的不是大众传播，它要求的是精准。这种传播大概有以下几种形式：DM、EDM、直返式广告、电话、短信、网络推广等。这些东西并不新鲜。DM 就是邮件，EDM 就是网络邮件。

③ 适合一对一分销的集成销售组织

精准营销的销售组织包括两个核心组成部分：精准营销颠覆了传统的框架式营销组织架构和渠道限制，它必须有一个全面可靠的物流配送及结算系统，另一个是顾客个性沟通主渠道呼叫中心。精准营销摆脱了传统营销体系对渠道及营销层级框架组组织的过分依赖，从而实现一对一的分销。

④ 提供个性化的产品

与精准的定位和沟通相适应，只有针对不同的消费者、不同的消费需求，设计、制造、提供个性化的产品和服务，才能精准地满足市场需求。通过精准定位、精准沟通找到并"唤醒"大量的、差异化的需求，通过个性化设计、制造或提供产品、服务，才能最大程度满足有效需求，获得理想的经济效益。

⑤ 顾客增值服务体系

精准营销最后一环就是售后客户保留和增值服务。对于任何一个企业来说，完美的质量和服务只有在售后阶段才能实现。同时，站在营销的角度出发，一般认为老顾客带来的实际收益要远大于新顾客。只有通过精准的营销服务体系才能在留住老顾客的同时又吸引新顾客，引起链式反应。

（3）精准营销的实施

在网络营销过程中实施精准营销需要注意以下几个方面。

① 市场细分是实施精准营销的基础。企业要实施精准营销，首先要在市场细分的基础上选择明确的细分市场，然后确立企业的目标市场，并且清晰地描述目标消费者对本企业产品（服务）的需求特

征。通过对市场目标进行全面、系统和深入的分析研究，明确和准确地找到目标市场是市场营销的基础性工作，更是精确化营销的第一个环节。

② 市场定位清楚。非垄断条件下，同一目标市场中的竞争者肯定存在，通常还可能很多。企业需要给自己的产品一个清晰独特的市场定位，以便使自己的产品在众多竞争性产品中脱颖而出。让自己的产品有一个清新、独特的市场定位，是开展精准营销的必要基础。

③ 实施市场营销全过程管理。目前市场营销流程大多还停留在以产品为中心的阶段，对市场反应的速度比较慢。营销活动的发起应该从对客户需求的洞察和分析入手，结合相应的营销活动规划、产品规划、品牌规划等策划相关的市场营销活动。

④ 先进的客户寻找工具。客户寻找工具是企业能否寻找到潜在顾客的关键。有了明确的目标市场和清晰的产品定位，接下来的关键问题是如何找到目标顾客。而且是"精准"、经济地找到，这要求企业有相应的工具并掌握好方法。主要工具有手机短信、呼叫中心、E-mail 广告、门户网站博客、搜索引擎、窄告等。

⑤ 有效地与顾客沟通。精准地找到顾客以后，精准营销并没有结束，企业需要与目标顾客进行有效率的双向、互动沟通，让顾客了解、喜爱企业及企业的产品，并最后形成购买行为，有效的沟通对顾客的购买也有很重要的作用。

💲🫰 **阅读材料**

网络个性化营销发展历程（部分）

以下列出网络个性化精准营销的部分发展历程。

1999 年，德国 Dresden 技术大学的 Tanja Joerding 实现了个性化电子商务原型系统 TELLIM。

2000 年，NEC 研究院的 Kurt 等人为搜索引擎 CiteSeer 增加了个性化推荐功能。

2001 年，纽约大学的 Gediminas Adoavicius 和 Alexander Tuzhilin 实现了个性化电子商务网站的用户建模系统 1：1Pro。

2001 年，IBM 公司在其电子商务平台 Websphere 中增加了个性化功能，以便商家开发个性化电子商务网站。

2003 年，Google 开创了 AdWards 盈利模式，通过用户搜索的关键词来提供相关的广告。AdWords 的点击率很高，是 Google 广告收入的主要来源。

从 2007 年 3 月开始，Google 为 AdWords 添加了个性化元素。不只是关注单次搜索的关键词，而是对用户近期的搜索历史进行记录和分析，据此了解用户的喜好和需求，更为精准地呈现相关的广告内容。

2007 年，雅虎推出了 SmartAds 广告方案。雅虎掌握了海量的用户信息，如用户的性别、年龄、收入水平、地理位置以及生活方式等，再加上对用户搜索、浏览行为的记录，使得雅虎可以为用户呈现个性化的横幅广告。

2009 年，Overstock（美国著名的网上零售商）开始运用 ChoiceStream 公司制作的个性化横幅广告方案，在一些高流量的网站上投放产品广告。Overstock 在运行这项个性化横幅广告的初期就取得了惊人的成果，公司称："广告的点击率是以前的 2 倍，伴随而来的销售增长也高达 30%。"

2009 年 7 月，国内首个个性化推荐系统科研团队百分点公司成立，该团队专注于个性化推荐、电子商务个性化精准营销解决方案，在其个性化推荐引擎技术与数据平台上汇集了国内外百余家知名电子商务网站与资讯类网站，并通过这些 B2C 网站每天为数以千万计的消费者提供实时智能的商品推荐。

2011 年 9 月，在"百度世界大会 2011"上，李彦宏将推荐引擎与云计算、搜索引擎并列为未来互联网重要战略规划以及发展方向。百度新首页将逐步实现个性化，智能地推荐出用户喜欢的网站和经常使用的 App，达到精准营销服务。

3.4 网络营销的策略

1. 网络营销的产品策略

一个企业的生存和发展，关键在于它所生产的产品能否满足消费者的需求。任何企业制定产品策略都必须适应消费者的需求及其发展的趋势。

（1）产品整体概念

网络营销是在网上虚拟市场开展营销活动来实现企业营销目标的，面对与传统市场有差异的网上虚拟市场，必须要满足网上消费者一些特有的需求特征。所以，网络营销产品的内涵与传统产品的内涵有一定的差异性，主要是网络产品的层次比传统营销产品的层次大大提高了。

在传统市场营销中，产品满足的主要是消费者的一般性需求，因此产品相应地分成了三个层次。虽然传统产品中的三个层次在网络营销产品中仍然起着重要作用，但产品的设计和开发的主体地位已经从企业转向顾客，企业在设计和开发产品时还必须满足顾客的个性化需求，因此网络营销产品在原产品层次上还要增加两个层次，即期望产品层次和潜在产品层次，以满足顾客的个性化需求。

期望产品层次。网络营销中，应考虑到消费需求呈个性化的特征，不同的消费者可以根据自己的爱好对产品提出不同的要求，因此产品的设计和开发也必须满足顾客的个性化消费需求。顾客在购买产品前对可购产品的质量、使用方便程度、特点等方面的期望值，就是期望产品。例如，海尔集团提出"您来设计我实现"的口号，消费者可以向海尔集团提出自己的需求个性，如性能、款式、色彩、大小等，海尔集团可以根据消费者的特殊要求进行产品设计和生产。现代社会已由传统的企业设计开发、顾客被动接受转变为以顾客为中心、顾客提出要求、企业辅助顾客来设计开发产品、满足顾客个性需求的新时代。

潜在产品层次。这是在延伸产品层次之外，由企业提供能满足顾客潜在需求的产品层次。它主要是产品的一种增值服务。它与延伸产品的主要区别是，顾客没有潜在产品层次的需要时，仍然可以很好地使用顾客需要的产品的核心利益和服务。因为随着高科技的发展，有很多潜在需求和利益或服务还没有被顾客认识到。

（2）电子商务对产品策略的影响

电子商务对产品策略的影响主要体现在以下几方面。

① 产品形态与定位选择策略

在互联网上，虚体产品和实体产品的销售是不一样的。虚体产品可以提供在线销售，而且软件产品一般可以试用，而实体产品只能通过网络展示。尽管多媒体技术可以充分生动地展示产品的特色，但无法直接尝试非数字产品。因此，网络营销的产品和服务应尽量是数字化的，对于非数字产品或服务，应尽力考虑产品的标准化，提高消费者对产品与服务的认识和信心。

② 产品订制化策略

网络所带来的低成本、高效率和互动的传递信息方式，改变了企业传统的运作模式，使大规模的订制成为可能。网络营销是一种消费者拉动模式，它完全不能与传统营销中将客户看成具有相近的需求等同看待。传统营销理论是根据购买者的某些特性，将市场区分为若干个相关群体，以确定目标市场。而个性化订制使市场细分达到了极限，每一个客户都被看成了一个微型市场，目标市场更加明确化。企业必须具有根据每一个客户的特别要求订制产品或服务的能力，即所谓的"一对一"（One to One）订制化服务。

③ 产品的品牌策略

中国互联网络发展状况统计报告显示，当前，网民的文化程度较高（高中以上毕业 78.1%以上）、年龄较轻（30 岁以下占 70.6%），他们愿意购买信誉度较高的名牌产品、新产品，而且能够比较容易地买到这些产品，为此产品中的品牌要素显得格外重要。在这种情况下，会出现某公司产品质量和竞争对手相当，甚至比对手还要好，但仅仅因为原产地原因而不受消费者欢迎的现象。解决这一问题的基本对策是实施名牌战略以及与有美誉的知名公司进行生产与销售上的合作。

④ 产品的服务策略

同传统工业相比，后工业社会中系统的服务正占据越来越重要的地位。而电子商务的出现使这越来越重要的服务得到了真正的履行。在这种情况下新的竞争不在于工厂制造的产品，而在于能否给产品加上包装、服务、广告、咨询、融资、送货、保管或顾客认为有价值的其他东西。

⑤ 新产品开发策略

由于互联网体现的信息对称性，企业和顾客可以随时随地进行信息交换。在产品开发中，企业可以迅速向顾客提供新产品的结构、性能等各方面的资料，并进行市场调查，顾客也可以及时将意见反馈给企业，从而大大提高企业开发新产品的速度，也降低了开发新产品的成本。通过互联网，企业还可以迅速建立和更改产品项目，并应用互联网对产品项目进行虚拟推广，从而以高速度、低成本实现对产品项目及营销方案的调研和改进，并使企业的产品设计、生产、销售和服务等各个营销环节能共享信息、互相交流，促使产品开发从各方面满足顾客需要，最大限度地实现顾客满意。这里特别强调的是在为顾客服务的过程中，注意捕捉新产品开发的创意。它包括：注重对消费者感到不满、不快、不平、不便、不洁等方面的研究与利用；注重对消费者盼望、欲望与希望等方面的研究与利用；着眼于对在发达国家、发达地区或其他有关地区畅销过产品的研究与利用；着眼于对国内外流行现象的观察与利用。

2．网络营销的定价策略

定价策略是竞争的主要手段，关系到企业营销目标的实现。在进行网络营销时，企业应特别重视价格策略的运用，以巩固企业在市场中的地位，增强企业的竞争能力。网络定价的策略主要是低位定价策略、个性化订制生产定价策略、使用定价策略、折扣定价策略、拍卖定价策略和声誉定价策略。

总之，企业可以根据自己所生产产品的特性和网上市场的发展状况来选择合适的价格策略。但无论采用什么策略，企业的定价策略都应与其他策略相配合，以保证企业总体营销策略的实施。

3．网络营销的渠道策略

营销渠道是商品和服务从生产者向消费者转移过程的具体通道或路径。可以分为直接营销渠道和间接销售渠道，如图 3-3 与图 3-4 所示。

图 3-3　直接营销渠道

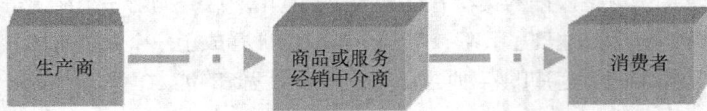

图 3-4　间接销售渠道

4. 网络营销的促销策略

网络促销是指利用 Internet 等电子手段来组织促销活动，以辅助和促进消费者对商品或服务的购买和使用。根据网络促销方式不同可分为拉销和推销，图 3-5 所示为网络广告推策略，图 3-6 所示为网络广告拉策略。

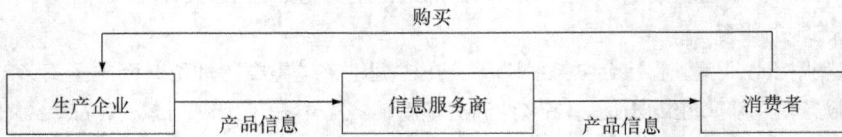

图 3-5　网络广告促销之推战略

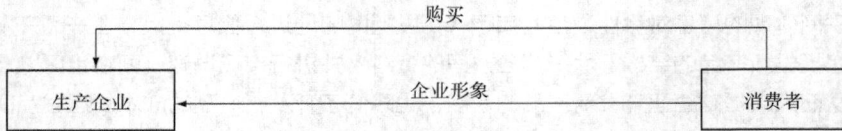

图 3-6　网络站点促销之拉战略

营销是企业经营和运作的重要内容，如何结合实际制定合理的营销策略是企业实现其经营价值和利润的核心工作。

从事网络营销的过程中，可以通过市场调研对网络消费者购买行为的内在心理因素和外在影响因素进行详尽的分析，并对目标市场进行细分，在细分的基础上准确定位网络营销的目标市场，据此制定并实施营销组合策略。

5. 网络营销策略组合

网络营销策略组合指企业的网络综合营销方案，是企业根据目标市场需要和市场定位，对企业内部可控制的营销要素 4P 进行优化组合和综合运用，使之协调配合，为企业取得良好的经济效益和社会效益。

"4P"组合是从企业的角度提出的营销策略，是网络营销理论的基础。20 世纪 90 年代，以舒乐兹教授为代表的营销学者从消费者的角度切入提出了"4C"理论，如图 3-7 所示。

在网络营销条件下，营销策略组合是以 4C 为中心，有以下四个方面的特点。

（1）先不急于制定产品策略，而以研究消费者的需求和欲望为中心，不再卖你所生产的产品，而卖消费者需要的产品。

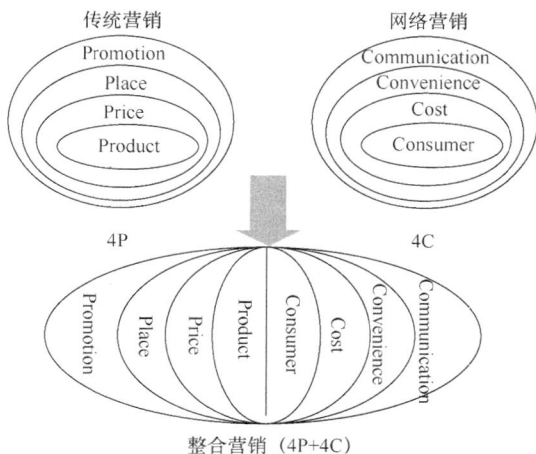

图 3-7　整合营销

（2）暂时把定价策略放一边，而研究消费者为其需求所愿意支付的成本。

（3）忘掉渠道策略，着重考虑怎样使消费者方便地购买到商品。

（4）抛开促销策略，致力于加强与消费者的沟通与交流。

6．基于 4C 的网络营销策略

网络营销是以互联网为基础，利用数字化信息、网络媒体的交互性和网络传播的手段来达到营销目标的一种新型的营销方式。网络营销随着网络技术诞生，超越了传统营销的地域限制和时间限制，形成了跨时空、强互动、无限制地向外界延伸扩展的独特优势，因此，它得到了企业的高度关注。

4C 理论以消费者为中心，重视与消费者的沟通交流，符合网络个性化、交流便捷等特点，基于 4C 理论的网络营销，能够为企业开展网络营销提供良好的借鉴。

（1）4C 营销理论内涵

1960 年，美国营销学学者麦卡锡教授在其《基础营销》一书中提出了 4P 营销理论，即产品（Product）、价格（Price）、渠道（Place）和促销（Promotion）。4P 理论是站在企业的角度来思考问题，以企业自身为中心，以产品为核心，以追求企业利润最大化为出发点，通过"主动推送、消费者请注意"的方式将产品推销给消费者，消费者处于被动接受的地位。4P 理论关注企业自身，缺乏互动沟通，忽视消费者需求和外界环境的反应，难以适应市场的快速变化。1990 年，美国著名营销专家劳特朋提出了 4C 营销理论，即消费者的需求和欲望（Consumer's Wants and Needs）、成本（Cost）、便利（Convenience）和沟通（Communication）。4C 理论是站在消费者角度来思考问题，主张以消费者需求为导向设计产品，按照消费者愿意支付的成本来确定产品价格，充分考虑消费者的购买便利，加强营销过程中的双向沟通，依靠尊重和服务消费者来实现营销的主动权，达到消费者和企业双赢的目的。4C 营销理论强调"以消费者为中心"，营销活动从 4P 理论着眼"消费者请注意"转变为"请注意消费者"，以顾客感受、顾客体验为目标去思考，围绕如何给顾客创造便利、创造实惠、创造舒适等来引导消费者喜欢这个购买的过程，愿意去购买服务。

（2）基于 4C 理论的网络营销策略

企业网络营销是以互联网为载体的营销手段，具有低成本、跨时空、多媒体、互动性、高效、及时等特点，但无法像传统营销一样与消费者面对面交流。基于 4C 理论的网络营销策略既要符合网络特征，又要关注消费者的需求变化，要以"市场细分、双向互动"的差异化营销策略来占领市场。所有的产品信息、价格体系、营销计划、营销方式和渠道，都要以"满足细分市场细分人群的需求，充分与消费者互动沟通"为原则，如图 3-8 所示。

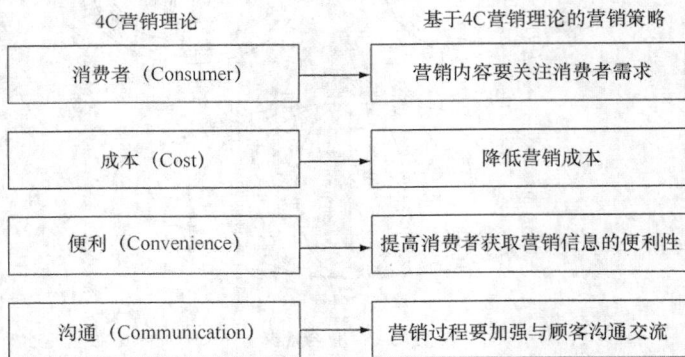

4C营销理论	基于4C营销理论的营销策略
消费者（Consumer）	→ 营销内容要关注消费者需求
成本（Cost）	→ 降低营销成本
便利（Convenience）	→ 提高消费者获取营销信息的便利性
沟通（Communication）	→ 营销过程要加强与顾客沟通交流

图 3-8　4C 网络营销

① 营销内容要关注消费者需求

基于 4C 理论的网络营销，应当把消费者的体验放在第一位，一切以消费者的满意度为核心。企业在制定网络营销策略的时候，要充分考虑影响消费者满意度的因素来进行营销策略的设定。消费者满意度是以满足个人需求程度来衡量，消费者个人需求按照关注领域可以分为产品、服务、企业三块。产品包括产品质量、外观、颜色、功能、价格、材料等；服务包括服务项目、服务态度、服务评价、服务范围等；企业包括企业实力、规模、荣誉、形象、性质等。实施网络营销时，必须首先明确消费者关注的方向，所有营销内容、广告诉求都要围绕选定的方向进行包装，向消费者传递最符合内心需求的信息，切实迎合细分市场群体的心理诉求和心理特征。

② 付费网络营销与免费网络营销的搭配

网络营销的形式可以分为免费网络营销和付费网络营销。免费的主要是微信、微博、博客、百度贴吧、论坛、SEO 优化、即时通信软件（如 QQ、阿里旺旺等）、E-mail、图片等；付费的主要是搜索引擎竞价排名（百度竞价、搜狗竞价、谷歌竞价）、淘宝直通车、新闻软文发布、音频视频等。传统的网络营销喜欢依靠付费的竞价排名和推广信息抢占页面，对于推广的页面信息也是重优化技术而轻内容质量，严重违背了 4C 理论中关注用户体验和成本两大原则，因为过高的付费营销投入最终还是消费者买单，而轻内容质量又直接影响用户体验。所以，以 4C 理论构建的网络营销策略中，要注意付费网络营销与免费网络营销的搭配，尽量降低成本，调节营销信息的成本与内容质量杠杆。付费营销往往给消费者一种强制推送广告的印象，容易使其产生反感和抵制。现实生活中，消费者热衷于主动参与论坛、微博、微信等免费平台的交流。所以，建议充分利用微信、微博、博客、贴吧、论坛等渠道开展免费网络营销，它们免费且内容可信度高，消费者能主动参与。同时，也可以避免关键词搜索结果全部都是企业正面广告宣传的虚浮印象，真正实现从"消费者请注意"到"请注意消费者"的转变。

③ 提高消费者获取营销信息的便利性

考虑到在大多数网络营销行为中，消费者是根据搜索的关键词进入企业网站或产品页面。根据 4C 中的"便利"理论，需要为消费者创造直接、快捷获得结果的途径。首先，营销信息页面要根据标题来设计内容。在网络检索中，标题比内容排名更高，消费者首先是检索标题，然后才是信息内容。因此，在营销内容设计上，要避免存在所有的页面都链接公司主页的情况，要对各种标题连接的页面进行细化，根据消费者的搜索习惯、关注重点来做调整，让消费者能直接、快捷搜索到想要的内容，而不是所有搜索结果都导向公司主页。客户搜的是产品，就直接给他对应的产品页面；客户搜的是企业，就直接给他企业介绍的页面；客户搜的是"某某怎么样"之类的评价，就给他评价、信誉、荣誉的相关页面。其次，借助消费者浏览痕迹数据分析软件分析消费者的浏览习惯，做好网站内部的优化，减少搜索结果的页面跳转次数，让消费者更快捷地搜索到想要的结果。网站内部的优化包括网站地图优化、网站结构优化、图文的搭配、锚文本的加粗加颜色、错误连接的检查、错误代码的修正、过期信息的置换更新、页面广告的弹出频率和形式的调整等。

④ 营销过程要加强与顾客沟通

交流沟通环节可以看作完成营销目的的最后一步，也是很多企业最容易出问题的一步。大部分企业的商务通对话转化率不高，反而让消费者对企业形成了不好的印象。要提高沟通的效果，提升转化率，也要在其中贯穿 4C 的理论要素。消费者体验要素着重考虑：在线客服互动引导，客服人员的服务态度、语气、情绪、礼貌等方面要做到位，开展见不到面的"微笑服务"。当产品面向的细分市场较多的时候，或者本身适用于特定群体的，如老年用品、女性用品、婴幼儿用品等，需要根据细分市场顾客的心理特点、情绪反应、购买意向、文化水平来确定沟通的方式、技巧。成本要素的考虑：沟通成本主要是时间成本，也就是消费者等待问题解答的时间。客服人员要预先准备相关资料，针对普遍存在的问题制定详细的回复表；建立好问题素材库、信息库来实现快速回复常规问题。遇到一些特殊的问题，如质量问题、投诉问题、技术操作问题等需要细化解决的，客服人员也要及时、快速与相关工作人员沟通，及时应答，避免让消费者等待久。便利性的考虑：在线对话窗口可以放在明显的位置，不建议反复弹出，更不建议客服人员主动与页面浏览者对话。在线对话窗口占据版面过大，尤其是开展对话的时候，反复弹出的对话框严重影响页面浏览效果，等等会更让消费者反感不已。因此，建议设计好在线对话窗口的位置，减少弹出频率，尽量避免客服人员主动联系页面访问者，做好沟通引导，提升消费者主动对话的概率。

（3）开展以 4C 理论为基础的网络营销的注意事项

① 网络营销的开展要以专业的技术团队为支撑

网络营销的开展，在技术上的门槛其实并不低。要实现营销目标，要保证营销信息的展现率和点击率，要推动转化率的提高，要拉动对话，都是需要系统完善的技术支持。一个正常的网络营销策略的制定和营销计划的执行需要有策划部、编辑部、网络技术部、优化人员、推广人员、客服人员、业务部和产品研发等部门共同配合。对于需要长期大量进行网络营销工作的企业，应该逐渐建立属于自己的专业网络营销团队。不具备条件的企业，可以委托第三方网络营销机构实施。

② 网络营销要重视企业形象和信誉

网络营销双方地位平等，没有阶级性，但企业的形象和信誉却可以成为消除消费者沟通障碍的重要因素。网络营销活动中，可能会出现一些负面信息、负面报道，这些信息常常影响消费者的信任和企业的营销效果。企业一方面要想办法对现有负面信息进行压制、删除，另一方面要引导消费者关注企业正面形象。企业可以在宣传内容、商务通对话、页面设计等方面进行渗透，加强正面形象的塑造，避免自我为中心来考虑消费者的心理和行为习惯。随着网络化社会的逐渐深入，民众的消费心理、行为习惯变化的频率非常高，企业以自我为中心去考虑，很难迎合实际消费理念和消费行为的特点，建议通过专业的软件、技术人员和市场调查来获取真实、准确的资料，站在消费者角度来设计营销传播内容。

本章小结

　　本章讲述网络营销的一些基本概念、工具和方法，包括网络营销的概念，网络营销的主要内容，网络营销对传统营销的影响，网络营销的基本理论和基本营销策略。

　　网络营销的主要内容是网上市场调研、网上消费者行为分析、网络营销策略制定、网上产品和服务策略、网上价格营销策略、网上渠道选择与直销、网上促销与网络广告、网络营销管理与控制。

　　网络营销具有跨时空、多媒体、交互式、个性化等特点。为了更好地开展网上营销，需要进行网上市场调研。网上市场调研的主要内容是市场需求研究、用户及消费者购买行为的研究、营销因素研究、宏观环境研究、竞争对手研究。网络市场调研方法随着网络技术发展而发展，呈现出多元结构。在网络上设置在线调查问卷是最基本的调研方式，常用的还有电子邮件调查、对访问者的随机抽样调查、固定样本调查等。网络市场调研步骤是明确问题与确定调研目标、确定调研对象、制订调研计划、收集信息、分析信息、提交调研报告。

　　网络营销组合策略从产品、价格、渠道和促销四个方面进行 4P 与 4C 整合营销。网络营销组合策略具体包括产品（与品牌、服务）策略、网络营销的定价策略、网络营销的渠道策略（直销与分销）、网络营销的促销策略等。

课堂问答

　　1. 网络营销的概念和特点是什么？

　　2. 网络营销与传统营销有什么样的关系？

　　3. 网络营销调研策略包括哪几个部分？

　　4. 网络营销调研应注意哪些问题？

　　5. 企业开展网络营销应该具备哪些条件？

实践练习

　　1. 针对某一行业进行该领域的网络零售市场调研并形成调研报告。

　　2. 为家乡的特产打开全国市场设计一份网络营销计划。

扩展案例

中国"双 11"网络购物节数据分析

　　截至 2016 年 11 月 11 日 24:00，中国"双 11"全网销售额为 1695.4 亿元，11 日的 00:00～02:00 全网销售额增速最大，其次是 18:00～19:00。淘宝、天猫以 71.2%销售额占比居所有电商平台之首，京东与苏宁易购分别以 19.6%、2.5%销售额占比排在第二、三位。近 5 年来，"双11"淘宝天猫移动端销售额占比呈明显上升态势，2016 年"双 11"全天淘宝天猫移动端销售额占比达 83.5%，PC 端占比 16.5%。2016 年"双 11"购物节开始第 1 个小时内，广东省购物消费最高，交易总额达 58.87 亿元，浙江省和江苏省分别以 46.70 亿元、44.99 亿元排在第二、三位。数据显示，超六成网民表示期待"双 11"购物节，47.2%网民在 11 月前就开始关注各大平台商品及优惠活动，29.1%网民在"双 11"购物节前 10 天开始关注，而在活动当天关注的网民仅占 23.7%。每年"双 11"购物狂欢节已经成为全民集中采购的重要节点之一。各大电商平台出现后，解决了传统购买模式上供需双方信息不对称的问题，上线商品越来越能够满足人们生活所需，无论是恰好所需，还是提前囤货，都足以证明购物狂欢节对人们日常生活方式的影响。"双 11"购物节期间，72.9%网民会根据商品评价内容决定是否购买该商品，70.8%网民看重商品折扣力度，64.5%用户将商品质量作为购买考虑因素之一。

2016 年"双 11"期间，网民在鞋包服饰上消费金额占比为 28.5%，居于所有商品类别之首，数码家电类商品销售额占比为 20.6%，生活用品、化妆品、食品生鲜类也相对占据较大销售份额。

据研究报告显示，2015 年中国网上零售市场交易规模近 4 万亿元，网上零售成为主要消费渠道。在当前网络购物节的大环境下，商品购买的必要性以及与个人需求相匹配成为影响用户最终消费的核心要素。用户的购物决策不再以价格作为唯一考量因素，而是兼顾对品牌、品质、服务、价格等多重要求进行理性判断，网络购物节的消费也开始趋于理性。

消费升级用户更加关注品牌品质

随着居民收入水平稳步增长，新兴中产阶级慢慢崛起，消费结构从生存型消费向享受型、发展型消费转变，同时也带来了新的消费观念。从 2013 年至 2015 年京东"双 11"用户品牌品质关注度分布来看，用户对品牌品质的关注度逐年大幅上升，尤其是"70 后""80 后""90 后"人群。用户的促销敏感度与评价敏感度也呈上升趋势，且年龄更加年轻化，以 2015 年"双 11"为例，超过 90%的"80 后"用户对促销敏感，说明这些用户对电商的应用相当成熟；对评论最敏感的人群则是"90 后"，充分显示了他们关注商品本质的特色。同时，从 2015 年京东"双 11"的用户忠诚度分布来看，忠诚型用户的比例已经超过 50%，"60 后""70 后"人群消费忠诚度比"80 后"人群占比更高，投机型用户比例则明显下降。

近 3 年"双 11"销售数据显示，京东大品牌的销售额占比持续居于高位，"双 11"当天的大品牌集中化消费趋势相对平时更加明显，说明用户在大促当日更倾向于品牌商品，选择相当理性。从 2015 年京东"双 11"当日主要品类 TOP 品牌销售集中度来看，手机品类 TOP5 品牌销售额占比超过 80%，电脑办公品类 TOP10 品牌销售额占比接近 60%，另外家用电器、母婴、香水彩妆品类的 TOP10 品牌销售额占比也接近 50%。

用户购物行为更加理性

用户对网络购物节的认知越来越全面，用户的投机消费行为逐渐减少，他们更注重商品的价值、服务及精神体验。

京东大数据显示，从 2013 年到 2015 年，"双 11"期间京东的退货率及客服售后咨询占比逐年递减，而客服售前咨询则逐年上升。同时，"双 11"期间，用户购物时每个订单对应的浏览页面次数也明显增加，说明用户在下单购物前会进行充分思考与比较，不再简单地因为大促的价格而冲动消费。数据显示，2015 年"双 11"当天，用户购买决策属于谨慎购买的品类是家具、奢侈品、服饰，较易做出购买决策的品类是食品、休闲用品。

另外，京东 2013 年到 2015 年"双 11"的订单妥投率也在逐年上升，为用户提供了更好的服务体验，"物流快""服务好"的关键词也进入 2015 年京东"双 11"购物用户评价标签的前列。

男性比女性、中老年人比年轻人更爱"囤货"

报告将用户在"双 11"期间产生重复购买行为定义为"囤货"，因为品牌商品促销，囤货已经成为用户在电商大促期间的鲜明特征。数据显示，2015 年"双 11"期间，男性的囤货比例高于女性。从年龄上看，2015 年"双 11"期间囤货人群的年龄分布更加分散，中老年人比年轻人更爱囤货。从商品类型来看，购买频度高、保质期长的日用消耗品最受囤货人群喜爱，如衣物清洁、纸品湿巾、休闲零食等品类。男性、女性囤货的种类差异不大，而有孩子的家庭囤货更注重孩子需求，年轻人爱囤零食，中青年以家庭用品为主。

不同地域也呈现出不同的囤货特色。从囤货用户数分布来看，东北人爱吃、爱干净，是休闲食品和清洁用品的囤货主力；重庆人、河南人、山西人最爱喝酒，是酒类的囤货主力；湖北人、广东人、福建人最顾孩子，是各种育儿用品的囤货主力。

健康、智能产品成新兴消费品类

消费主力群体带来了新的消费理念，"80 后""90 后"的物质生活相比上一辈更充裕，他们更注重提升健康水平，乐于接受创新与新事物。

从 2014 年到 2015 年京东各品类销售额数据来看，销售额增长较快的品类是食品饮料、酒类、个护化妆，食品饮料中销售额增长最快的是休闲零食、牛奶与奶粉，酒类中销售额增长最快的是葡萄酒，个护化妆中销售额增长最快的是香水彩妆、洗护类产品与面膜。转化率方面，京东 2015 年"双 11"当天转化率排名前五的品类是中外名酒、运动鞋包、影音娱乐、饮料冲调与休闲食品，活跃用户转化率较日均上升最快的排名前五品类分别是电脑整机、男装、个护健康、女装以及进口食品。

值得关注的是，健康、智能类商品在"双 11"期间的销售额大幅增长，2015 年"双 11"期间的销售额同比增幅超过 500%，更多的消费者选择在"双 11"期间完成此类商品的购买，其中华北、华东以及西南区域的用户更爱购买健康生活产品。净化器、净水器等健康需求在购物节中得到释放。"70 后""80 后"作为崛起的中产阶级，更追求前沿、时尚的科技体验，并能接受新兴产品合理程度的溢价，成为智能家居的主要消费人群。

网络购物节发展至今，用户的消费行为日渐理性，更加重视"好物低价"和服务质量，因此，品牌品质兼具的商品成为消费主流。同时，用户也更加重视购物的必要性，减少冲动消费，实现"按需购买"。报告最后指出，网络购物节的未来发展趋势，一方面从商品销售到物流、售后的服务链条变得愈加完善，用户消费体验将会更为流畅、贴心；另一方面，人工智能及大数据、VR/AR 等新技术的支持将会帮助用户在网络购物节过程中更好地选择和体验商品，做出更为理性的决策。

04 第4章

电子商务客户关系管理

学习目标

通过本章的学习，能够理解客户服务的含义和基本流程，掌握售前、售中、售后服务的主要内容与方法；能够运用各种网络服务技巧对淘宝个人网店的客户开展售前、售中、售后服务；能够了解和分析电子商务环境下客户的心理状态，能解释电子商务客户行为，能进一步分析客户关系管理在电商运营中发挥的作用；能够培养服务意识、创新精神和团队合作意识。

导入案例

从 Dell 看电子商务时代的客户关系管理

戴尔公司是商用桌面 PC 市场的第二大供应商，其销售额每年以 40%的增长率递增，是该行业平均增长率的两倍。年营业收入达 100 亿美元的业绩，使它仅次于康柏、IBM、苹果和 NEC，位居第五位。戴尔公司每天通过网络售出的电脑系统价值逾 1200 万美元，面对骄人的业绩，总裁迈克尔·戴尔简言地说，这归功于物流电子商务化的巧妙运用。

戴尔公司的日销量超过 1200 万美元，但其销售全是通过国际互联网和企业内部网进行的。在日常的经营中，戴尔公司仅保持两个星期的库存（行业的标准是刚超过 60 天），存货一年周转 30 次以上。基于这些数字，戴尔公司的毛利率和资本回报率分别是 21%和 106%。

客户关系管理（Client Relationship Management，CRM）是一种为了优化长期价值而选择和管理客户的经营战略，是一套基于大型数据仓库的客户资料管理系统。计算机互联网技术的发展也为现代客户关系管理实现更完善的功能提供了可能性。精明的企业目前都在认真反省自己的 CRM 战略，并开始把 CRM 作为它们挽留客户的重要手段，希望凭借 CRM 的智能客户管理给企业带来忠实和稳定的客户群。亚马逊网上书店（Amazon.com）就是一个范例，它做的虽然是平淡无奇的买卖，但却善于运用网上资料分析，而成为一代标杆。在亚马逊的 400 百万本书籍中，你可以找到你所要的书；当你在亚马逊购书后，其销售系统会记录下你购买和浏览过的书目，当你再次进入该书店，系统识别出你的身份后就会根据你的喜好推荐有关书目。据悉，CRM 在亚马逊网上书店的成功实施为它获得了 65%的回头客。在那些实施电子商务的企业中，美国戴尔（Dell）计算机公司利用互联网了解客户的具体需求，制定营销策略。它采用直接销售的商业模式，销售计算机及相关产品，最终引发了个人电脑商业模式的革命，并取得了很大的成功。如今，很多公司都在纷纷效仿，他们的最终目标只有一个：获取顾客忠诚度。公司总裁迈克尔·戴尔说过："与顾客结盟，是我们最大的优势。在我们眼中，没有一次交易的顾客，只有终生的顾客。"因此，我们从分析 Dell 公司的成功案例来探讨如何在电子商务时代实施客户关系管理。

1. 实施以客户为中心的商业策略

实现 CRM，首先必须设计以客户为中心的商业策略的目标，找到可以和客户双赢的机会。"客户关系"的设计相当简单：站在客户角度进行观察，从而发现他们想要获得什么，甚至是预测他们现在不想获得什么，但是将来却想要获得。而传统的公司认为"我们来发明什么东西，看能不能推销给可能有意愿购买的顾客"，即在接到订单之前已完成产品的制造。而戴尔公司的态度截然相反，戴尔公司借助于电话拜访、面对面的对话、网络沟通等及时获知顾客对于产品、服务以及市场上其他产品的建议，并知道他们希望公司开发什么样的新产品，针对顾客需求来设计产品或服务方式。顾客可利用 Dell 公司网站和 800 免费电话自主选择配置，使每一件产品都是为自己量身定做，从而最大限度地满足了客户需求。同时，它依据客户订货的需求与时机来生产，消除了因为购买过量零件、库存与赔钱抛售存货等所造成的成本，获得了公司和顾客的双赢。

2. 利用新技术支持

在如今的电子时代，技术革命一日千里，企业可以利用新技术来帮助它们管理客户关系：建立局域网或广域网，建立大规模的数据库，使用更先进的软件技术等。Dell 公司充分利用了新技术，它是一家以直销为经营模式的公司，也是第一家依据顾客的直接回馈来建立组织的个人电脑公司，它主要利用网站、呼叫中心、对话等方法来进行行销。Dell 公司网站（Dell.com）在"网上购物"页面上，根据五大类别——家庭类、商业类、教育类、政府类以及特殊类，提供形态各异的采购资讯。以"商业类"而言，针对经营规模差异事先规划不同的硬件需求，以员工 400 人为界，分别提供 400 人以上大型企业及 400 人以下中小企业不同的采购清单；在"特殊类"选项里，该公司目前已在美国以外的 45 个地区建立起服务网站，分别提供全球 44 个国家 18 种语言的服务；在家庭用电脑首页，Dell 设计了各种电脑配置，并提供产品详细资讯，针对不同需求的使用者提供售前采购服务；在大中型企业的网页，Dell 除了提供周边产品供搭配选择，还提供工作站、服务器的机型，提供企业用户在规划公司整体资讯环境及电子商务时参考。Dell 除了预先设想消费者的需求外，还会告诉消费者买了什么样的电脑有什么样的好处。同时，Dell 还为消费者提供个性化服务，专业客户可自主选择 CPU、硬盘、内存等配置，使每一台计算机都为自己量身定做。该公司总裁迈克尔·戴尔认为，公司网站成功的原因，除了销售外，最重要在于服务与技术支援的多样化，他说："我们不仅提供产品资讯与售后服务，更重要的是，我们提供大量的'售前服务'。"正是因为 Dell 这种友好的客户服务，让消费者获得售前的资讯及咨询服务。调查发现，产品价格其实只占顾客购买原因的三分之一，另外三分之二是服务与技术支持，这也正是许多顾客选择价格较高的品牌电脑而不是兼容机的原因。所以，要想完成一次交易，并获得终生的顾客，必须为顾客提供优质的售后服务和技术支持。Dell 公司的网站上也充分体现了这一点，它提供了诸多的售后服务项目。

在电子商务时代，技术不断进步，经济迅猛发展，CRM 也将面临新的问题，我们应不断地进行学习、创新，面对新的挑战，实施顺应时代发展的客户关系管理。

请分析：Dell 电子商务客户关系管理与传统客户关系管理有何不同？

随着社会营销观念的发展，以生产为中心、以销售产品为目的的市场战略逐渐被以客户为中心、以服务为目的的市场战略所取代。而由于互联网的迅猛发展、市场的不断成熟，世界经济开始进入电子商务时代。客户是企业最珍贵的资源，是企业利益的来源，也是企业存在的基础，在以服务客户为中心的时代，谁能掌握客户的需求趋势、加强与客户的关系、有效发掘和管理客户资源，谁就能获得市场竞争优势，在激烈的市场竞争中立于不败之地。而电子商务时代的到来，同样意味着大数据时代的到来，传统的客户关系管理已无法满足这庞大的客户数据库管理。将新的时代与客户关系管理有效地结合在一起成为了企业脱胎换骨的关键性措施。

4.1　电子商务客户关系管理概述

1. 电子商务客户关系管理基础

CRM 概念引入中国已有数年，其字面意思是客户关系管理，但其深层的内涵却有许多的解释。客户关系管理是企业为提高核心竞争力，利用相应的信息技术以及互联网技术来协调企业与顾客间在销售、营销和服务上的交互，从而提升其管理方式，向客户提供创新式的个性化的客户交互和服务的过程。其最终目标是吸引新客户、保留老客户以及将已有客户转为忠实客户，增加市场份额。

1999 年，Gartner Group Inc 公司提出了 CRM。Gartner Group Inc 在早些提出的 ERP 概念中，强调对供应链进行整体管理。在 ERP 的实际应用中，人们发现，由于 ERP 系统本身功能方面的局限性，也由于信息技术发展阶段的局限性，ERP 系统并没有很好地实现对供应链下游（客户端）的管理，针对 3C 因素中的客户多样性，ERP 并没有给出良好的解决办法。另一方面，到 20 世纪 90 年代末期，互联网的应用越来越普及，CTI、客户信息处理技术（如数据仓库、商业智能、知识发现等技术）得到了长足的发展。结合新经济的需求和新技术的发展，Gartner Group Inc 提出了 CRM 概念。从 20 世纪 90 年代末期开始，CRM 市场一直处于一种爆炸性增长的状态。

CRM 有三层含义：体现为现代经营管理理念；是创新的企业管理模式和运营机制；是企业管理中信息技术、软硬件系统集成的管理方法和应用解决方案的总和。CRM 是指建立一种使企业在客户服务、市场竞争、销售及服务支持方面彼此协调的关系系统，帮助企业确立长久的竞争优势。

客户关系管理的核心管理思想主要有以下几点。

（1）把客户资源作为企业发展最重要的资源之一

客户资源是企业最重要的战略资源之一，是企业利润的源泉。拥有客户就意味着企业拥有了在市场中继续生存的理由，而拥有并想办法保留住客户是企业获得可持续发展的动力源。

（2）全面管理企业与客户发生的各种关系

企业与客户之间发生的关系，不仅包括单纯的销售过程中所发生的业务关系，如合同签订、订单处理、发货、收款等，而且还包括在企业营销及售后服务过程中发生的关系，如在企业市场活动、市场推广过程中与潜在客户发生的关系；在与目标客户接触过程中，内部销售人员的行为、各项活动及其与客户接触全过程所发生的多对多的关系；还包括售后服务过程中，企业服务人员对客户提供的关怀活动、各种服务活动、服务内容、服务效果的记录等，也是企业与客户的关系。对企业与客户间可能发生的各种关系进行全面管理，将会显著提升企业销售能力、降低销售成本、控制销售过程中可能导致客户抱怨的各种行为，这便是 CRM 系统的另一个重要管理思想。

（3）进一步延伸企业供应链管理

ERP 系统企业资源计划原本是为了满足企业的供应链管理需求，但 ERP 系统的实际应用并没有达到企业供应链管理的目标，最终 ERP 系统又退回到帮助企业实现内部资金流、物流与信息流一体化管理的系统。CRM 技术作为 ERP 系统中销售管理的延伸，借助 Internet Web 技术，突破了供应链上企业间的地域边界和不同企业之间信息交流的组织边界，建立起企业自己的 B2B 网络营销模式。

CRM 与 ERP 的集成运行才真正解决了企业供应链中的下游链管理的问题，将客户、经销商、企业销售全部整合到一起，实现企业对客户个性化需求的快速响应，同时也帮助企业减少营销体系中的中间环节，通过新的扁平化营销体系，缩短响应时间，降低销售成本。

电子商务客户关系管理（ECRM）是依托于先进的网络技术，以客户至上的理念为指导的企业运作体系。通过网络营销、在线销售、个性服务进行交易的同时获取客户信息；通过客户互动获取更加丰富的客户关系数据，利用现代化的信息技术结合数据仓库进行各种分析，根据分析结果进行营销管理、竞争策略优选以及内部业务流程再造；将客户关系管理系统与企业的 ERP 和供应链管理紧密结合，实现高度统一管理，致力于客户剩余价值和企业盈利的最大化。

随着电子商务的快速发展，客户关系管理面临变革，并呈现以下特点。

（1）基于云计算的客户关系管理是发展的重点

云计算（Cloud Computing）是基于 Internet 相关服务的增加、使用和交付模式，通常涉及通过 Internet 来提供动态易扩展且经常是虚拟化的资源。客户关系管理，基于云的应用程序在捕捉信息方面有较大的优势，并能够多方面地将其转化为具备操作性的实用情报。现有发展趋势表明，相对于过去花大价钱打造基础设施，如今借助链接云平台并挖掘客户资料更像是未来的发展趋势。

（2）客户关系管理的社会化是发展的方向

互动交流是客户关系管理的核心和重要内容。但是，传统的互动交流仅限于市场营销人员与现实客户的交流，忽略了与潜在客户的交流。目前，随着社交网络的快速发展，客户关系管理可以将社交要素纳入其产品当中，以使得企业能够更好地了解细微的市场发展趋势，进而在开展宣传及营销工作时更准确地把握自身的生态系统定位。在这种模式下，企业客户关系管理不再仅仅是与现实客户的互动交流，还可以通过社交网络实现与潜在客户的互动交流。

（3）客户关系管理将成为蕴含所有信息的数据集散地

在传统的信息管理系统中，客户关系管理信息仅仅是大系统的一部分。随着企业与客户之间互动方式的持续增多，客户关系管理系统必将在构建坚实合作关系方面发挥更大的作用。由于企业活动的起点是顾客需求，故企业各个业务流程均应围绕客户展开。因此，采用高效客户关系管理体系的企业将从中获益，因为它们能够借此将各个原本松散的环节贯穿起来聚于一处，并与每个客户建立起紧密的合作关系。

（4）客户关系管理与其他关键性业务系统相整合

目前，随着信息技术的不断发展，企业往往拥有多个系统，如 ERP、OA 系统、电子商务平台等。这些系统一般是独立运行的，缺乏整体性，甚至在一些业务功能上存在一定的重叠或冲突。其实，如果能将这些系统进行整合，那么，将形成集成度更强、运作效率更高的约为流程体系。由于企业的起点是客户需求，故围绕客户关系管理系统进行整合便成为未来整合发展的趋势。

（5）移动应用程序将成为面向客户的使用者带来前所未有的便利

移动办公已得到社会的广泛认可，这点我们可以从手机微博、手机银行等业务的蓬勃发展中清晰看出。可见，拥有强大移动组件的供应商将获得更加显著的市场竞争优势，而大多数厂商也将加入到强化本地客户端与安全性的角逐中来。

同时，值得注意的是，像市场营销这样直接面向客户并进行客户服务活动的职业，如果能够让现场员工使用手持移动设备，那么他们的整体业务水平无疑将得到质的飞跃，这也是当下业界发展的主流趋势。

2．电子商务环境客户特征

（1）顾客需求积极主动

传统的商务活动中，顾客只能被动地接受企业提供的有限的产品服务信息。即使在许多日常生活用品的购买中，大多数消费者也缺乏足够的专业知识对产品进行鉴别和评估，但他们对于获取与商品有关的信息和知识的心理需求却并未因此而削弱，随着消费者人文素质的提高，维权意识的逐渐增强，他们会主动通过各种可能的途径获取与商品有关的信息并进行比较。这些分析也许不够充分、准确和专业化，但消费者却可从中获取心理上的平衡，减少风险感和购买后产生后悔感的可能，增加对产品的信任和争取心理上的满足感。而在电子商务活动中，商务媒体是开放和资源高度共享的互联网，所以顾客完全可以了解到所购产品的全部信息以及该产品的相关企业和技术信息。由于这些信息是顾客主动去索取的，因而顾客会认为可信度高，这些必将影响其购买行为，同时，也能加强其选择能力，在选择企业和产品时将会变得更加主动和积极。互联网也是一种很好的学习和获取知识的途径，顾客能在浏览商务网页的过程中获取信息，开阔视野，接触新知识和技能，从而进一步促使其需求的明朗化。

（2）消费行为的理性化

电子商务依托的互联网空间使顾客获得了近乎无限制的广泛选择，在电子商务环境下，顾客的购物行为变得更加冷静、成熟和理性。在电子商务环境条件下，消费者面对的是电子商务系统，是计算机屏幕，从而可以避免嘈杂的环境和各种影响与诱惑，商品选择的范围也不受地域和其他条件的约束，消费者可以理性地规范自己的消费行为。主要表现有以下两个方面。

① 理智的价格选择对个体消费者来说，不再会被那些先是高位出价，然后再是没完没了地讨价还价的价格游戏弄得晕头转向，他们会利用手机中的计算器快速算出商品的实际价格，然后做横向的综合比较，以决定是否购买。对单位采购人员来说，他们会利用预先设计好了的计算程序，迅速地比较进货价格、运输费用、优惠折扣、时间效率等综合指标，最终选择最有利的进货渠道和途径。也就是说，在电子商务环境条件下，人们必然会更充分地利用各种定量的分析模型，更理智地进行购买决策，因为上网购物一般都是知识型的购买者。

② 主动地表达对产品及服务的欲望。在电子商务环境下，消费者不再会在被动的方式下接受厂家或商家提供的商品或服务，而是根据自己的需要主动上网去寻找适合的产品。如果找不到，消费者则会通过电子商务系统向厂家或商家主动表达自己对某种产品的欲望和要求，其结果是使消费者从实际上参与和影响企业的经营过程。

（3）对购买方便性的需求与对购物乐趣的追求并存

一部分工作压力较大、紧张度高的消费者会以购物的方便性为目标，追求时间、精力和劳动成本的尽量节省，特别是对于需求和品牌选择都相对稳定的日常消费品，这一点尤为突出。然而另一些消费者则恰好相反，由于劳动生产率的提高，人们可供自由支配时间的增加了，一些自由职业者或家庭主妇开始希望通过购物来消遣时间，寻找生活乐趣，保持与社会的联系，减少心理孤独感。因此他们愿意多花时间和精力去购物，而前提是购物能够给他们带来乐趣，能满足他们的心理需求。这两种相反的心理将在今后较长的时间内并存和发展。

（4）注重个性化消费

CNNIC 统计数据显示，网民结构方面呈现出几大发展趋势：网民进一步年轻化，受教育程度不断提高，收入水平也在增长。随着人们收入的增加，越来越多的人开始崇尚个性化的消费理念，而电子商务较容易达到个性化消费的要求。个性化消费者可直接通过互联网的互动功能参与产品设计和指导生产，向供应商主动表达自己对某种产品的欲望，因此，订制化生产将变得越来越普遍。从消费心理的角度分析，消费者所选择的已不单是商品的使用价值或功能，还选择其他的"延伸物"，比如品种、规格、着色、外观造型、包装等，这些"延伸物"及其组合可能各不相同。因而从理论上讲，没有一个消费者的心理是完全一样的，一个消费者就是一个细分市场。心理上的认同感已成为消费者购买决策时的先决条件，个性化消费正在也必将再度成为消费的主流。

（5）顾客忠诚度下降

由于电子商务顾客对自己需求的认识更加深入细致，并能通过互联网获得更多的信息和灵活的选择机会，所以在电子商务活动中顾客购物反而会变得更加现实。顾客将会更关注自己所需要产品的效用价值，同时，顾客追求新产品、新时尚的能力和购买冲动也会加强。不过，互联网使用成本越来越低，导致了顾客转换成本降低，进而引起顾客忠诚度下降。

3. 电子商务客户关系管理特点

电子商务下的客户关系管理具有以下特征。

灵活性是指与传统的客户关系管理相比较，电子商务模式下的客户关系管理可以随时随地地进行，这不仅是个时间概念，而且是一个空间概念。基于互联网的 e-CRM 能够整合全线业务并实时协调运营，企业能够实现每时每刻为客户提供服务，而且时区和地域也不会再为企业带来困扰。企业能够最大限度地满足客户的需求，这会提升客户对企业的好感并使其留意企业的行为。

自动性是指它能为企业产生覆盖全面的自动客户回应能力。自动性体现在企业可以利用互联网来实现客户的无纸化管理，将客户的有关信息都纳入数据库中，利用网络来处理数据更加方便快捷。网上订购的过程注重客户信息数据的同步化，此时利用网上客户关系管理可以实现企业不同部门对客户信息的共享，每次互动完成都伴随统一数据库的记录和更新，客户的线上和线下渠道与企业联系时都能被准确识别。

互动性则体现在企业和客户的实时双向沟通。互联网的互动和引导性使得顾客在系统的引导下对产品或服务做出选择或提出具体要求，企业此时可以根据顾客的要求及时进行生产并提供及时服务。这些都可以实现企业与顾客之间的实时双向对话，这种互动性的对话将为客户带来更好的体验。

4.2　电子商务客户服务管理

在零售电子商务中，顾客在网上浏览商店提供的商品，所看到的只是商品的图片。不可能像在传统商店那样看到实物商品，通过触摸、使用来了解商品的性能，缺乏和企业面对面的交流，因此电子商务和传统企业的客户服务应有所不同。传统企业比较重视售后服务，而零售电子商务企业的客户服务针对消费者的购物过程，也应分为售前服务、售中服务和售后服务，从而在消费者购物过程的每一步都给予关注和引导，提高消费者的满意度和忠诚度。

1. 电子商务客户管理流程

电子商务客服主要分为售前客服、售中客服和售后客服，工作流程如图 4-1、图 4-2、图 4-3 所示。

（1）售前客服

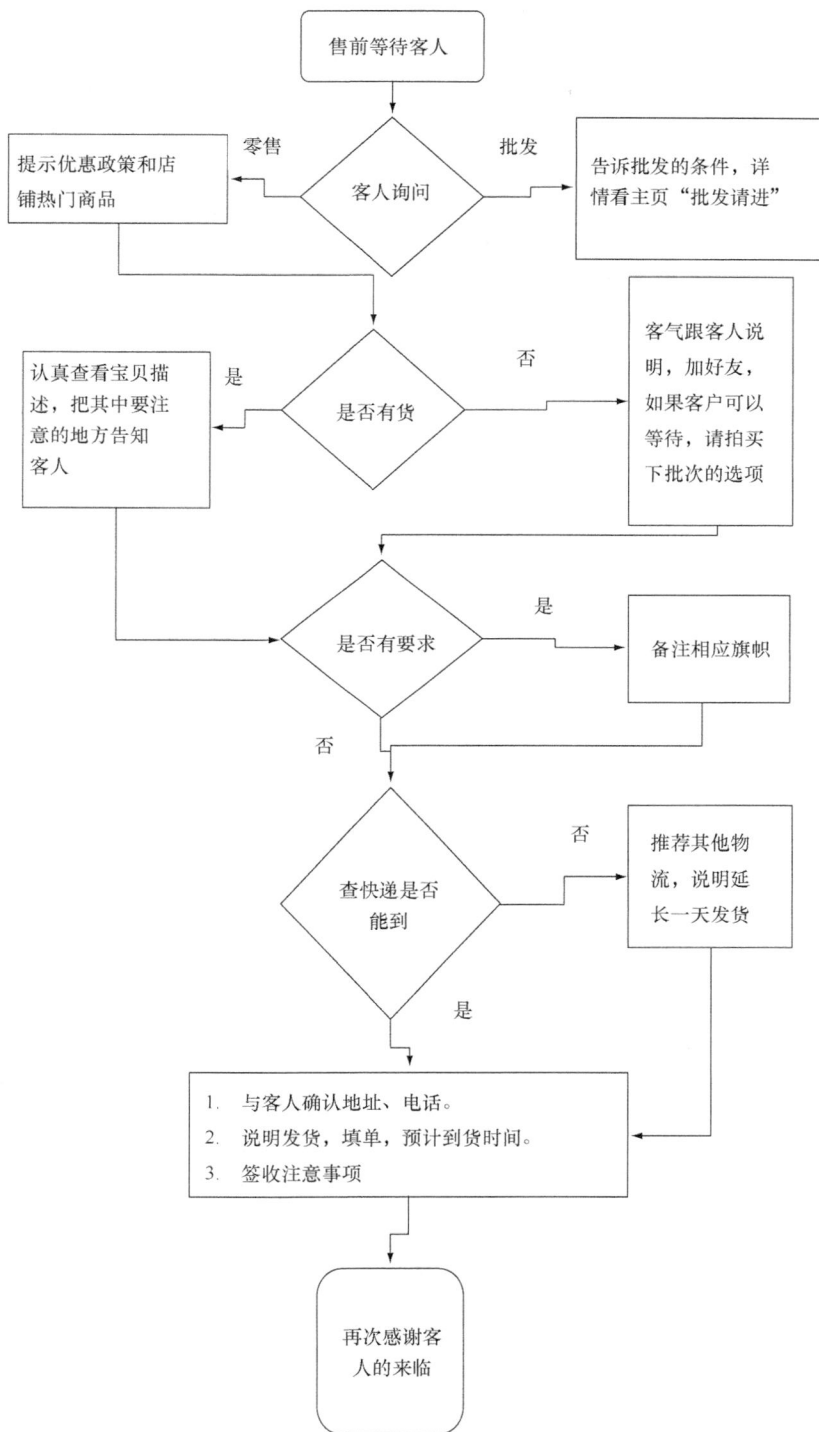

图 4-1 售前客服流程

（2）售中客服

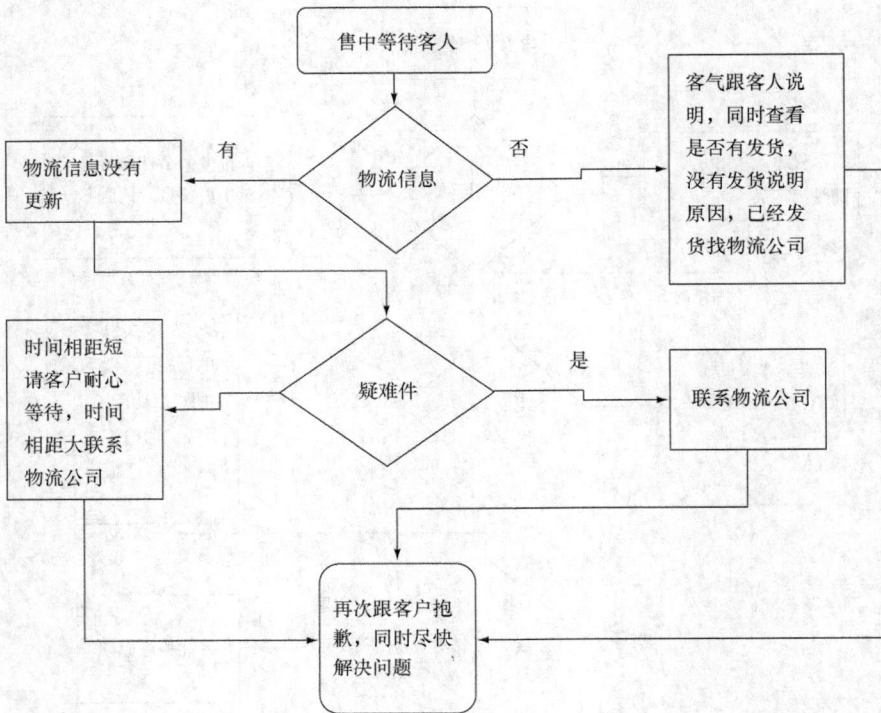

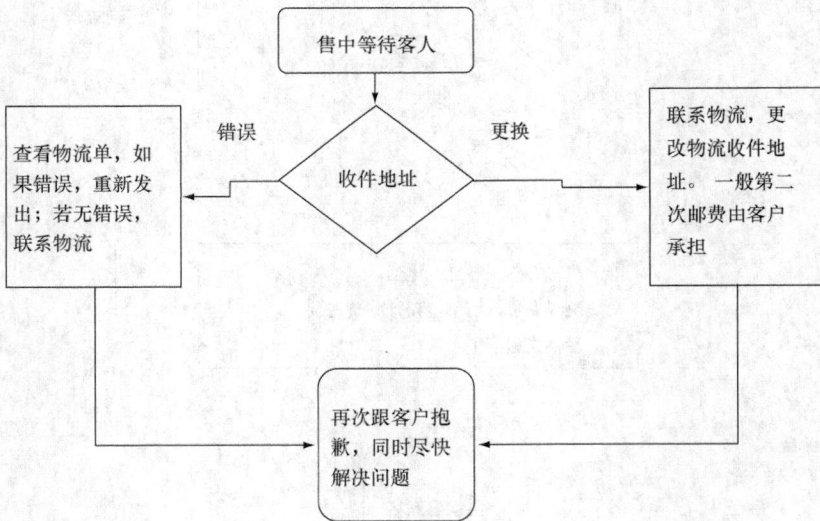

图 4-2　售中客服流程

（3）售后客服

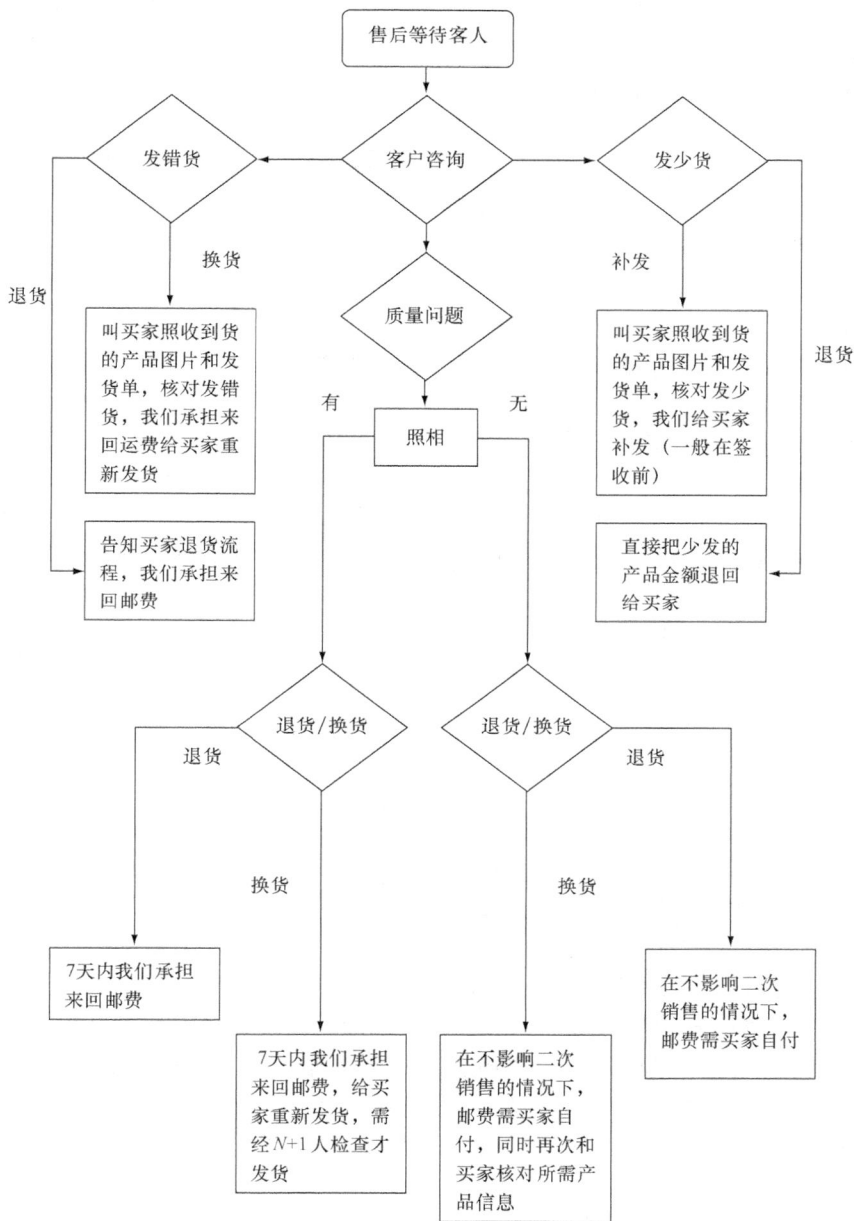

图 4-3 售后客服流程

2．电子商务客户关系管理内容策略

（1）客服的售前服务

狭义地说，售前服务是指企业从产品生产后到销售给消费者之前为消费者提供的服务。广义的售前服务则是指企业在产品销售给消费者之前所进行的一切活动。重视售前服务，特别是在电子商务环境中面对市场更加细分的消费者，提高售前服务质量已成为我国企业的当务之急。那么，怎样才能搞好售前服务呢？可以通过以下几个方面：强化售前服务意识，激活"人"的因素；做好市场调查；重视产品开发设计工作；重视技术创新；完善生产管理，保证产品质量；提供详细、明确的产品说明书；提供咨询服务；有效地运用广告宣传。

（2）客服的售中服务

售中服务是在商品销售过程中开展的一系列加深顾客良好印象、强化顾客购买欲望的服务工作，是企业整体营销计划中的重要一环，对于增强企业的竞争能力、扩大商品销售和提高企业经济效益具有极其重要的作用。售中服务与顾客的实际行动相伴随，是促进商品成交的核心环节。在网络销售中，客服会遇到各种各样的人，有支配型的、表现型的、温和型的、分析型的，很多人其实不是一种性格的，往往是很多性格同时存在的，所以售中服务沟通的一个关键是：不能圆滑，而是真诚，让客户受到尊重。对于原则性的问题，比如关于产品的，不能100%答应，尽可能用委婉的语言。

（3）客服的售后服务

售后服务是企业对客户在购买产品后提供多种形式的服务的总称，其目的在于提高客户满意度，建立客户忠诚。西方管理学者认为在电子商务环境下的服务质量是指在虚拟网络市场上，客户对服务提供物的优越性和质量的总体评价和判断。电子商务售后服务的特点为不可感知性、移动性、灵活性。总结前人学者的观点，电子商务交易模式下的客服可以从以下几方面提升售后服务水平。

① 优化电子商务流程。

② 实体商务与电子商务结合。

③ 建立售后服务实体站。

④ 加快售后服务处理速度。

⑤ 完善退货服务流程。

⑥ 建立售后服务处理数据库。

（4）投诉处理

客户投诉通常是指客户以为由于企业工作上的失职、失误、失度、失控或误解伤害了他们的自尊或利益，而向管理人员或有关部门提出的口头或书面意见。

顾客投诉一般可以分成以下几类。

① 按投诉的性质分：有效投诉与沟通性投诉。

有效投诉。有效投诉有两种情况：用户对服务管理单位在管理服务、收费、经费管理、维修养护等方面失职、违法、违纪等行为的投诉，并经过有关行业主管部门查实登记的；用户向服务管理单位提出的管理单位或管理人员故意、非故意或失误造成用户或公众利益受到损害的投诉。

沟通性投诉。求助型：投诉者有困难或问题需给予帮助解决的。咨询型：投诉者有问题或建议已经向管理部门联络过的。发泄型：投诉者带有某种不满——受委屈或因误会等造成的内心不满，要求把问题解决的。沟通性的投诉若处理不当，会变成有效投诉，因此必须认真处理沟通性投诉。

② 按投诉的内容分为：对设备的投诉，对服务态度的投诉，对服务质量的投诉，突发性事件的投诉。

从心理学的角度，可以把人的气质分为四大类：胆汁质型、多血质型、粘液质型和忧郁质型。经研究，大多数重复投诉的顾客属于胆汁质型和多血质型，这两类气质的顾客其高级神经活动类型属于兴奋型和活泼型，他们的情绪兴奋性高，抑制能力差，特别容易冲动，因此，他们在投诉时的心理主要有三种。

① 发泄的心理。这类顾客在接受服务时，由于受到挫折，通常会带着怒气和抱怨投诉，试图把自

己的怨气发泄出来，这样顾客的忧郁或不快的心情才会得到释放和缓解，从而维持心理上的平衡。

② 尊重的心理。多血质型顾客的情感极为丰富，他们在接受服务过程中产生了挫折和不快，进行投诉时，总希望他的投诉是对的和有道理的，他们最希望得到的是同情、尊重和重视，并向其道歉和立即采取相应的补偿措施等。

③ 补救的心理。顾客投诉的目的在于补救，补救包括财产上的补救和精神上的补救。当顾客的权益受到损害时，他们希望能够及时地得到补救。

一般情况下，客户投诉处理流程包括以下几个步骤。

① 记录投诉内容

用客户投诉登记表详细记录客户投诉的全部内容，如投诉人、投诉时间、投诉对象、投诉要求等。

② 判断投诉是否成立

在了解客户投诉的内容后，要确定客户投诉的理由是否充分，投诉要求是否合理。如果投诉并不成立，就用委婉的方式答复客户，以取得客户的谅解，消除误会。

③ 确定投诉处理的责任部门

依据客户投诉的内容，确定相关的具体受理单位和受理负责人。如果是运输问题，交储运部处理；属质量问题，则交质量管理部处理。

④ 责任部门分析投诉原因

要查明客户投诉的具体原因及造成客户投诉的具体责任人。

⑤ 公平提出处理方案

依据实际情况，参照客户的投诉要求，提出解决投诉的具体方案。如退货、换货、维修、折价、赔偿等。

⑥ 提交主管领导批示

针对客户投诉问题，主管领导应对投诉的处理方案一一过目，并及时做出批示。根据实际情况，采取一切可能的措施，尽力挽回已经出现的损失。

⑦ 实施处理方案

处罚直接责任者，通知客户，并尽快收集客户的反馈意见。对直接责任者和部门主管要根据有关规定做出处罚，依照投诉所造成的损失大小，扣罚责任人一定比例的绩效工资或奖金。对不及时处理问题而造成延误的责任人也要追究相关责任。

⑧ 总结评价

对投诉处理过程进行总结与综合评价，吸取经验教训，并提出改善对策，从而不断完善企业的经营管理和业务运作，提高客户服务质量和服务水平，降低投诉率。

有效解决投诉问题一般应遵循的原则。

① 迅速原则。如果投诉是在服务传递过程中发生的，那么要实现充分的补救，时间就很重要；许多公司已经建立了 24 小时反应的政策。即使是在完全解决可能需要更长时间的情况下，也要对顾客投诉做出迅速的反应。

② 承认错误但不要太多辩解。辩解太多可能表明公司要隐藏某些事情或不愿意充分披露整个情况。

③ 表明你是从每一个顾客的观点出发认识问题。通过顾客的眼睛看问题是了解他们认为问题出在哪里以及他们感到不高兴的唯一途径。受理人员应当避免用他们自己的解释轻易地得出结论。

④ 不要同顾客争论。你的目的应当是收集事实信息以达成双方都能接受的解决问题的方案，而不是赢取辩论赛的胜利或证明顾客是一个傻瓜。争论会阻碍聆听顾客的观点，并不能平息顾客的怒气。

⑤ 认同顾客的感觉。以默许或明言的方式认同顾客的感觉（如"我能理解你为什么如此不高兴"）。

这种行动有助于建立融洽的关系，它是重建一种受伤关系的第一步。

⑥ 给顾客怀疑的权利。并非所有顾客都是诚实的，也并非所有的投诉都被证明是正确的。但是在明确的反面证据出现之前，应当把顾客视为拥有确凿的投诉理由来对待。如果牵涉到大量的金钱（如索赔或法律诉讼），那么就要保证进行认真地调查；如果涉及金额数量较小，那么可能就不值得为退款或其他补偿争论不休——但是检查记录以了解这个顾客是否有过可疑投诉的历史，仍不失为一个好办法。

⑦ 阐述解决问题需要的步骤。在不可能当场解决投诉的情况下，告诉顾客公司将计划如何行动，这可以表明公司正在采取修正的措施，还设定了顾客对时间进度的期望（但不要过分承诺）。

⑧ 让顾客了解进度。没有人喜欢被抛弃在黑暗中。不确定性会导致焦虑和紧张，如果顾客知道目前的情况并收到定期的进度报告，那么他们将更易于接受处理过程的递延。

⑨ 考虑补偿。在顾客没有得到他们花钱购买的服务结果，或遇到了严重的不便，或因为服务失误而遭受了时间和金钱的损失时，正确的做法是支付金钱或提供同类服务给他们。这样的做法还可有助于减少恼怒的顾客采取法律行动的风险。服务保证通常会事先确定补偿方式。在许多情况下，顾客最想要得到的是道歉和承诺避免类似错误的发生。

⑩ 坚持不懈地重获顾客的友善。当顾客感到不满时，公司所面临的最大的挑战是恢复他们的信心和为未来保留这种关系，这可能需要毅力和追踪，不仅是为了平息顾客的怒气，而且要让他们相信公司正在采取行动避免问题的再次发生。出色的补救工作有助于建立顾客忠诚和推动顾客向他人推荐公司的服务。

客户投诉接待人员的基本素质要求如下。

① 品德素质——诚实严谨、克尽职守的工作态度和廉洁奉公、公道正派的道德品质。

② 文化素质——广博的知识素养和人际沟通的基本知识。

③ 心理素质——广泛的兴趣，开朗和善的性格，自信豁达的风度，宽宏大度、容人容事的气量。

④ 生理素质——体形、相貌、仪表、风度等素质，旺盛的精力、清醒的头脑、敏捷的注意力和思维力、良好的记忆力。

⑤ 业务素质——一般通信技术业务知识和顾客投诉处理的业务流程知识等。

4.3　电子商务客户满意度管理

1. 定义

顾客满意（Customer Satisfaction, CS）始于 20 世纪 80 年代末的美国，是"顾客导向"在当代市场条件下的发展和具体应用。"顾客满意"是指顾客通过将产品的可感知的效果或结果与他们所期望值相比较后形成的满意或失望的感觉状态。进入网络经济时代以来，面对激烈的竞争环境，顾客满意是达到顾客忠诚的前提和基础，CS 战略的兴起，使得电子商务企业经营走向更高层次的顾客导向，电商企业只有坚持顾客导向，以顾客满意作为其营销活动的基本准则，建立并维护良好的顾客关系，才能在根本上赢得竞争优势。实现顾客满意的关键是提高顾客让渡价值。顾客让渡价值（Customer Delivered Value）是指顾客总价值（Total Customer Value）与顾客总成本（Total Customercost）之间的差额。顾客总价值是指顾客购买某一产品与服务所期望获得的所有利益，它包括产品价值、服务价值、人员价值和形象价值。顾客总成本是指顾客为获得某一产品所花费的时间、精力以及所支付的货币等，包括货币成本、时间成本、体力成本等。

顾客满意，是一种心理活动，指顾客通过对一个产品的可感知效果与他的期望值相比较后所形成的感觉状态。顾客满意度是用于评价顾客满意的一个量化指标。它是顾客的感知价值与顾客的期望价值之差。在电子商务中，顾客的感知价值不仅仅来源于产品的实物价值，更重要的是来源于产品的精神价值，因为在网络营销中，顾客不能依靠触和闻等感观来感知产品的价值。

2．影响因素

在电子商务交易中，顾客满意的决定因素主要有：①理念满意，包括经营宗旨满意、经营理念满意、价值观念满意和企业精神满意等；②形象满意，包括企业的域名满意、企业网页画面设计和内容设计满意、企业标志满意等；③行为满意，包括行为机制满意、行为规则满意、广告行为满意、网上礼仪满意等；④产品满意，包括产品质量、价格、功能、设计、包装、品种、品位等满意；⑤服务满意，包括服务的可靠性、及时性、准确性、安全性、连续性、完整性、情感性等满意。

3．提升客户满意度方法

通常我们可以通过个性化产品订制，便利快捷的服务，明确的服务承诺，来增加顾客价值，减少顾客成本，进而提高顾客的满意度。

（1）用个性化订制提升产品价值

产品价值表现在功能、样式、可靠性等诸多方面，在网络营销中，除了向顾客提供高质量的产品外，还可以发挥网络优势，通过个性的订制服务从功能样式上做足文章。传统的大规模生产方式的结果，是产品品种单一、差异不明显。然而，随着生活质量的提高和社会人本意识的不断强化，消费者要求产品能体现个性差异，因此对个性化的产品越来越青睐。而大规模订制改变了产品概念：产品是用户参与设计的，最能符合客户要求。通过 Internet，用户可以同生产厂商讨论其实际需要什么样的产品，并且可通过生产厂商的专家意见，改进和设计所需产品。用户参与了产品的设计，能使其产生一种参与感、成就感。同时，订制和网络的互动性，使企业与顾客的关系变得融洽，服务、质量、营销三者能有机结合。在电子商务中，要实现大规模定制营销，重点是通过网络进行数据库建设，数据库要有以下特点：在数据库中每个现在或潜在的顾客都要作为一个单位的记录存储起来，只有了解每个个体的信息才能细分市场，并通过汇总数据发现市场总体特征；每个顾客记录不但要包含顾客一般的信息如姓名、地址、电话等，还要包含一定范围的市场营销信息，即顾客的需求及特点；每个顾客记录还应包含有顾客是否接触到针对特定市场开展的营销活动的信息，对公司采取的营销沟通或销售活动所作的反应信息等。大型数据库可以自动记录和处理顾客信息，并发现市场机会和威胁。为了方便产品的重新设计，要尽量实现产品的模块化和标准化。模块可分为两个部分：一部分是所有顾客共有的，另一部分是体现订制特征的。如在汽车、服装、电脑营销中用不同颜色、材料、装饰、配置来实现个性化订制。同时，将生产过程进行解剖，划分为相对独立的子过程，再进行重新组合，这样同样可以有效地满足规模订制的要求。例如，网络上接到订单后，马上组织采购，不必事先有大量库存原材料，如此，可以有效节省库存成本。

（2）用服务提升满意度

在电子商务中，网络的最大优势是提供全面的产品信息。顾客访问网站的主要目的是为了对公司的产品和服务进行深入地了解，企业网站的价值就在于灵活地向用户展示产品说明及图片甚至多媒体信息，即使一个功能简单的网站至少也相当于一本可以随时更新的产品宣传册。产品展示是信息发布的一种形式，但信息发布的含义显然要更广泛一些，网站是一个信息载体，在法律许可的范围内，可以发布一切有利于企业形象、顾客服务以及促进销售的企业新闻、产品信息、促销信息、招标信息、合作信息和招聘信息等。在实际操作中，可通过建立网上的自动服务系统，依据客户的需要，自动、适时地通过网络提供优质服务；建立快捷、及时的信息发布系统，使企业的各种信息能及时传递给消费者；建立信息的实时沟通系统，加强与消费者在文化和情感上的沟通，并随时搜集、整理分析消费者的意见和建议。例如，可对汽车、服装、住宅等产品通过建立"虚拟展厅"，用立体逼真的图像辅之以方案、声音等方式来展示自己的产品，使消费者能身临其境地感受产品的存在，并使其对产品的各个方面有一个较为全面的了解。同时企业应该在"展厅"中设立不同产品，并建立相应的导航系统，使消费者能迅速快捷地寻找到自己所需要的产品。对于订制化产品，可通过建立虚拟组装室，专门开辟一些空间，使消费者能根据自己的需求，对同一产品或不同产品进行组合，从而更好地满足消费者的个性需求。

（3）用快捷的物流服务提升满意度

在网络营销中，如果仅仅是提供了产品选择的便利，这只是完成了购买过程的一半，关键是要有快捷的物流及时把产品送到消费者手中。由于网上时空的"零距离"特点与现实世界的反差，客户对产品的可得性心理预期加大，以致企业交货速度的压力变大。因此，物流系统中的港、站、库、配送中心、运输线路等设施的布局、结构和任务将面临较大的调整。为满足顾客需要，在网络营销中，可以为顾客提供不同的送货方式和送货期限。如亚马逊为顾客提供了多种可供选择的送货方式和送货期限。在送货方式上有以陆运和海运为基本运输方式的"标准送货"，也有空运方式。送货期限上，亚马逊实行24小时全天候购物，即"找到订货商品+装运时间=所需的送货时间"，中间没有任何滞留。企业可根据送货方式、送货期限及商品品类的不同，选择不同的收费标准：有按固定费率收取的批次费，也有按件数收取的件数费，也有按重量收取的费用。亚马逊的成功就在于不断降低送货服务的门槛。这种做法使享受这项优惠的客户每年都在增多，这既有助于培养老客户的忠诚度，也有利于吸引新客户，从而使亚马逊的客户扩大到了数千万人。

（4）用关系维护顾客满意

关系营销强调企业与顾客之间的互动，力求建立稳定的、兼顾双方利益的长期合作关系。它通过顾客服务、顾客参与、顾客组织化等具有较高透明度的手段来进行，其目的在于减少交易成本、提升顾客价值。电子商务中，交易方式的最大特征是"顾客主导"，即购买意愿完全掌握在顾客手中。互联网使企业促销成为被动行为，而顾客则变为主动方，他们通过交互媒体来查询信息。因此，企业营销首先就应考虑如何吸引新顾客上线，其次是如何通过为顾客提供有价值诱因的商品信息和服务来建立与顾客之间的关系，长期留住顾客。网上进行的订货和购物都充满着不确定性，即如何保证购买到的商品是货真价实的，这家企业的信誉如何，换货、维修等一系列售后问题能否得到妥善解决？这些都是顾客必然会考虑的问题。因此，与传统商务一样，良好的信誉对网上企业至关重要。企业可以通过提供免费送货、无条件换货、降低价格等方式，在顾客心目中建立良好的印象，进而促进顾客连续购买，同顾客建立起一个长期依存的关系。

4.4　电子商务客服人员管理

1. 客服人员素质要求

一个合格的电子商务客服人员，应该具备一些基本的素质，如心理素质、品格素质、技能素质以及其他综合素质等。

（1）心理素质

电子商务客服应具备良好的心理素质，因为在客户服务的过程中，自己要承受着各种压力、挫折，没有良好的心理素质是不行的。具体如下：处变不惊的应变力，挫折打击的承受能力，情绪的自我掌控及调节能力，满负荷情感付出的支持能力，积极进取、永不言败的良好心态。

（2）品格素质

忍耐与宽容是优秀电子商务客服人员的一种美德。热爱岗位，一名优秀的网店客服人员应该对其所从事的客户服务岗位充满热爱，忠诚于企业的事业，勤勤恳恳地做好每件事。要有谦和的态度，一定要有一个谦和的态度，谦和的服务态度是能够赢得顾客对服务满意的重要保证。不轻易承诺，说了就要做到，言必信，行必果。拥有博爱之心，真诚对待每一个人，要勇于承担责任，要有强烈的集体荣誉感。客户服务人员还应具备对客户热情主动的服务态度，充满了激情，让每位客户感受到你的服务，在接受你的同时来接受你的产品。要有良好的自控力，自控力就是控制好自己的情绪，客服作为一个服务工作，首先自己要有一个好的心态来面对工作和客户，客服的心情好了也会带动客户。毕竟网上形形色色的人都有，有好说话的，也有不好说话的，遇到不好说话的，就要控制好自己的情绪，耐心地解答，有技巧地应对。

（3）技能素质

优秀的电子商务客服人员还需要具有良好的文字语言表达能力、高超的语言沟通技巧和谈判技巧，只有具备这样的素质，才能让客户接受你的产品并在与客户的价格交锋中取胜。

客服人员必须有丰富的专业知识，尤其是对于自己所经营的产品，如果你自己对产品都不了解，又如何保证第一时间给顾客回答呢。客服人员需要有丰富的行业知识、经验和熟练的专业技能。同时，思维敏捷，具备对客户心理活动的洞察力，只有这样才能清楚地知道客户购买心理的变化。了解了客户的心理，才可能有针对性地对其进行购买引导。

另外，客服人员需要具备良好的人际沟通能力：良好的沟通是促成买家掏钱的重要步骤之一，和买家在销售的整个过程当中保持良好的沟通是保证交易顺利的关键。不管是交易前还是交易后，都要与买家保持良好的沟通，这样不但可以顺利地完成交易，还有可能将新买家吸收为回头客，然后成为自己的老顾客。

（4）综合素质

电子商务客服人员需要具有"客户至上"的服务观念，要具有独立处理工作的能力，对各种问题的分析解决能力以及人际关系的协调能力。

2．客服人员考核

绩效考核是公司为不同岗位员工制定的相关工作职责与考核指标办法。本考核标准作为员工管理的一种措施，既是激励员工的一种手段，也是对员工进行绩效与薪资管理的重要方式。客服人员考核标准要考虑到客服的特殊性质。一般来说，客服的薪资构成主要由"基本底薪+绩效工资（提成）+奖项奖金"三部分组成；基本薪资根据客服岗位级别而不同，每个级别的客服底薪相差 200～300 元。由于客服和销售相似，入门门槛较低，所以客服通常也是采用和销售相似的低底薪、高绩效的薪资体系，最大可能地调动员工的活跃性。

在制定客服考核办法时要因地制宜。店铺所处阶段不同、团队规模不同，它的绩效考核办法都会有差异，但是基本上可以总结为下列三种考核办法。

销售提成法：按照销售百分比提成。该办法适合店铺发展初期或者团队成员较少阶段。发展初期，以销售额为导向，再加上人员架构简单，可以采用最简单、方便、易用的销售提成法。这是最能刺激客服销售的办法之一，但是使用这个方法要注意两点：第一，对自己店铺的流量及销量有正确认识，如果阶段性的生意清淡，就要考虑客服保底提成，比如通过其他态度指标或者能力指标给予保底提成，满足客服人员的基本生活保障；第二，要考虑淡旺季的提成落差，降低淡季的客服流失率，比如旺季的 20% 提成可以到淡季再发放等。

绩效提成法：销售提成与绩效考核分值挂钩，根据绩效考核分值设定提成百分比系数。这种办法适用于发展中期，业绩仍不稳定，但是团队成员已经发展到一定的规模，这个阶段单纯的销售提成法，已经不再适用，各种弊端展露无遗，比如客服之间抢单、为了冲销售，忽视服务等。所以在销售提成的基础上，可以适当地加入其他指标的考核，比如服务态度及质量、询盘转化等。比如：设定 1% 的销售提成，如果其他指标的考核分值只达到 80 分，那该名客服人员就只能拿到 0.8% 的销售提成。

绩效奖金法：固定奖金系数，如 1500 元，根据绩效考核分值上下浮动奖金金额。这种办法适用于店铺发展稳定期，这个阶段，业绩、团队各方面都相对稳定，店铺要树立品牌形象，更重视的应该是服务，所以这个阶段可以弱化销售提成的概念，突出服务。采用绩效奖金法，重点考核各项服务指标：如响应时间、DSR 卖家服务态度、低质评价、询盘转化、客单价等。采用这个方法需要注意一点，不要轻易设上限奖金。比如很多店铺是这样做的：客服人员 100% 或者 100% 以上完成既定的指标，均能得到全部奖金，这里 100% 以上完成的没有额外的奖金，这样的制度，会影响客服人员的上进心，因为既然客服人员已经 100% 完成了指标，它再做更大的努力也不会对回报有所改变，最终失去再进一步的动力。

随着网络时代的快速发展，信息应用已经面向全球性的商务，利用电子的方式将客户紧密联系起来已经成了全球企业发展的重要方向。在转变的过程中，一是传统 CRM 与互联网技术的紧密结合；二是 CRM 应用于各行各业而不是仅仅围绕业务本身，应该被延伸到利于客户直接访问的位置，为企业提供更为快捷的信息服务。

通过电子商务客户关系管理的应用，企业与客户之间的关系更为紧密，沟通更为顺畅，可以最大程度地实现营销自动化、销售自动化的客户服务。目前，国内 CRM 与电子商务的结合还在起步阶段，与国外的企业相比，我国的企业在技术和人才方面都处于弱势。因此，通过完善通用模块、基于 Web 应用、充分支持电子商务的 CRM 才是现代网络时代发展的重要方向。这就需要企业的大力发展，使客户关系管理真正成为提升企业核心竞争力的重要力量。

电子商务时代是一个以顾客为中心的时代，为顾客提供个性化需求必将成为企业发展的经营战略，而企业在电子商务中的特点就是业务运作网络化，应用计算机技术企业为顾客提供个性化服务已成为可能。虽然 CRM 的理论和实践还是处于不断探索之中，但是随着企业客户关系管理模式的改变，CRM 的思想会逐渐被企业的经营者理解和接受，越来越多的企业会去实施电子商务与客户关系管理的结合。我们应置身于电子商务的环境中去重新思考企业面临的问题，大力改进客户关系管理系统，不断加强信息安全技术、信息管理技术、法律安全技术，这些技术就是实现现代企业 CRM 的基础。实践表明：只有客户关系管理的成功，才有电子商务的成功，也才有企业持续、快速、健康地发展。

案例4-1

苏宁易购客户服务

苏宁易购是苏宁云商旗下新一代 B2C 综合网上购物平台，现已覆盖传统家电、3C 电器（3C 产品指的是计算机、通信和消费类电子产品三者结合，也称"信息家电"）、日用百货等品类。苏宁易购于 2010 年 2 月 1 日正式上线运营，苏宁云商也由此正式进军电子商务 B2C 领域。

苏宁易购位居国内 B2C 前三，线上线下的融合发展引领零售发展新趋势。其所属的苏宁云商，是中国最大的商业连锁企业，名列中国线上规模民企前三，中国企业 500 强第 54 位，经营商品涵盖传统家电、消费电子、百货、日用品、图书、虚拟产品等综合品类，线下实体门店 1700 多家。

"苏宁易购"作为苏宁云商的线上品牌，依托规模采购和品牌优势，共享苏宁线下资源、物流配送与售后服务网络，快速建设成高水准的网购平台。苏宁易购为顾客建立了一个集购买、学习、交流于一体的社区，全面打造出一个专业的家电购物与咨询的网站，努力为用户营造轻松、和谐、愉悦的购物环境。不断丰富品牌类型，优化产品结构，不仅为顾客提供家电类产品，而且增加了家居用品以及办公用品，极大地丰富了消费者的购物体验，改变了网购的传统模式，让顾客在充分享受网购的过程中，体验人性化的服务。

1. 愿景与使命

苏宁易购以"阳光使命"为核心，形成了以价值使命、共赢使命、服务使命、员工使命、环境使命、和谐使命六大模块为分支的社会责任价值体系。服务是苏宁的唯一产品，客户满意是苏宁服务的终极目标。公司为客户提供涵盖售前、售中、售后一体化的阳光服务，以不断满足客户需求、实现公司高速度和高质量发展为远大目标。

2. 目标客户

苏宁易购的目标客户为大、中城市 3C 产品的网民消费者，具有 3C 和其他类型消费需求的网购群体，具有转化为线上购买力的潜力的苏宁线下购物群体。

3. 产品与服务

依托于苏宁云商覆盖全国的销售网络，苏宁易购在电子商务运营中逐渐由单一的家电销售成长为综合类的销售平台，同时也进行了诸多服务和用户体验方面的创新和尝试。

（1）支付方式

苏宁易购有"易付宝支付""网上银行""银联在线支付""快捷支付""分期付款""货到付款"六大支付方式。同时，为了支持苏宁易购"顾客自提"与"苏宁配送"两种配送方式，衍生出来了新型的支付方式"苏宁门店付款"方式，"苏宁门店付款"方式还将衍生出新的退款方式。另外，苏宁易购还开通了电话支付模式，它的电话支付是国内电子零售行业的首例。

（2）客户体验

苏宁有着数量巨大的实体门店，消费者可以在遍布全国的实体店中进行自由体验，并且可以与员工进行面对面地交流，更加方便地了解产品信息。这种方式实现了网络虚拟化与体验实体化的完美结合。

此外，苏宁易购将研发出"个性化订制"的客户体验方案，针对客户的不同需求，为其订制个性化、差异化的服务产品，从不同角度满足客户的需求，提升客户体验。

（3）配送方式

除了一般的送货上门模式，苏宁易购还实施"门店自提"的配送方式。当支付完商品全款后，即可根据商家提供的门店，凭订单编号和已付款项的凭证等到提货处自提商品。

（4）增值服务

苏宁易购推出"以旧换新"活动。苏宁易购家电以旧换新活动说明：凡在苏宁以旧换新中标城市，消费者可通过旧家电回收企业交售旧家电获得"家电以旧换新凭证"，在苏宁易购享受以旧换新补贴政策优惠。同时，作为苏宁的自由服务产品，苏宁阳光包、IT 帮客也创新了售后服务产品的概念。

（5）用户售后服务技术系统

苏宁易购在其首页公布 400 个免费电话以更好地捕捉客户反馈信息，所有在苏宁易购购买的商品都可以在当地苏宁售后服务网点进行鉴定、维修和退货，4000多家售后网点支持全国的售后服务。同时，苏宁易购借线下售后服务网络优势，推出了苏宁易付宝、V-World会员俱乐部、IT帮客、以旧换新、集团采购、家电下乡等特色服务。

案例4-2

陶美堂针对于客户体验的店铺优化

陶美堂之前的店铺平均每月访客在5万、浏览量在13万左右，营业额在35万元左右。杭州高略科技有限公司接手了陶美堂的相关咨询服务需求，对陶美堂的店铺和产品进行整体诊断，给出了合理的运营操作方案和建议。

第一步：结合产品对店铺重新定位。有针对性地分析客户群体。例如，通过对店铺现状进行分析，发现目前店铺流量来源依靠直通车和PC、手淘等自然搜索流量，直通车点击量、自然搜索流量都很低，页面转换也不高。所以，杭州高略科技有限公司着重从店铺流量和转化率入手进行店铺整改。

第二步：针对性流量提升。对产品标题进行SEO优化、提升商品权重、搜索曝光度、搜索流量。尤其是，侧重针对手机淘宝的搜索流量提升。在直通车方面，针对主推款商品，从关键词质量得分、标题、主图等方面进行优化，提升点击量和点击率，同时控制直通车PPC和花费。

第三步：商品详情页优化。重新设计商品的详情展现页，在排版、内容方面优化。

第四步：提升转化率。通过设立搭配套餐、各种优惠券、红包活动等吸引顾客，靠提高客服技能和应答技巧等来提升转化率。

第五步：针对主推款商品进行活动策划。策划"双11"专场活动，通过加大优惠力度、满减、满送、送赠品等，配合"双11"期间的全网活动热度，实现11月营业额的翻倍。

通过流量提升、转化率优化、推广优化、客服技能提升等各方面工作，店铺流量整体提升数倍，营业额翻番，在11月完成近150万元的营业额，较之前增长了4倍。

本章小结

本章介绍了电子商务客户服务的含义和基本流程以及售前、售中、售后服务的主要内容与方法。同时，本章介绍分析了电子商务环境下客户心理状态，解释电子商务客户行为，进一步分析客户关系管理在电商运营中发挥的作用。客户关系管理的指导思想就是充分利用Internet这个高效的工具，了解客户的需求并对客户进行系统地分析和跟踪研究，改进对客户的服务水平，提高客户的满意度和忠诚度并因此为企业带来更多的利润。正因如此，CRM从20世纪90年代产生以来便得到了各企业的高度重视，虽然目前许多企业在应用CRM的过程中还存在不少问题，但其发展前景将是十分广阔的。许多企业客户关系管理的实践表明：在电子商务发展时代，有效实施客户关系管理是企业保持旺盛生命力的强劲动力，只有客户关系管理成功了，才有电子商务的成功。

课堂问答

1. 什么是电子商务客户服务？
2. 什么是 CRM？
3. 电子商务环境下的客户特点是什么？
4. 电子商务客服主要有哪几种？
5. 如果发生了客户投诉，一般需要采取什么措施？

实践练习

1. 结合本章内容，登录电子商务购物网站，回顾之前的购物经历，列举出最难忘的优秀的客服案例和糟糕的客服案例。
2. 分别登录京东和天猫网店，对比二者在客户服务上的异同。

扩展案例

阿芙精油服务营销

"阿芙，就是精油！"这句话相信你在近几年的各种广告中听到了很多次，实际上，阿芙精油并不是近几年才创建，早在 2003 年阿芙精油就创建了，但是为人所知还是近几年的事情，在被漂网代理后才渐渐火起来。今天就来跟大家分享一下阿芙精油的营销哲学。

要说阿芙精油的营销，不得不提到漂网。漂网是阿芙精油的一个渠道，但是漂网董事长并未将阿芙精油限制在漂网以内，而是从更高的层面塑造阿芙精油这个品牌。

1. 阿芙精油品牌定位

目前，中国市场中日化线精油和精油添加类护肤品并不成熟，表现在以下几个方面。

首先，消费者对精油产品功效、定价以及品牌等都不具有充分的认识，甚至是处于空白状态，此刻占领消费者心中第一领地至关重要。

其次，因为市场还没有发育成熟，国外精油品牌虽然已经进入中国市场，但是还没有开始大规模地教化消费者，如嘉媚乐（原名为家美乐）等，作为网络营销必备之一的百科资料与阿芙相比，言语寥寥，资料甚少。

最后，精油在化妆品专业线中虽然属于非常小众的部分，然而延展性强，突出其各种功效，比如美白滋润、补水保湿、祛痘祛印、淡化色斑、控油、抗皱等，使其化身为大众用品并非没有可能。

虽然阿芙的产品不仅限于精油，但是其口号以及宣传的关键词都聚焦于精油，例如，"阿芙，就是精油"（将品牌与品类直接衔接，塑造品类代表形象），"阿芙的精油，就像农夫果园一般的订制，所以，好女人，用阿芙"，等等，诸如此类。也正是因为这种定位，加上中国市场中日化线精油和精油添加类护肤品的不成熟，使得阿芙精油从一大堆同类化妆品品牌和网站中脱颖而出。

2．聚焦产品源头进行深化

一般来说，消费者与产品之间存在着信息断层，他们不是专家，难以对产品进行具体、准确地了解。所以任意连贯性理论认为：消费者并不知道什么东西该值多少钱，消费者只是从自己能够感知的信息中进行关联性判断，如包装、设计、渠道、价格、广告语等。所有能够让消费者产生感知的渠道，都是品牌对消费者进行教化的触角。

阿芙建立的品牌核心概念是"捍卫精油行业的秘密——得花材者得天下，坚持不向中间商采购，只和全球最佳产地庄园合作，长期契约种植。每一滴阿芙精油，从田间种植到入瓶灌装，都做到血统清晰，品质纯正。"

阿芙线上店，使用大幅图片展示源头花材的信息，将花材直接与精油品质对等，使消费者产生"阿芙就是高品质精油"的印象。而且，在销售的过程中，阿芙还积极传播精油基本知识，深化自己专业、高端、是精油业代表的形象。

3．不促销，维护品牌形象

你肯定没有在聚划算或者是任何团购中看到过阿芙的产品，因为漂网董事长孟醒坚持不用打折、秒杀这种促销性的方式。

虽然阿芙已经是聚划算的重要用户，而且"跟聚划算保持着良好的合作关系"，但对于"打折""降价"等词汇，阿芙避之唯恐不及，即使在促销活动中，阿芙也多是以优惠券、包邮和赠品等方式参与，力求不对品牌定位产生伤害。

除了维护品牌形象，漂网还积极建立阿芙不同的品牌形象，阿芙与漫画家几米、新锐画家刘野等以及民生银行信用卡进行跨界合作，在湖南电视台《我爱大美人》、旅游卫视《阿芙美丽下午茶》大量投放广告。"广告做久了，会不断地给消费者留下印象，有一天突然全网铺开，登个大广告的时候，大家说，哎，看过的。我的点击率和转化率就是会比没做过播种跟浇灌的人要高。"孟醒说。

4．线上线下相互促进

阿芙的渠道主要分为两大块：线上网店和线下专柜。线上又分官网和第三方平台旗舰店，比如天猫。孟醒一向自视为品牌商，漂网则是阿芙的官网，主要展示商品和处理淘宝无法提供的订制服务。阿芙在全网进行营销推广，但是投放广告的落地点一般都是在天猫。

此外，阿芙一直在线下进行布局，进入中高端百货商店铺设专柜，一方面提升品牌形象，增强消费者信心，另一方面反哺线上销售。阿芙还有非常强的线下线上整合营销执行能力，在举办大型活动之前，线上线下一起行动，协同营销。

5．重视用户体验的营销

对于电商行业来说，用户体验一直是短板。但是阿芙却将从吸引用户购买、购买行为发生、收货到二次购买这一循环的用户体验做到了一个新的高度。

阿芙利用博客的使用推荐吸引了大部分流量，紧接着当用户在购买时，被分为"重口味""小清新""疯癫组""淑女组"等几个小组的客服人员会 24 小时无休轮流上班为用户服务；送货时，阿芙的送货员穿 Cosplay 的衣服，化装成动漫里的角色为消费者送货上门，给消费者带来惊喜的同时也极具话题性。

送来的包裹中，不仅有消费者购买的商品，还有大量的小型试用装和赠品，如大队长的"三道杠"、大丝瓜手套、面部小按摩锤……甚至是可以收藏也可以送人的"2012 船票"。这些小赠品起到了二次营销的作用，吸引用户再次购买。

为了增强用户黏性，阿芙推出了包邮卡，全年包邮卡拍下一张 9.9 元，一年买任何东西免邮费；至尊包邮卡则是一个卡状的 4G U 盘，59.9 元终身包邮。其秘密就在于"当人们拍下包邮卡时，你会发现你不多买几次就亏了"。

除了购买过程的用户体验，阿芙还设有"首席惊喜官"，他们每天在顾客留言里寻找，猜测哪个顾客可能是一个潜在的推销员、专家或者联系人。找到之后他们就会询问地址寄出包裹，为这个可能的"意见领袖"制造惊喜，使阿芙获得更大的曝光量和推荐概率。

"阿芙，就是精油！"短短的一句口号，就能看出阿芙的营销哲学——清晰的市场定位，永远从用户角度考虑的营销手段。

拓展资料

电子商务客服部员工 KPI 考核规则

1. 确定销售提成比例

以转化率为依据确定销售提成比例，提成比例范围如表 4-1 所示为 1%～6%，再按照实际销售额计算客服部员工的业绩提成。

表 4-1　业绩提成分档表

档次	提点比例	咨询转化率（成功率）
A	6%	成功率≥60%
B	4%	55%≤成功率<60%
C	3%	50%≤成功率<55%
D	2%	40%≤成功率<50%
E	1%	成功率<40%

2. 考核得分

按照售前客服相关要求，对 KPI 考核进行打分，计分的方法如表 4-2 所示。

表 4-2　KPI 考核指标及计分表

考核内容	定义	权重	指标	得分
平均响应时间（单位：秒）	每次回复时间的平均值	15%	平均响应时间<30	15
			30≤平均响应时间<40	12
			40≤平均响应时间<50	8
			50≤平均响应时间<60	4
			平均响应时间>60	0
旺旺回复率	顾客问题的回复数/所有的咨询数	15%	旺旺回复率=100%	15
			100%≤旺旺回复率≤98%	12
			98%≤旺旺回复率≤96%	8
			96%≤旺旺回复率≤94%	4
			94%≤旺旺回复率≤90%	2
			旺旺回复率<90%	0

考核内容	定义	权重	指标	得分
客户满意度	（非常满意+满意）/所有顾客参与的满意度调查数量	20%	满意度≥95%	20
			92%≤满意度<95%	16
			90%≤满意度<92%	12
			88%≤满意度<90%	8
			85%≤满意度<88%	4
			满意度<85%	0

3. 月度奖金发放标准与要求

（1）核算标准：销售提成按照淘宝后台软件拉出的销售核算。

（2）核算方式：成交订单金额×提点比例×绩效考核得分/100=应发奖金。

4. 每月单项奖

（1）奖励对象：在线售前客服中，每月销售前三名的客服。

（2）按照名次：第一名可获得 300 元季度奖，第二名可获得 200 元季度奖，第三名可获得 100 元季度奖（人少的话可以设置一名，奖金为 200 元）。

5. 季度优异奖

（1）奖励对象：在线售前客服中，季度绩效总是前三名者。

（2）核算标准：将每月绩效得分相加，得出季度绩效总分。

（3）按照名次：第一名可获得 800 元季度奖，第二名可获得 600 元，第三名获得 300 元（人少的话可以设置一名，奖金为 600 元）。

（4）发放时间：于次季度第一个月发放。

表 4-3 客服部关键绩效考核指标

比重	序号	KPI指标	所占比重	考核内容	折算方式	对应分值	备注
服务质量35%	1	及时响应	10%	当月超过及时响应标准时间30（秒）回复客户的 UV 数不能超过5个	不足5个	10	在同一天同一个客人接待过程中出现多次超时响应只算一次违规
					5~10个	5	
					10以上	0	
服务质量35%	2	服务态度	15%	当月出现违规用语的聊天记录次数不能超过5次	无违规	15	在同一天同一个客人接待过程中出现多次违规用语要按实际次数计算
					1~5次	10	
					6~10次	5	
					10次以上	0	
成效业绩50%	3	成交金额	30%	当月成交金额/当月公司平均成交金额×100%	大于150%	30	
					130%~150%	15	
					110%~130%	10	
					100%~110%	5	
					90%~100%	0	
					小于90%	−5	

比重	序号	KPI指标	所占比重	考核内容	折算方式	对应分值	备注
工作表现 15%	4	转化率（需加入寻单支付率、客单价）	20%	当月成功付款的 UV 数/当月接待的总 UV 数×100%	70%以上	20	
					50%～69%	15	
					40%～50%	10	
					35%～40%	5	
					34%以下	0	
	5	出勤率	5%	当月出勤情况	全勤	5	
					迟到早退现象	3	
					有事假、病假	3	
					有旷工现象	0	
	6	业务技能考核	10%	每月业务技能考核情况	A	10	每月公司将针对不同业务技能进行培训并进行统一考核，考核分为 A、B、C、D 四级，对应不同的分值
					B	5	
					C	0	
					D	−5	

总奖品额×个人分数/团队总分数=实际奖金

例如：当月实际销售额为 40 万元，按 3%计提，总奖金为 1.2 万元。5 个客服：A 为 100 分，B 为 90 分，C 为 80 分，D 为 70 分，E 为 60 分。

A 奖金为：12000×100/400=3000（元）

B 奖金为：12000×90/400=2700（元）

C 奖金为：12000×80/400=2400（元）

D 奖金为：12000×70/400=2100（元）

E 奖金为：12000×60/400=1800（元）

05 第5章
电子商务支付与安全

🛸 学习目标

通过本章的学习，能够对电子商务网上银行、电子支付、第三方支付及电子商务交易安全要求、加密技术、安全协议有一定了解；掌握网上银行的概念及特点、电子支付的特征及工具、第三方支付产生的原因、电子商务面临的威胁及安全要求；了解 SSL 与 SET 协议、电子商务系统安全的基本内容；理解信息加密的基本思想、数字证书的用途、认证中心的作用。

📚 导入案例

网络支付安全攻略——有防范才能有安全

目前，很多消费者对于网络支付安全存在"误区"，一种是放任自流型，只管上网支付，安全是银行和支付机构的事情；一种是过度防护型，谨小慎微，每次使用网络支付都是如履薄冰，生怕一不小心被人诈骗，只要是安全措施和工具都一股脑用上，导致网络支付体验差，有时候反而成了负担；还有一种是疏忽大意型，容易轻信网上的邮件和留言，该装的安全软件也不装，为了省事，账号和密码设置过于简单等。为确保网络支付安全，用户首先要有安全意识和基本防范技能。

第一法宝：确保终端安全，保证安全锁完好

及时更新杀毒软件、操作系统补丁等；直接从官方网站上下载安装银行、第三方支付的控件和软件；不要轻易点击不明链接或他人发送过来的链接、文件。

第二法宝：妥善保管敏感信息，保证安全密钥没丢

身份证信息、账户信息、银行卡信息、手机号等要妥善保管，不轻易提供给他人；不轻易在小网站或不知名的网站上预留以上信息。

第三法宝：重视密码安全，安全的第三重保障

设置个性的独立密码，不与公共场合常用的密码相同；不使用连续、重复、简单的数字组合或本人生日、电话号码、身份证号码等作密码；短信验证码、动态口令等动态密码不提供给任何陌生人；妥善保管支付口令牌等支付安全工具，不要将其交付他人，使用完毕后应及时从计算机上取回，若遗失，尽快到银行柜台办理挂失及补办手续。

第四法宝：使用银行或者支付机构提供的各类安全产品

网络支付时务必使用银行或者支付机构提供的安全工具或产品，比如申请数字证书、开通手机动态口令、短信提醒等服务；经常网上支付的用户应开通网银专业版，安装网银数字证书。

第五法宝：培养良好的安全支付习惯

尽量不在网吧、图书馆等公共场所使用网银，在公用计算机上使用网银，务必确认清除所有信息后再关闭浏览器；定制支付的交易限额，以避免可能的大额经济损失；交易完成后查询账户余额和交易明细，定期查看历史交易明细并打印对账单，如发现异常交易或账务差错，应立即与银行或者支付机构联系，避免损失；仔细核对支付信息，防止误付、错付；个人资料有任何变更，及时通知银行或者支付机构修改相关资料或通过客户端自行修改。

第六法宝：选择银行和有资质的支付机构进行网络支付

要尽量选择商业银行与获得人民银行许可的支付机构进行网络支付业务。这些机构的资信较好，安全防范的措施相对完备，用户可以放心选择。对那些没有相关资质或者来路不明的机构提供的网络支付业务，要谨慎选择，如果确实想用，也要多方验证后再使用。

借助于开放的互联网开展商务活动，对于经营者和消费者来说都有相当多的好处，交易双方在线进行商务信息沟通、交流，成功地达成一致，接下来进入交易协议履行阶段，购买方需要向售卖方支付钱款，售卖方需要向购买方交付交易标的，这就涉及支付与物流。安全、方便、快捷的支付对于促进电子商务快速发展来说至关重要。支付需要有代表钱款的支付工具，适合于电子商务的支付工具只能是数字化的货币，即电子货币。电子货币是传统货币的一种存在形式，需要有提供电子货币结算服务的网上银行。由于支付涉及直接的经济利益，人们对支付的安全提出了很高的要求。认识电子商务活动过程中可能存在的安全问题，并利用有关技术有针对性地解决这些安全问题，使其达到电子商务的安全要求。

5.1　网上银行

1. 网上银行

网上银行又称网络银行、在线银行，是指银行利用 Internet 及相关技术处理传统的银行业务及支持电子商务网上支付的新型银行。网上银行通过 Internet 向客户提供开户、销户、查询、对账、行内转账、跨行转账、信贷、网上证券、投资理财等传统服务项目，使客户可以足不出户就能够安全便捷地管理活期和定期存款、支票、信用卡及个人投资等，如图 5-1 所示。可以说，网上银行是在 Internet 上的虚拟银行柜台。

图 5-1　网上银行

电子商务强调支付过程和支付手段的电子化。作为电子支付和结算的最终执行者，网上银行起着连结买卖双方的纽带作用，网上银行所提供的电子支付服务是电子商务中的最关键要素和最高层次。

网上银行是现在网络经济中一种崭新的金融商务形式，是银行电子化与信息化建设的高级阶段，它可以借助网络提供多种金融服务。伴随着互联网应用的深入，网络银行越来越广泛地影响着人们的生活与工作。

2. 网上银行的特点

利用计算机和通信技术实现资金划拨的电子银行业务已经有几十年的历史，传统的电子银行业务主要包括资金清算业务和用 POS 网络及 ATM 网络提供服务的银行卡业务。网上银行是随着互联网的普及和电子商务的发展在近几年逐步成熟起来的新一代电子银行，它依托于传统银行业务，并为其带来了根本性的变革，同时也拓展了传统的电子银行业务功能。与传统银行和传统电子银行相比，网上银行在运行机制和服务功能方面都具有不同的特点。

（1）无分支机构

传统银行是通过开设分支机构来发展金融业务和开拓国际市场的，客户往往只限于固定的区域，而网上银行利用互联网来开展银行业务，因此可以将金融业务和市场延伸到全球每个角落。打破了传统业务地域范围局限的网上银行，不仅可吸纳本地区和本国的客户，也可以直接吸纳国外客户，为其提供服务。

（2）开放性

传统电子银行提供的业务都是在银行封闭系统中运作的，而网上银行的 Web 服务器代替了传统银行的建筑物，网址取代了地址，其分行是终端机和互联网虚拟化的电子空间。因此有人称网上银行为虚拟银行，但它又是实实在在的银行，利用网络技术把自己与客户连接起来，在有关安全设施的保护下，随时通过不同的计算机终端为客户办理所需的一切金融业务。表 5-1 所示为我国一些银行的实体银行地址和虚拟银行网址。

表 5-1　部分实体银行地址与虚拟银行网址

标志	银行名称	总部地址	网址
🏦	中国工商银行	北京西城区复兴门内大街 55 号	www.icbc.com.cn
🏦	中国建设银行	北京西城区金融大街 25 号	www.ccb.com
🏦	中国银行	北京西城区复兴门内大街 1 号	www.boc.cn
🏦	中国农业银行	北京市东城区建国门内大街 69 号	www.abchina.com

（3）智能化

传统银行主要借助于物质资本，通过众多员工的辛勤劳动为客户提供服务。而网上银行主要借助智能资本，靠少数脑力劳动者的劳动提供比传统银行更多、更好、更方便的服务，如提供多元且可交互的信息，客户除可转账、查询账户余额外，还可以享受网上支付、贷款申请、国内外金融信息查询、投资理财咨询等服务，其功能和优势远远超出电话银行和传统银行的自助银行。网上银行能够在任何时间（Anytime）、任何地点（Anywhere）、以任何方式（Anyhow）为客户提供金融服务，因此又被称为"3A 银行"。

（4）低成本

与其他银行服务手段相比，网上银行的运营成本最低。据介绍，在美国开办一家传统的银行分行需要 150 万~200 万美元，每年的运营成本为 35 万~50 万美元。相比之下，建立一个网上银行所需成本仅为 100 万美元。美国 USWeb 网络服务与咨询公司的一次调查发现，普通的全业务支行平均每笔交易成本约为 1.07 美元，而网上银行的成本为 0.01~0.04 美元。

3．网上银行的分类

网上银行是新兴的事物，它的形式和理论都在完善之中。按照不同的标准，网上银行可以分为不同的类型。

（1）按网上银行的组成架构分类

① 纯网上银行

纯网上银行是完全依赖于互联网的无形的电子银行，也叫"虚拟银行"；所谓虚拟银行就是指没有实际的物理柜台作为支持的网上银行，这种网上银行一般只有一个办公地址，没有分支机构，也没有营业网点，雇员很少，银行的所有业务几乎都是在 Internet 上进行。以美国安全第一网上银行（ Security First Network Bank，SFNB ）为例，它成立于 1995 年 10 月，是全球第一家无营业网点的真正意义上的网上银行，这家银行没有建筑物，没有地址，只有网址和网上银行站点，网络页面构成银行交易的营业窗口。

② 分支型网上银行

分支型网上银行又称为以传统银行拓展网络业务为基础的网上银行。它是在现有的传统银行的基础上，利用互联网开展传统的银行业务交易服务。即传统银行利用互联网作为新的服务手段为客户提供在线服务，实际上是传统银行的一个部门，从属于传统银行，是传统银行服务在互联网上的延伸，这是目前网上银行存在的主要形式，也是绝大多数商业银行采取的网上银行发展模式。

事实上，我国还没有出现真正意义上的网上银行，也就是"虚拟银行"，国内现在的网上银行基本都属于第二种模式。

两种网上银行的比较如表 5-2 所示。

表 5-2　网上银行两种类型比较

类型	优势	劣势
纯网上银行	拥有自己的品牌 成本优势 打破传统银行体制，发展快速自由	客户和业务需要积累 资金来源有限，抗风险能力差 对客户问题应变能力差，反应时间较长
分支型银行	统一的品牌，信誉衍生 原有业务和技术资源 降低经营成本	后来者在形象上不够突出 整合成本较高 网络业务开展受到传统业务束缚

（2）按照网上银行的主要服务对象分类

① 企业网上银行

企业网上银行主要适用于企业与政府部门等企事业组织客户。企事业组织可以通过企业网上银行实时了解企业财务运作情况，及时在组织内部调配资金，处理大批量的网上支付和工资发放业务，并且可以处理信用证相关业务。由于企事业组织之间的贸易量较大，一般涉及的都是金额较大的支付结算，所以对企业网上银行的安全性要求很高。图 5-2 所示为中国工商银行企业网上银行提供的快捷服务类型。

图 5-2　中国工商银行企业网上银行快捷服务

② 个人网上银行

个人网上银行主要适用于个人和家庭的日常消费支出与转账。客户可以通过个人网上银行办理业务，如账户查询、转账、支付和汇款等。个人网上银行将银行业务延伸到了个人客户的计算机上，可以使客户足不出户轻松完成对自己账户的管理和日常交易，使客户真正享受到网上银行带来的好处。图 5-3 所示为中国工商银行个人网上银行提供的快捷服务类型。

图 5-3　中国工商银行个人网上银行快捷服务

4．网上银行提供的服务

一般来说，网上银行提供的服务包括以下几方面。

（1）基本网上银行业务：商业银行提供的基本网上银行服务包括在线查询账户余额、交易记录、下载数据、转账和网上支付等。

（2）网上投资：由于金融服务市场发达，可以投资的金融产品种类众多，国外的网上银行一般提供包括股票、期权、共同基金投资和 CDS 买卖等多种金融产品服务。

（3）网上购物：商业银行的网上银行设立的网上购物协助服务，大大方便了客户网上购物，为客户在相同的服务品种上提供了优质的金融服务或相关的信息服务，加强了商业银行在传统竞争领域的竞争优势。

（4）个人理财助理：个人理财助理是国外网上银行重点发展的一个服务品种。各大银行将传统银行业务中的理财助理转移到网上进行，通过网络为客户提供理财的各种解决方案，提供咨询建议，或者提供金融服务技术的援助，从而极大地扩大了商业银行的服务范围，并降低了相关的服务成本。

（5）企业银行：企业银行服务是网上银行服务中最重要的部分之一。其服务品种比个人客户的服务品种还多，也更为复杂，对相关技术的要求也更高，所以能够为企业提供网上银行服务是商业银行实力的象征之一，一般中小网上银行或纯网上银行只能部分提供，甚至完全不提供这方面的服务。企业银行服务一般提供账户余额查询、交易记录查询、总账户与分账户管理、转账、在线支付各种费用、透支保护、储蓄账户与支票账户资金自动划拨、商业信用卡等服务。此外，还包括投资服务等。部分网上银行还为企业提供网上贷款业务。

（6）其他金融服务：除了银行服务外，大多商业银行的网上银行均通过自身或与其他金融服务网站联合的方式，为客户提供多种金融服务产品，如保险、抵押和按揭等，以扩大网上银行的服务范围。

案例5-1

中国网络银行的排头兵——招商银行

招商银行的网上银行开发始于 1997 年初，用于开发网上银行系列产品的总投资额为 1000 万元。1997 年 4 月招商银行继中国银行之后推出了自己的网站，不同的是，除了一些形象宣传外，招商银行网站还包括"一卡通"账务查询、股票信息查询等功能，使客户足不出户就可以享受到招商银行的服务。1998 年 4 月，招商银行正式在网上推出"网上企业银行" 1.0 版系统，为互联网时代银企关系进一步向纵深发展构筑了全新的高科技平台，也使招商银行的对公服务、对企业客户有了更强的吸引力。1999 年 9 月，招商银行在全国全面启动网络银行服务，推出"一网通"特色品牌，构建起由企业银行、个人银行、网上证券、网上商城、网上支付组成的功能较为完善的网上银行服务体系。同年 11 月，招商银行经中国人民银行正式批准开展网上个人银行服务，由此成为国内首家经监管当局正式批准开展在线金融服务的商业银行。2004 年 9 月，招商银行在青岛开出了国内第一张网上人民币信用证，标志着我国网上银行业务在电子商务领域大规模应用中跨出了关键性的一步。

经过 10 年的建设，招商银行的网上银行建设取得了不错的成绩。2014 年，招商银行网上银行产品已基本覆盖了传统银行柜面除现金收付外的所有业务，并将"一网通"率先在国家工商局注册成功。迄今为止，招商银行的网上银行仍被公众认为是国内服务品种最齐全、影响力最大和最受欢迎的网上银行之一，吸引了众多网民利用招商银行的服务来享受网上支付的乐趣。

5.2　电子支付

1. 电子支付的基本概念

电子支付是指单位、个人直接或授权他人通过电子终端发出支付指令，实现货币支付与资金转移的行为。简单来说，电子支付是指电子交易的当事人，包括消费者、厂商和金融机构，使用安全电子支付手段，通过网络进行的货币支付或资金流转。电子支付是电子商务系统的重要组成部分。

2. 电子支付的发展阶段

电子支付的发展经历了以下五个阶段。

第一阶段是银行利用计算机处理银行之间的业务，办理结算。

第二阶段是银行计算机与其他机构计算机之间资金的结算，如代发工资等业务。

第三阶段是利用网络终端向客户提供各项银行服务，如 ATM 自助银行。

第四阶段是利用银行销售终端（POS）向客户提供自动的扣款服务。

第五阶段是基于 Internet 的电子支付，它将第四阶段的电子支付系统与 Internet 整合起来，实现随时随地地通过 Internet 进行直接转账结算，形成电子商务交易支付平台。

电子支付发展阶段如图 5-4 所示。

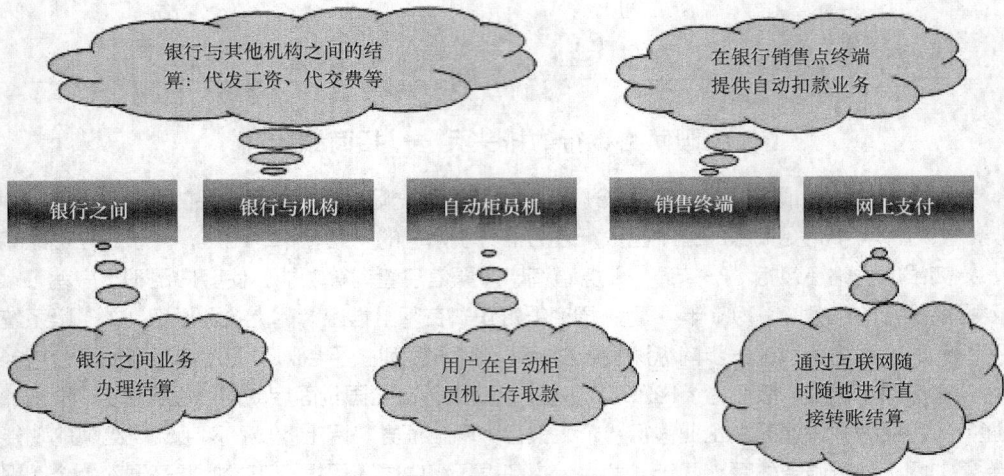

图 5-4　电子支付发展阶段

3．电子支付的业务类型

电子支付的业务类型按电子支付指令发起方式分为网上支付、电话支付、移动支付、销售点终端交易、自动柜员机交易和其他电子支付。

（1）网上支付

网上支付是电子支付的一种形式。广义地讲，网上支付是以互联网为基础，利用银行所支持的某种数字金融工具，发生在购买者和销售者之间的金融交换，而实现从购买者到金融机构、商家之间的在线货币支付、现金流转、资金清算、查询统计等过程，由此向电子商务服务和其他服务提供金融支持。

（2）电话支付

电话支付是电子支付的一种线下实现形式，是指消费者使用电话（固定电话、手机等）或其他类似电话的终端设备，通过银行系统就能从个人银行账户里直接完成付款的方式。

（3）移动支付

移动支付是使用移动设备通过无线方式完成支付行为的一种新型支付方式。移动支付所使用的移动终端可以是手机、PDA、移动 PC 等。

4．电子支付的特征

与传统的支付方式相比，电子支付具有以下特征。

（1）传输方式的数字化

电子支付是采用先进的技术通过数字流转来完成信息传输的，其各种支付方式都是通过数字化的方式进行款项支付的；而传统的支付方式则是通过现金的流转、票据的转让及银行的汇兑等物理实体来完成款项支付的。

（2）支付环境的开放化

电子支付的工作环境基于一个开放的系统平台（即互联网）；而传统支付则是在较为封闭的系统中运作。

（3）通信手段的先进性

电子支付使用的是先进的通信手段，如 Internet、Extranet，而传统支付使用的则是传统的通信媒介；电子支付对软、硬件设施的要求很高，一般要求有联网的计算机、相关的软件及其他一些配套设施，而传统支付则没有这么高的要求。

（4）其他经济优势

电子支付具有方便、快捷、高效、经济的优势。用户只要拥有一台上网的 PC，便可足不出户，在很短的时间内完成整个支付过程。而传统支付则需要烦琐的程序，有时还会花费很多时间。

在电子商务中，支付过程是整个商贸活动中非常重要的一个环节，同时也是电子商务中准确性、安全性要求最高的业务过程。电子支付的资金流是一种业务过程，而非技术。但是进行电子支付活动的过程中，也会涉及很多技术问题。

5．电子支付的工具

计算机技术的发展使得电子支付的工具越来越多，这些支付工具可以分为三大类：电子货币类，如电子现金、电子钱包等；电子信用卡类，包括智能卡、借记卡、电话卡等；电子支票类，如电子支票、电子汇款（EFT）、电子划款等。这些方式各有自己的特点和运作模式，适用于不同的交易过程。以下详细介绍电子现金、电子钱包、电子支票和智能卡。

（1）电子现金

电子现金（E-cash）是一种以数据形式流通的货币。它把现金数值转换成为一系列的加密序列数，通过这些序列数来表示现实中各种金额的市值，用户在开展电子现金业务的银行开设账户并在账户内存钱后，就可以在接受电子现金的商店购物了。电子现金的优势是支付快捷，刷银行卡和刷公交卡一样，在 POS 机上放一下即可，同时省去了找零的麻烦。

中国银行的电子现金通俗地说，就是银行卡上叠加了个电子钱包的账户，在刷卡时可以选择用银行卡账户或者电子现金账户支付。电子现金等同于现金，和现金一样不记名不挂失。银行卡遗失时可以补办，银行账户的钱会保留，但是电子现金却不会保留。

电子现金具有匿名性、不可跟踪性、节省传输费用、风险小、节省交易费用、支付灵活方便等特点。

① 匿名性。电子现金仅在结算的当事人之间进行脱线分散处理，资金的注射不必由第三者管理和把握，与使用现金的情况类似。

② 不可跟踪性。不可跟踪性可以保证交易的保密性，维护了交易双方的隐私权。除了双方的个人记录之外，没有其他关于交易已经发生的记录，银行也无法分析和识别资金流向，正因为如此，电子现金遗失和现金遗失一样无法追回。

③ 节省传输费用。电子现金流通没有国界，在同一个国家内流通的费用和在国际间流通的费用一样，不像普通现金那样存在实物载体，保管和移动金额越大、距离越远就越困难且费用越高昂。

④ 风险小。普通现金有被抢劫的危险，必须存放在指定的安全地点，存放和运输过程中要由安保人员看守。保管普通现金越多，所承担的风险越大，在安全保卫方面的投资也就越大，而电子现金则不存在这样的问题。

⑤ 节省交易费用。为了货币的流通，普通银行需要设置许多分支机构、职员、自动付款机及各种交易系统，增加了银行进行资金处理的费用。而电子现金是利用已有的互联网和用户的计算机，消耗比较小，用于小额交易尤其合算。

⑥ 支付灵活方便。电子现金的使用范围比信用卡更广，银行卡支付仅限于被授权的商户，而电子现金支付却不必有这个限制。

电子现金支付流程如图 5-5 所示。

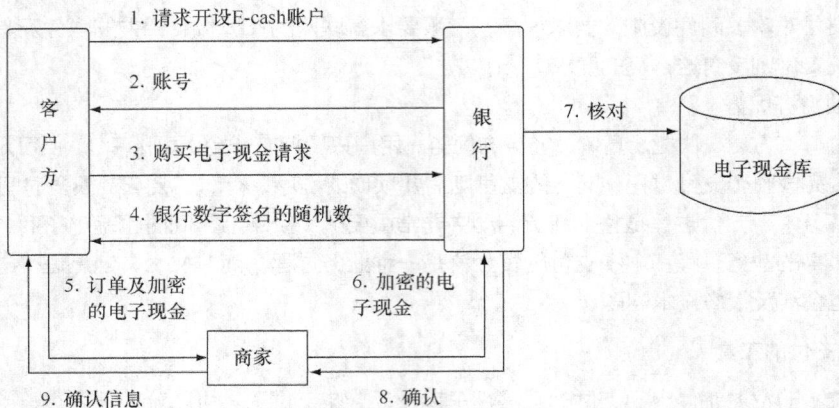

图 5-5　电子现金支付流程

（2）电子钱包

电子钱包是电子商务活动中网上购物顾客常用的一种支付工具，是在小额购物或购买小商品时常用的新式钱包。

电子钱包一直是全世界各国开展电子商务活动中的热门话题，也是实现全球电子化交易和互联网交易的一种重要工具，全球已有很多国家正在建立电子钱包系统，以便取代现金交易的模式，现在，我国也正在开发和研制电子钱包服务系统。使用电子钱包购物，通常需要在电子钱包服务系统中进行。电子商务活动中的电子钱包的软件通常都是免费提供的，可以直接使用与自己银行账号相连接的电子商务系统服务器上的电子钱包软件，也可以从因特网上直接调出来使用，采用各种保密方式的电子钱包软件有很多种。现在世界上有 VISA 和 Mondex 两大电子钱包服务系统，其他电子钱包服务系统还有 HP 公司的电子支付应用软件 V Wallet、微软公司的电子钱包 MS Wallet、IBM 公司的 Commerce Point Wallet、万事达的 Master Card、Europay 的 Clip 和比利时的 Proton 等。

（3）电子支票（Electronic Check，E-check 或 E-cheque）

电子支票是一种借鉴纸张支票转移支付的优点，利用数字传递将钱款从一个账户转移到另一个账户的电子付款形式。电子支票中包含与传统支票完全相同的支付信息，同时电子支票还包含数字证书和数字签名，连同加密解密技术一起，用来防止对银行和银行客户的欺诈，提高了电子支票的安全性，保证信息的真实性、保密性、完整性和不可否认性。

电子支票将整个处理过程自动化，帮助银行缓解处理支票的压力，节省大量的人力成本，极大地降低了处理成本；可以任何时间、任何地点通过互联网进行传递，打破了地域的限制，最大限度地提高支票的收集速度，从而为客户提供了更方便快捷的服务，且减少了其在途资金占比；通过应用数字证书、数字签名以及加密解密技术，提供了比使用印章和手写签名更加安全可行的防欺诈手段。用电子支票支付，事务处理费用较低，而且银行也能为参与电子商务的商户提供标准化的资金信息，故而，它可能是最有效率的支付工具。

（4）银行卡

信用卡于 1915 年起源于美国，20 世纪 70 年代中期，法国 Roland Moreno 公司采取在一张信用卡大小的塑料卡片上安装嵌入式存储器芯片的方法，率先开发成功智能卡（IC 卡）。经过 20 多年的发展，真正意义上的智能卡，即在塑料卡上安装嵌入式微型控制器芯片的 IC 卡，已由摩托罗拉和 Bull HN 公司于 1997 年研制成功。

目前在发达国家及地区，如美国、日本、英国、法国等地使用非常广泛，已成为一种普遍使用的支付工具和信贷工具。它使人们的结算方式、消费模式和消费观念发生了根本性的改变。

信用卡最大的特点是同时具备信贷与支付两种功能。持卡人可以不用现金，凭信用卡购买商品和享受服务。由于其支付款项是发卡银行垫付的，银行便与持卡人发生了借贷关系。而信用卡又不同于一般的消费信贷。一般的消费信贷只涉及银行与客户两者之间的关系，信用卡除银行与客户之外，还与受理信用卡的商户发生关系。按卡的信用性质与功能可分为借记卡（属于广义信用卡）和贷记卡（属于狭义信用卡）。

（5）储值卡

储值卡是指某一行业或公司发行的可代替现金用的 IC 卡或磁卡。例如，移动通信公司发行的电话充值卡神州行，固定电话使用的 IC 卡、IP 卡，超市、百货商店发行的购物卡，石油公司发行的加油卡，交通部门发行的交通卡等。

6. 电子支付的流程

支付流程包括支付的发起、支付指令的交换与清算、支付的结算等环节。

清算（Clearing），指结算之前对支付指令进行发送、对账、确认的处理，还可能包括指令的轧差。

轧差（Netting），指交易伙伴或参与方之间各种余额或债务的对冲，以产生结算的最终余额。

结算（Settlement），指双方或多方对支付交易相关债务的清偿。

严格意义上，清算与结算是不同的过程，清算的目的是结算，但在一些金融系统中清算与结算并不严格区分，有时清算与结算同时发生。

案例5-2

现金支付会很快消失吗？

一个现金变得过时的未来社会似乎离我们不远了。支票的消亡、借记卡和信用卡的普及以及 Pay Pal、支付宝、Apple Pay、比特币等数字创新的出现，都预示着一个无现金社会即将到来。

谁正在摆脱现金支付

Starcom 的一项研究发现，英国人认为在未来 15 年内英国将成为"无现金国家"。如今在英国，现金已经不再是主要的支付手段，电子和数字化支付手段已经占据支付市场的半壁江山。

数字化技术的发展正在加速现金的消亡。Starcom 的联合 CEO 皮帕·格吕克利希指出："与移动支付、可穿戴式技术和生物识别支付技术等有关的创新，正在快速转变人们对'现金和购物'两者关系的传统认知。"

在"无现金国家"道路上前进的不止英国，北欧国家同样在引导着支付方式的转型：瑞典在欧盟国家刷卡支付排行中高居榜首，第二、三位分别被丹麦和芬兰占据。挪威和冰岛在世界各国用卡排行榜上也位居前列。据英国银行业研究公司 RBR 的《全球支付卡市场数据及 2020 年展望》报告显示，全球范围内支付卡的发行数量在 2014 年增长了 11%，刷卡支付总金额则增长了 13%。上述数字在今后有望继续增长。

移动支付

为现金支付鸣响丧钟的不只是各种支付卡。移动支付也正日渐普及，在发展中国家，这一趋势尤为明显。尽管名为"移动支付"，但用户在支付时可以不依赖智能手机、信用卡甚至银行账户，这种支付方式正被全球范围内越来越多的人所接受。

一份来自移动生态系统论坛的报告指出，2015 年全球范围内有 69% 的手机用户利用手机进行各种金融活动。这一比例在印度尼西亚是 80%，在尼日利亚是 85%，在肯尼亚达到了 93%。

拉美各国也非常重视移动支付技术的发展，仅 2014 年一年移动支付的账户数量就增加了 50%。

现金未死

尽管移动支付和刷卡支付的数量正在增加，但是现金支付仍占据着全球所有消费支付中的 85% 左右。《万事达顾问无现金进程报告》衡量了部分国家中非现金支付比例的增长情况，报告强调，现金的使用仍然十分广泛，在部分国家中，消费者交易额中的 40% 依旧是通过传统的现金支付形式完成的。

亟待解决的障碍

世界经济论坛《2015 金融服务未来报告》指出了实现"无现金世界"所亟待解决的主要问题，包括部分商户不愿为电子支付进行基础设施投资或承担运营成本等。

对于那些偏好现金消费的消费者来说，便利性是他们考虑的另一问题，尤其是难以适应现代科技、对使用新技术缺乏信心的老年人群体。

安全性则是另一大障碍。许多人对于新技术抱有单纯的不信任感。来自移动生态系统论坛的报告指出，34% 的人不希望用手机进行支付操作。Starcom 公司发布的报告则显示，有 57% 的英国民众认为新技术不如现金安全。

5.3　第三方支付

第三方支付是指具备实力和信誉保障的第三方企业和国内外的各大银行签约，为买方和卖方提供的信用增强。在银行的直接支付环节中增加一中介，在通过第三方支付平台交易时，买方选购商品，将款项不直接打给卖方而是付给中介，中介通知卖家发货；买方收到商品后，通知付款，中介将款项转至卖家账户。

相对于传统的资金划拨交易方式，第三方支付可以比较有效地保障货物质量、交易诚信、退换要求等环节，在整个交易过程中，都可以对交易双方进行约束和监督。在不需要面对面进行交易的电子商务形式中，第三方支付为保证交易成功提供了必要的支持，因此第三方支付行业随着电子商务的快速发展也发展得很快。第三方支付平台的经营模式大致分为两种：一种是第三方支付平台在与银行相连完成支付功能的同时，充当信用中介，为客户提供账号，进行交易资金代管，由其完成消费者与商家的支付后，定期统一与银行结算；另一种是第三方支付平台与银行密切合作，实现多家银行银行卡的直通服务，只是当消费者和商户之间的第三方的银行支付网关。

1. 第三方支付产生的原因

传统的支付方式往往是简单的即时性直接付转，一步支付。其中钞票结算和票据结算适合当面现货交易，可实现同步交换；汇转结算中的电汇及网上直转也是一步支付，适合隔面现货交易，但若无信用保障或法律支持，会导致异步交换，容易引发非等价交换风险。现实中买方先付款后不能按时按质按量收获标的，卖方先交货后不能按时如数收到价款，因拖延、折扣或拒付等引发经济纠纷的事件时有发生。

在现实的有形市场中，异步交换权可以附加信用保障或法律支持来进行。而在虚拟的无形市场中，交易双方互不认识，不知根底，故此，支付问题曾经成为电子商务发展的瓶颈之一，卖家不愿先发货，担心货发出后不能收回货款；买家不愿先支付，担心支付后拿不到商品或商品质量得不到保证。博弈的结果是双方都不愿意冒险，导致网上购物无法进行。

为迎合同步交换的市场需求，第三方支付应运而生。第三方是买卖双方在缺乏信用保障或法律支持的情况下的资金支付"中间平台"，买方将货款付给买卖双方之外的第三方，第三方提供安全交易服务，其运作实质是在收付款人之间设立中间过渡账户，使汇转款项实现可控性停顿，只有双方意见达成一致才能决定资金去向。第三方担当中介保管及监督的职能，并不承担什么风险，所以确切地说，这是一种支付托管行为，通过支付托管实现支付保证。在通过第三方平台的交易中，买方选购商品后，使用第三方平台提供的账户进行货款支付，由对方通知卖家货款到达、进行发货；买方检验物品后，就可以通知付款给卖家。第三方支付平台的出现，从理论上讲，彻底杜绝了电子交易中的欺诈行为。

2. 第三方支付的特点

第三方支付平台是基于与各家银行密切合作前提下的，为商户提供整合型网上支付服务。它有以下四个特点。

（1）支持多种信用卡

第三方支付平台可以支持国内各大银行发行的银行卡和国际信用卡组织发行的信用卡。作为商户只需与其一次性接入打包好的支付接口，即可使用该支付平台所支持的所有银行卡种进行网上收付款，并且可以随着平台升级而自动、免费升级，不必单独和多家银行接洽、合作，从而很大程度上降低了企业运营成本。

（2）结算周期灵活

第三方支付平台手续费用标准统一，且结算周期可根据商户需求设定，服务更加人性化。如网银在线提供的按天结算货款服务，实现了资金在支付平台的"零停留"，确保了商户资金的流畅运转。

（3）后期服务好

专业的第三方支付平台，可以确保商户在后期服务、支付过程中出现的问题能够及时得到解决。但对于以存贷为主营业务的银行来说，网银只是其增值服务，对比投入与产出，中小企业似乎并不会受到银行的普遍重视。

（4）较高的公信度

第三方支付平台作为中立一方，具有较高的公信度。一旦发生交易纠纷，会对商户和消费者采取双向保护措施，在交易双方之间进行公平、公正的协调处理，确保双方合法利益得到最大限度的维护。

3. 第三方支付流程

在第三方支付交易流程中，支付模式使商家看不到客户的信用卡信息，同时又避免了信用卡信息在网络上多次公开传输而导致信用卡信息被窃。

以 B2C 交易为例，第三方支付流程如图 5-6 所示。

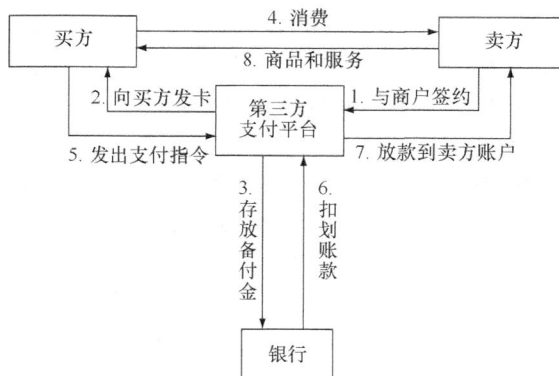

图 5-6　第三方支付流程

第一步，客户在电子商务网站上选购商品，最后决定购买，买卖双方在网上达成交易意向；

第二步，客户选择利用第三方作为交易中介，客户用信用卡将货款划到第三方账户；

第三步，第三方支付平台将客户已经付款的消息通知商家，并要求商家在规定时间内发货；

第四步，商家收到通知后按照订单发货；

第五步，客户收到货物并验证后通知第三方；

第六步，第三方将其账户上的货款划入商家账户中，交易完成。

4．第三方支付平台实例

（1）支付宝

支付宝（中国）网络技术有限公司是国内领先的第三方支付平台，致力于提供"简单、安全、快速"的支付解决方案。支付宝公司从 2004 年建立开始，始终以"信任"作为产品和服务的核心。旗下有"支付宝"与"支付宝钱包"两个独立品牌。自 2014 年第二季度开始，它便成为当前全球最大的移动支付厂商。

网络购物初兴阶段，支付是阻碍网上购物发展的瓶颈之一，线下银行汇款、货到付款的方式，都很难解决买卖双方的互信问题，非接触型的交易增大了卖家款不到账及买家货不到手的忧虑。淘宝网于 2003 年在淘宝平台上正式推出支付宝，其仅作为一款支持淘宝网发展的支付工具存在，主要针对淘宝购物信用问题构建"担保交易"模式，让买家在确认满意所购的产品后才将款项发放给卖家。

2004 年 12 月，支付宝从淘宝网分拆，支付宝网站上线，并创办浙江支付宝网络科技有限公司独立运营。2005 年 2 月，支付宝推出全额赔付制度，3 月与中国工商银行达成战略合作协议，在原有基础上进一步加强双方在电子商务领域、支付领域合作的范围和深度，随后又与农行、VISA 等达成战略合作协议。

支付宝首先切入网游、航空机票、B2C 等网络化较高的外部市场，至 2006 年底，使用支付宝作为支付工具的非淘宝网商家已经有 30 万家以上，支付宝独立支付平台的身份也开始被外界所接受。2007 年支付宝分别与第九城市、南方航空等一系列外部企业达成合作，2007 年支付宝全年交易额达 476 亿元人民币（占整个电子支付市场 47.6%的份额），其中大约 70%来自淘宝，外部商家占比 30%左右。另外，2007 年支付宝针对商家（淘宝网和阿里巴巴网站的交易除外）展开收费。

2008 年 8 月，支付宝用户数突破 1 亿，超越淘宝网的 8000 万用户，占网民总数的 40%。10 月份支付宝宣布正式进入公共事业性缴费市场，用户可以通过支付宝进行网上缴纳水、电、煤以及通信费等日常费用。另外支付宝与卓越亚马逊、京东商城、红孩子等独立 B2C 展开合作，成为其平台的支付方式之一，并推出 WAP 手机版，布局移动领域。2008 年支付宝全年交易额有 1300 亿元人民币以上。

2009 年支付宝继续拓展应用行业，1 月与携程达成合作，2 月与芒果网达成合作，至此国内三大在线旅行企业均成为支付宝合作伙伴（2008 年已与艺龙达成合作）。7 月支付宝宣布用户达到 2 亿人，随后支付宝又与友邦保险合作共同拓展电子商务保险销售渠道。至 2009 年 12 月，支付宝外部商家已经增长到 46 万家，全年交易额达 2871 亿元人民币，市场份额达 49.8%。

2010 年 4 月阿里巴巴集团宣布将在未来 5 年内，继续向支付宝投资 50 亿元人民币，同年 11 月支付宝启动"聚生活"战略，即建设无形的开放平台，从"缴费服务"向"整合生活资源"进行战略转型，实现市县级的水电煤缴费、信用卡还款、缴纳罚款、学费、行政类缴费以及网络捐赠等多项服务。2010 年 12 月，支付宝用户突破 5.5 亿人，支付宝推出"快捷支付"，用户无需开通网银便可用银行卡进行网上交易支付。

2011 年 5 月，支付宝获得由中国人民银行颁布的首批第三方支付牌照，支付宝业务范围涵盖货币汇兑、互联网支付、移动电话支付、预付卡发行与受理（仅限于线上实名支付账户充值）、银行卡收单等。有序化后，支付宝的业务发展大事如表 5-3 所示。

表 5-3　市场有序化后支付宝业务发展大事记

年份	日期	市场有序化后业务发展大事记
2011 年	7 月	推出手机支付产品——条码支付（Barcode Pay），进军线下支付市场，消费者和商家间通过支付宝条码进行交易，无需银行卡，支付宝用远程支付模拟近场支付，推行线下支付网络化发展
	11 月 11 日	"光棍节"当天，淘宝商城支付宝交易额突破 33.6 亿元，支付宝当天支付成功 3369 万笔，再度刷新世界纪录。其中，无线支付笔数就达到 171 万笔，快捷支付笔数达到 1150 万笔
2012 年	4 月 19 日	支付宝水电煤缴费开通信用卡快捷支付。除了以往支持的借记卡"一卡通"、网银和支付宝余额这些方式，用户可以使用信用卡以及快捷支付缴纳水电燃气费
	5 月 11 日	支付宝获得基金第三方支付牌照，开始对接基金公司
	11 月 11 日	支付宝在"双 11"当天成功交易 1 亿 580 万笔，营业额突破 191 亿元，其中无线支付近 900 万笔
2013 年	6 月 17 日	余额宝服务正式上线
	8 月	用户使用支付宝付款不用再捆绑信用卡或者储蓄卡，能够直接透支消费，额度最高 5000 元
	11 月 11 日	支付宝成交额 350.19 亿元，实现手机支付笔数达 4518 万笔，占支付宝整体交易笔数的 24.03%，支付宝手机支付额突破 113 亿元
	12 月 3 日	支付宝在 PC 端原有的免费转账额度将取消，费率一律改为 0.1%，0.5 元起收，10 元封顶，按每笔交易收费。但手机端"支付宝钱包"转账仍将继续执行免费政策
	12 月 5 日	支付宝宣布将联合快的打车大规模"进军"北京出租车支付市场
2014 年	1 月 22 日	支付宝公司宣布正式进军海外 O2O
	3 月 11 日	微信、支付宝抢推虚拟信用卡，主导权则在中信银行
2015 年	1 月 26 日	支付宝 8.5 版上线，增加了"我的朋友"和"新春红包"两个功能
	7 月 8 日	支付宝发布最新 9.0 版本，加入了"商家"和"朋友"两个新的一级入口，分别替代"服务窗"与"探索"，由此切入了线下生活服务与社交领域。此外，还增加了亲情账户、借条、群账户等一系列功能
	9 月 25 日	自本日起，支付宝和麦当劳进行大数据合作，全上海地区的麦当劳将可使用支付宝支付，并将进一步推广至全国门店
2016 年	1 月 12 日	蚂蚁金服对外发布 2015 年支付宝年账单
	5 月 20 日	三星移动支付服务 Samsung Pay 和支付宝正式宣布合作，用户可以在三星手机上通过上滑屏幕的方式快速调出支付宝的支付界面
	5 月 31 日	支付宝与深圳人社局合作上线的医保移动支付平台，开始在深圳 6 家医院落地试运行
	8 月 25 日	支付宝与微信同获香港首批支付牌照，意欲争夺新市场
	9 月 12 日	支付宝宣布自 2016 年 10 月 12 日起，将对个人用户超出免费额度的提现收取 0.1% 的服务费，个人用户每人累计享有 2 万元基础免费提现额度

表 5-4 所示为支付宝为广大用户提供的支付产品创新发展的轨迹。

推出日期	产品名称	功能
2008 年 2 月 27 日	手机支付	2008 年支付宝开始介入手机支付业务，2009 年推出首个独立移动支付客户端，2013 年初更名为"支付宝钱包"，并于 2013 年 10 月成为与支付宝并行的独立品牌
2010 年 12 月 23 日	快捷支付	中国银行与支付宝推出第一张信用卡快捷支付
2011 年 7 月 1 日	条码支付	支付宝在广州发布条码支付（Barcode Pay），适合便利店等场景使用
2011 年 10 月	二维码支付	支付宝推出国内首个二维码支付技术，帮助电商从线上向线下延伸发展空间
2012 年 7 月 31 日	NFC 支付	支付宝推出利用 NFC、LBS 等技术的新客户端，2014 年 4 月 28 日，支付宝钱包 8.1 版支持 NFC 功能，用户可以用于向北京公交一卡通进行充值
2012 年 3 月 29 日	IPTV 支付	华数传媒与支付宝推出互联网电视支付，实现 3 秒支付
2013 年 4 月 12 日	声波支付	支付宝与合作方青岛易触联合推出全球首个声波售货机。市面尚无同类支付技术商用
2014 年 7 月 16 日	指纹支付	移动支付平台支付宝钱包宣布试水指纹支付服务。支付宝钱包用户在三星智能手机 GALAXY S5 上已能使用这一服务

（2）财付通

财付通（https://www.tenpay.com/v2/）是腾讯集团旗下的第三方支付平台，一直致力于为互联网用户和企业提供安全、便捷、专业的在线支付服务。自 2005 年成立伊始，财付通就以"安全便捷"作为产品和服务的核心，不仅为个人用户创造 200 多种便民服务和应用场景，还为 40 多万个大中型企业提供专业的资金结算解决方案。

经过多年的发展，财付通服务的个人用户已超过 2 亿，服务的企业客户也超过 40 万，覆盖的领域包括游戏、航旅、电商、保险、电信、物流、钢铁、基金等。结合这些行业特性，财付通提供了快捷支付、财付通余额支付、分期支付、委托代扣、EPOS 支付、微支付等多种支付方式。

2009 年财付通启用全新的品牌主张"会支付，会生活"，强调 "生活化"成为财付通独特的品牌内涵。这一主张发布后受到业界的极大关注，支付业内流行起一场"生活风"。

财付通大事记：

2005 年 4 月 财付通平台正式上线。

2006 年 9 月 财付通首发在线生活概念。

2006 年 12 月 财付通率先通过国家权威认证。

2006 年底 财付通获得 2006 年电子支付平台十佳奖、最佳便捷支付奖、中国电子支付最具增长潜力平台奖。

2007 年 6 月 财付通与南航达成战略合作，发力航旅行业；艾瑞调查显示，财付通市场份额位居第二。

2007 年 12 月 财付通推出数字证书，并首推航空公司联运专区。

2007 年年底 财付通获得最具竞争力电子支付企业奖，首获"国家电子商务专项基金"。

2008 年 5 月 "5·12" 汶川地震，通过财付通平台捐款超过 2000 万元。

2009 年 3 月 艾瑞报告显示财付通市场份额超过 20%；推出手机支付。

2009 年 4 月 财付通与中国联通展开战略合作，开始布局通信产业链。

2009 年 7 月 财付通发布 "会支付，会生活" 品牌新主张。

2010 年 7 月 财付通推出开放平台战略，发布超过 100 款第三方生活应用，聚集了 6000 个第三方开发者，财付通与物流行业龙头企业德邦物流合作，大力拓展物流行业。

2011 年 3 月 财付通联合 QQ 彩贝创新推出混合支付；财付通与直销行业龙头企业玫琳凯实现合作，开始直销行业深度合作。

2011 年 5 月 财付通获得第三方支付牌照，成为第一批获得央行支付牌照的企业。

2012 年 4 月 财付通获得基金支付牌照。

2012 年 6 月 财付通与中国人寿实现战略合作，深度运营保险行业。

2013 年 8 月 联合微信，发布微信支付，强势布局移动端支付。

（3）中国银联

中国银联是中国银行卡联合组织，通过银联跨行交易清算系统，实现商业银行系统间的互联互通和资源共享，保证银行卡跨行、跨地区和跨境的使用。中国银联已与境内外数百家机构展开广泛合作，银联网络遍布中国城乡，并已延伸至亚洲、欧洲、美洲、大洋洲、非洲等地区。

中国银联大力推进各类基于银行卡的综合支付服务。持卡人不仅可以在 ATM 自动取款机、商户 POS 机等处使用银行卡，还可以通过互联网、手机、固定电话、自助终端、智能电视终端等各类新兴渠道实现公用事业缴费、机票和酒店预订、信用卡还款、自助转账等多种支付。围绕着满足多元化用卡需求，在中国银联和商业银行等相关机构的共同努力下，一个范围更广、领域更多、渠道更丰富的银行卡受理环境正在逐步形成。

中国银联正携手境内外合作伙伴，进一步推动我国银行卡产业又好又快发展，为人民群众提供优质、安全、高效的银行卡综合支付服务，把中国银联建设成为在国内具有权威性和公信力、在国际具有竞争力和影响力的国际性银行卡组织，把银联品牌建设成为具有全球影响力的国际主要银行卡品牌，实现网络全球化、品牌国际化的发展愿景。

中国银联发布的交易数据显示，2015 年，银联网络转接交易金额为 53.9 万亿元，同比增长 31.2%。作为主要的日常支付手段，特别是伴随着金融科技发展，中国银联正加速推进支付创新，使境内外支付变得更加便捷、安全。

当前，银联卡业务受理规模继续扩大，ATM 跨行转账全面开通。数据显示，境内可以使用银联卡的商户、POS 机（刷卡机）和 ATM（取款机）数量，分别同比增长 38.8%、43.2% 和 17%。截至 2015 年末，银联卡境外受理网络已延伸到 150 多个国家和地区，全球可使用银联卡的商户达到 3390 万户，ATM 超过 200 万台，境外 40 个国家和地区发行银联卡接近 5200 万张。

2015 年，金融 IC 卡新增较快，年末累计发卡预计超过 20 亿张，中国市场银联芯片卡发行和交易增速全球领先。

案例5-3

第三方支付准入

央行 2011 年首次发放第三方支付牌照，到 2015 年 3 月 26 日，已有 270 家第三方支付机构获得了牌照。目前支付牌照主要分为银行卡收单、网络支付、预付卡的发行与受理三大类，其中网络支付又细分为互联网支付、移动支付、数字电话支付和固定电视支付，预付卡支付牌照占据了整个牌照数量的 60% 以上。由于出现多次风险事件，央行注销了浙江易士支付的预付卡支付牌照，后又注销了广东益民、上海畅购的支付业务许可证，因此总体数量从 270 家下降到 267 家，这些也凸显了央行对市场的监管决心。央行在 2016 年 8 月宣布不再批设支付机构后，市场上剩下的 267 张支付牌照成为稀缺资源，一张第三方支付牌照一度炒到 5 亿元。

据中国电子商务研究中心（100EC.CN）监测数据显示，2016 年第一季度，第三方支付交易规模达 62011 亿元，同比增加 2 倍；2016 年第二季度交易规模达 93400 亿元，环比增长率高达 51%。

2016 年第一季度，在移动支付交易市场，支付宝占比 51.8% 居首位，财付通、拉卡拉分别占比 38.30%、1.40%，位居第二、第三。此外联动优势、连连支付、平安付、快钱、易宝、京东钱包、翼支付也占据一定份额。支付宝、财付通凭借多维度生活应用场景占据绝对优势，这意味着第三方支付的蛋糕大部分已被这二者瓜分，其他第三方支付平台则要在夹缝中求生。

5.4　电子商务安全

案例5-4

网络钓鱼

王某为某高校在校大学生，他于 2011 年 3 月 7 日 20 时左右在寝室登录淘宝网站，搜索到了一家二手笔记本交易的店铺，并通过阿里旺旺与对方取得了联系。对方主动发送了一个压缩文件包，声称该压缩包里面有很多笔记本图片。王某接受并打开了该压缩包，随后以 600 元的价格成交。王某第一次通过网上银行支付 600 元后，对方声称没有显示交易成功，让王某再次支付，于是王某又通过网上银行支付一次，但是对方还是说不成功。王某感觉比较奇怪，随即通过网上银行账户查询发现两次交易都已经成功，账户内已经有 1200 元被转到上海某网络科技公司。后来，王某企图再次联系卖家，但是已经无人应答。

思考：

（1）网络钓鱼是什么意思？

（2）王某的损失有多大？应如何避免？

1. 电子商务安全概述

电子商务的发展前景十分诱人，而其安全问题也变得越来越突出，如何建立一个安全、便捷的电子商务应用环境，对信息提供足够的保护，已经成为商家和用户都十分关心的话题。

电子商务的一个重要技术特征是利用 IT 技术来传输和处理商业信息。因此，电子商务安全从整体上可分为两大部分：计算机网络安全和商务交易安全。计算机网络安全与商务交易安全实际上是密不可分的，两者相辅相成，缺一不可。没有计算机网络安全作为基础，商务交易安全就犹如空中楼阁，无从谈起。没有商务交易安全保障，即使计算机网络本身再安全，仍然无法达到电子商务所特有的安全要求。

（1）计算机网络安全的概念

计算机网络安全是指网络系统的硬、软件及系统中的数据受到保护，不受偶然或恶意的原因而遭到破坏、更改、泄露，系统连续、可靠、正常地运行，网络服务不中断。计算机网络安全的内容包括：计算机网络设备安全、计算机网络系统安全、数据库安全等。其特征是针对计算机网络本身可能存在的安全问题，实施网络安全增强方案，以保证计算机网络自身的安全性为目标。

（2）计算机网络安全的防范措施

① 加强内部网络管理人员以及使用人员的安全意识

很多计算机系统常用口令来控制对系统资源的访问，这是防病毒进程中最容易和最经济的方法之一。网络管理员和终端操作员根据自己的职责权限，选择不同的口令，对应用程序数据进行合法操作，防止用户越权访问数据和使用网络资源。

在网络上，软件的安装和管理方式是十分关键的，它不仅关系到网络维护管理的效率和质量，而且涉及网络的安全性。好的杀毒软件能在几分钟内轻松地安装到组织里的每一个 NT 服务器上，并可下载和散布到所有的目的机器上，由网络管理员集中设置和管理，它会与操作系统及其他安全措施紧密地结合在一起，成为网络安全管理的一部分，并且自动提供最佳的网络病毒防御措施。

② 网络防火墙技术

网络防火墙技术是一种用来加强网络之间访问控制，防止外部网络用户以非法手段通过外部网络进入内部网络访问内部网络资源，保护内部网络操作环境的特殊网络技术。它对两个或多个网络之间传输的数据包如链接方式按照一定的安全策略来实施检查，以决定网络之间的通信是否被允许，并监视网络运行状态。虽然防火墙是目前保护网络免遭黑客袭击的有效手段，但也有明显不足：无法防范通过防火墙以外的其他途径的攻击，不能防止来自内部变节者和不经心的用户们带来的威胁，也不能完全防止已感染病毒的软件或文件的传送以及无法防范数据驱动型的攻击。

③ 网络主机的操作系统安全和物理安全措施

防火墙作为网络的第一道防线并不能完全保护内部网络，必须结合其他措施才能提高系统的安全水平。在防火墙之后是基于网络主机的操作系统安全和物理安全措施。按照级别从低到高，分别是主机系统的物理安全、操作系统的内核安全、系统服务安全、应用服务安全和文件系统安全；同时主机安全检查和漏洞修补以及系统备份安全作为辅助安全措施。这些构成整个网络系统的第二道安全防线，主要防范部分突破防火墙以及从内部发起的攻击。系统备份是网络系统的最后防线，用来进行遭受攻击之后的系统恢复。防火墙和主机安全措施之后，是全局性的由系统安全审计、入侵检测和应急处理机构成的整体安全检查和反应措施。它从网络系统中的防火墙、网络主机甚至直接从网络链路层上提取网络状态信息，作为输入提供给入侵检测子系统。入侵检测子系统根据一定的规则判断是否有入侵事件发生，如果有入侵发生，则启动应急处理措施，并产生警告信息。而且，系统的安全审计还可以作为以后对攻击行为和后果进行处理、对系统安全策略进行改进的信息来源。

（3）商务交易安全问题

传统的商务业务在 Internet 上开展时，便会产生许多源于交易安全方面的新问题，如贷款和借款卡支付、保证方案及数据保护方法、电子数据交换系统、对日常信息安全的管理等。电子商务的形式多种多样，涉及的安全问题各不相同，因此商务交易安全必须紧紧围绕传统商务在互联网络上应用时产生的各种安全问题。以信息技术和计算机网络为基础的电子商务与传统商务比较，它不可避免地面临着一系列安全威胁。

① 信息泄密

在商务活动中，交易各方之间传输的信息往往都涉及个人、企业、政府的商业机密。商业机密泄露所带来的后果，小则导致资金被盗，如不法分子窃取别人的信用卡密码来进行网上支付，大则有可能给企业带来灭顶之灾，如企业的核心商业机密被窃取或情报人员通过截获的信息片段分析出企业的重大经营机密，都有可能导致企业被竞争对手击垮。

传统商务都是通过专用的通信渠道传输商业文件来保守机密，如挂号信或者企业间的专线。而在电子商务中，更多是信息通过开放的互联网来传输，这使得信息泄露的危险性增高。

② 信息被篡改

电子商务简化了交易过程，减少了人为的干预，同时也使维护交易各方之间的商业信息变得困难。订购信息、支付信息在传输过程中有可能被有意或无意地篡改。例如，本来订购的商品数量是 2，在传输过程中，被改为 10，这给买卖双方都带来了重大的损害。

③ 无法确认身份

在电子商务交易中，交易方变成了一个虚拟的账号或页面，买卖双方一般都互不见面。因此，对交易者的身份认定成了一大难题，这也是人们对网络交易存有戒心的关键原因。可能出现买方付了钱，却拿不到卖方的货，或者是卖方发了货，却收不到钱的情况。

④ 交易方否认

在交易中，有时会出现某交易方抵赖的情况，特别是当发现某次交易对自己很不利的时候，为了转移风险，往往会否认自己曾经做过这次交易，或者对交易的部分内容进行抵赖。例如，卖方已经收到了买方 10000 元的货款，却坚持不承认收到过。

（4）电子商务的安全要求

从上面的分析知道，电子商务面临着的商务风险对安全提出的基本要求包括以下方面。

① 信息传输的保密性

信息传输的保密性是指网络信息不被泄漏给非授权的用户、实体或过程，即信息只为授权用户使用。保密性是可行性和可用性基础上保障网络信息安全的重要手段。因此，信息需要加密以及在必要的节点上设置防火墙。交易中的商务信息均有保密的要求，如信用卡的账号和用户名等不能被他人知悉。

② 交易文件的完整性

信息的完整性是指信息在输入和传输的过程中，不被非法授权修改和破坏，以保证数据的一致性。保证信息完整性需要防止数据的丢失、重复及保证传送秩序一致。保证各种数据的完整性是电子商务应用的基础。信息的完整性可从信息传输和存储两个方面来看，在存储时，要防止非法篡改和破坏网站上的信息；在传输过程中，接收端的信息与发送的信息完全一致，说明在传输过程中信息没有遭到破坏。尽管信息在传输过程中被加了密，能保证第三方看不到真正的信息，但并不能保证信息不被修改。

③ 信息的不可否认性

信息的不可否认性是指在传输数据时必须携带含有自身特质、别人无法复制的信息，防止交易发生后对行为的否认。不可否认性包括对自己行为的不可否认及对行为发生的时间不可否认。通过进行身份认证和数字签名可以避免对交易行为的否认，通过数字时间戳可以避免对行为发生时间的否认。由于商情的千变万化，交易一旦达成是不能被否认的，否则必然会损害一方的利益，因此电子交易通信过程的各个环节都必须是不可否认的。

④ 交易者身份的真实性

交易者身份的真实性是指在虚拟市场中确定交易者的实际身份。网上交易的双方很可能素昧平生，相隔千里。要使交易成功首先要能确认对方的身份，商家要考虑客户端不能是骗子，而客户也会担心网上的商店不是一个玩弄欺诈的黑店。因此能方便而可靠地确认对方身份是交易的前提。对于开展服务的银行、信用卡公司和销售商店，为了做到安全、保密、可靠地开展服务活动，都要进行身份认证。对有关的销售商店来说，他们对顾客所用的信用卡号码是不知道的，商店只能把信用卡的确认工作完全交给银行。银行和信用卡公司可以采用各种保密与识别方法，确认顾客的身份是否合法，同时还要防止发生拒付款问题以及确认订货和订货收据信息等。

2. 加密技术

目前，人们已经开发出了多种安全技术来保证信息的机密性（不泄露）、完整性（不被篡改）以及交易方身份认证（知道交易是谁）和确保交易行为无法抵赖，用于解决电子商务支付中的各种安全隐患。具体来说，这些安全技术包括数据加密技术、数字签名技术、认证技术及安全协议等。

（1）数据加密技术

数据加密技术是网络中最基本的安全技术，主要是通过对网络中传输的信息进行数据加密来保障其安全性。所谓加密，就是将有关信息进行编码，使它成为一种不可理解的形式。加密后的内容叫作密文。加密技术能避免各种存储介质上的或通过 Internet 传送的敏感数据被侵袭者窃取。由于原文经过加密，具有机密性，所以加密技术也适用于检查信息的真实性与完整性。数据加密技术是一种主动安全防御策略，用很小的代价即可为信息提供相当大的安全保护。

一般的数据加密模型如图 5-7 所示，它是采用数学方法对原始信息（明文）进行再组织，使得加密后在网络上公开传输的内容对于非法接收者来说成为无意义的文字（密文），而对于合法的接收者，因为掌握正确的密钥，可以通过解密过程得到原始数据。图中，E 为加密算法，Ke 为加密密钥，D 为解密算法，Kd 为解密密钥。如果按照收发双方密钥是否相同来分类，可以将加密技术分为私有密钥加密法和公开密钥加密法，两种技术最有名的代表分别为 DES 和 RSA。

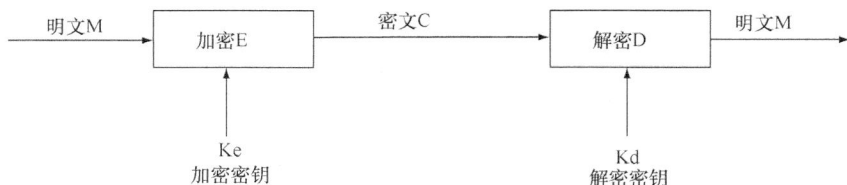

明文M → 加密E → 密文C → 解密D → 明文M

Ke 加密密钥   Kd 解密密钥

图 5-7 数据加密的一般模型

在加密和解密的过程中，都要涉及信息（明文和密文）、密钥（加密密钥和解密密钥）和算法（加密算法和解密算法）。解密是加密的逆过程，加密和解密过程中依靠"算法"和"密钥"两个基本元素，缺一不可。

（2）私有密码加密法

私有密钥加密法就是通信双方通过互联网传输信息时，发送方通过密钥 A 对信息加密，并将生成的密文发送给接收方，接收方通过相同的密钥 A 对密文解密，得到信息明文。信息的发送方和接收方使用的密钥是相同的，双方的加密和解密过程正好是相反的，具有对称性，所以它又叫作对称密钥加密法。

不难看出，在私有密钥加密法中，发送方和接收方必须保证密钥的安全。一旦密钥被他人知道，那双方传输的密文很容易被破译，导致机密信息的泄露，给双方带来损失。双方绝对不能让他人知道密钥，它只能归自己私有，所以该密钥又叫私有密钥。私有密钥加密法中最具有代表性的算法是 IBM 公司提出的 DES 算法，该算法于 1977 年被美国国家标准局 NBS 颁布为商用数据加密标准。近 20 多年来 DES 算法得到了广泛的应用。图 5-8 所示为私有密钥加密法的模型。

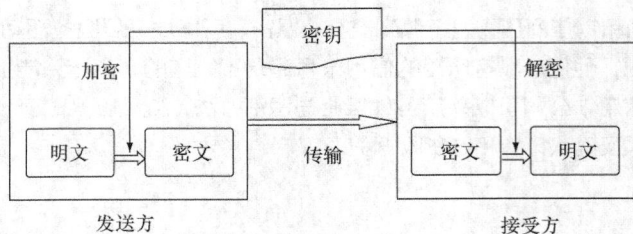

图 5-8　私有密钥加密法模型

私有密钥加密法的最大优点是算法公开、使用简便、加密和解密的速度很快、效率较高，适合于一对一、数据量大的信息进行加密、解密。但它也有以下缺点：一是密钥管理比较困难，这种加密技术条件下信息的安全性完全依赖于对私有密钥的保护，私有密钥一旦泄露，通信双方所传输的信息就有可能被破译，而且发送方必须在传输信息前将私有密钥发送给接收方，这也给信息的安全保密留下了隐患；二是不能确认发送方身份，私有密钥是在发送信息之前随机生成的，和发送者的身份没有对应关系，因此，接收方收到信息之后无法确认发送方的真实身份，无法满足与陌生人进行保密通信的需要；三是这种加密技术消耗大量的密钥资源，不适合全面推广使用。

（3）公开密码加密法

公开密钥加密法就是通信双方通过互联网传输信息时，发送方通过密钥 A 对信息加密，将生成的密文发送给接收方，接收方通过另一个密钥 B 对密文解密，得到信息明文。其中，密钥 A 和密钥 B 是不相同的。密钥 A 由发送方私人保管，叫作私人密钥；密钥 B 对网上的部分或者所有用户都是公开的，叫作公开密钥，公开密钥加密法的名称也由此而来。因为双方使用的密钥不同，加密和解密过程不对称，所以该加密法又叫作非对称密钥加密法。非对称加密算法主要有 RSA。图 5-9 所示为公开密钥加密法的模型。

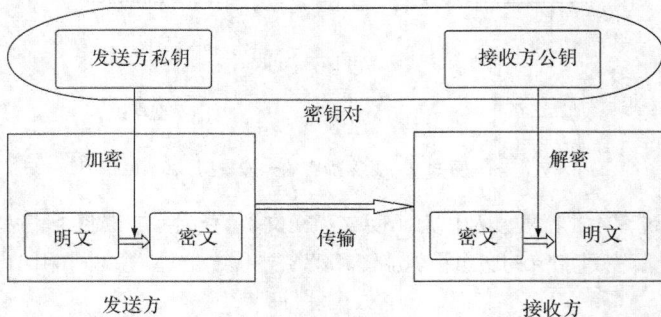

图 5-9　公开密钥加密法模型

公开密钥加密法中加密密钥不等于解密密钥，且无法从任意一个密钥推导出另一个密钥，这样就大大加强了信息保护的力度，再加上基于密钥对的原理很容易实现数字签名和电子信封来进行通信双方的身份认证，通信双方不可否认。比较典型的非对称加密算法是 RSA 算法，它的数学原理是大素数的分解，密钥是成对出现的，一个是公钥，另一个是私钥。公钥是公开的，可以用私钥去解公钥加密过的信息，也可以用公钥去解私钥加密过的信息。

公开密钥加密法在应用中体现出了两大优点：①密钥管理简单，信息加密和解密使用不同的密钥，公开密钥可以像电话号码一样告知网上其他用户，不用担心公开密钥在传输过程中被截获，信息发送方只需要保管好自己的私人密钥即可；②可以确认发送方或接收方身份，上面提到过，密钥对是发送方分配给个人用户的，私人密钥可以代表用户的身份。因此，信息的接收方可以对发送方的身份进行确认，适合于互不相识的双方进行保密通信。

公开密钥加密法的最大弱点就是加密、解密速度慢，处理相同的信息，公开密钥加密法花费的时间可能是私有密钥加密法的 100 倍。因此，只适合如信息鉴别码、对称加密密钥等数据量较小的信息进行加密、解密过程。

（4）数字摘要

数字摘要又称数字指纹、信息鉴别码，就是信息发送方利用某种数学算法对信息进行处理后，生成的一个有固定长度的特殊字符串。传输信息时，将数字摘要一起发送给接收方，接收方可以根据数字摘要判断信息在传输过程中是否被篡改。

当数学算法确定后，生成的数字摘要和信息原文就是一一对应的，就像每个人都有独特的指纹一样。因此，如果原文被篡改的话，它与数字摘要就无法匹配了。

目前，在生成数字摘要的数学算法中，Hash 算法是最为常用的一种。Hash 算法利用 Hash 函数对信息（一般是明文）进行运算，从而得到唯一的字符串，它是一个不可逆的数学算法，也就是说，用 Hash 算法生成的数字摘要用任何办法都无法还原成原信息。

（5）数字签名

与传统的手工签名、印章在传统商务中所起的作用一样，数字签名解决的主要问题是在电子商务活动中确保信息、单据的真实性和不可抵赖性。为了达到这个目的，数字签名过程中主要通过数字摘要技术来保证信息的真实性，保证其在传输过程中不被篡改，并利用公开密钥加密法防止抵赖。

数字签名的原理及发送方和接收方的加密解密处理过程如下。

① 发送方将报文中的文本用 Hash 编码生成一个 128 位的数字摘要。

② 发送方用自己的私有密钥对这个摘要进行加密，生成发送方的数字签名。

③ 这个数字签名作为报文的附件和报文一起发送给报文的接收方。

④ 报文的接收方从接收到的原始报文中用同样的 Hash 算法加密得到一个报文摘要。

⑤ 再用发送方的公开密钥来对报文附加的数字签名进行解密。

⑥ 将解密后的摘要和接收方重新加密产生的摘要进行对比，如果相同，那么接收方就能确认该数字签名是发送方的，传送过程中信息没有被破坏、篡改。

数字签名原理的过程如图 5-10 所示。报文需要一并发送给接收方进行验证，而明文直接在开放的互联网上传输是非常危险的，数字签名可以满足电子商务信息的完整性和对发送方身份的认证，但是不能满足信息保密性和接收方不可否认收到报文的要求。因为只要接收到此信息的任何人都可以从认证中心查到发送方的数字证书并获得解密用的公开密钥，所以，单独运用数字签名并不能满足电子商务对信息安全的要求。

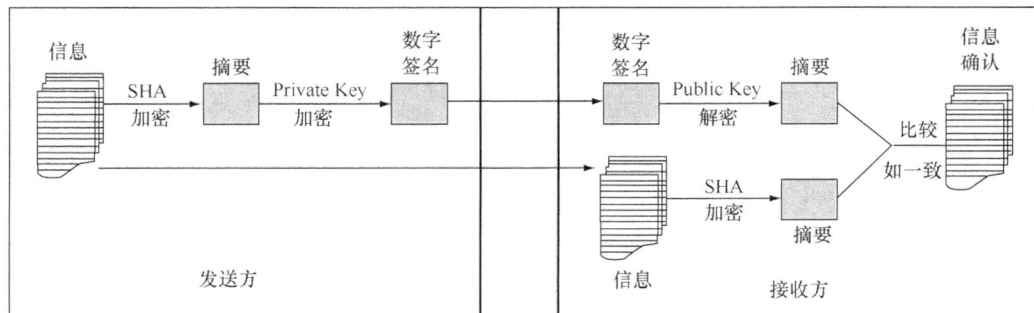

图 5-10 数字签名原理示意

（6）数字信封

数字信封是将对称密钥通过非对称加密的结果分发对称密钥的方法。数字信封是实现信息完整性验证的技术。数字信封是一种综合利用了对称加密技术和非对称加密技术两者的优点进行信息安全传输的一种技术。数字信封既发挥了对称加密算法速度快、安全性好的优点，又发挥了非对称加密算法密钥管理方便的优点。

如果将要发送的报文看成是信件，将信件叠起来并装在不透明的信封中，这个步骤有点像是对称加密过程，速度很快就能搞定。这封信要寄给谁需要在信封外面写上收信人的联系方式，而且用法律的形式确保只有信封上写明的人才能拆开阅读。虚拟的电子环境下，如何确保只有指定的人才能阅读呢？非对称加密技术提供了解决办法，就是采用接收方公开在外的公钥进行加密，这样只有指定的接收方的私钥才能成功地解密获得对称加密的密钥，再用对称密钥解密密文来获得明文。

实际工作中，往往将数字摘要和数字信封两种技术结合起来运用，从而达到电子商务信息安全的要求。

图 5-11 描述的是结合了数字签名和数字信封两种加密技术应用的信息传输的完成过程。简要文字描述如下。

① A 公司对明文进行 Hash 加密，得到"数字摘要 1"，再用其私钥对"数字摘要 1"进行加密，产生数字签名。

② A 公司对明文进行对称加密，并用 B 公司的公钥对对称加密过程中所用到的密钥进行非对称加密，从而产生数字信封。

③ A 公司将数字签名、对称加密的密文、数字信封一并发送给 B 公司。

④ B 公司采用 A 公司的公钥对 A 公司的数字签名进行解密，得到"数字摘要 1"。

⑤ B 公司采用自己的私钥对数字信封进行解密，得到对称加密密钥。

⑥ B 公司采用对称密钥对密文进行解密，得到 A 公司发送过来的明文。

⑦ B 公司对解密得到的明文进行 Hash 加密，得到"数字摘要 2"。

⑧ B 公司将"数字摘要 1"和"数字摘要 2"进行比较，两者一致，则这次通信是成功的，若两者不一致，则这次通信是失败的。

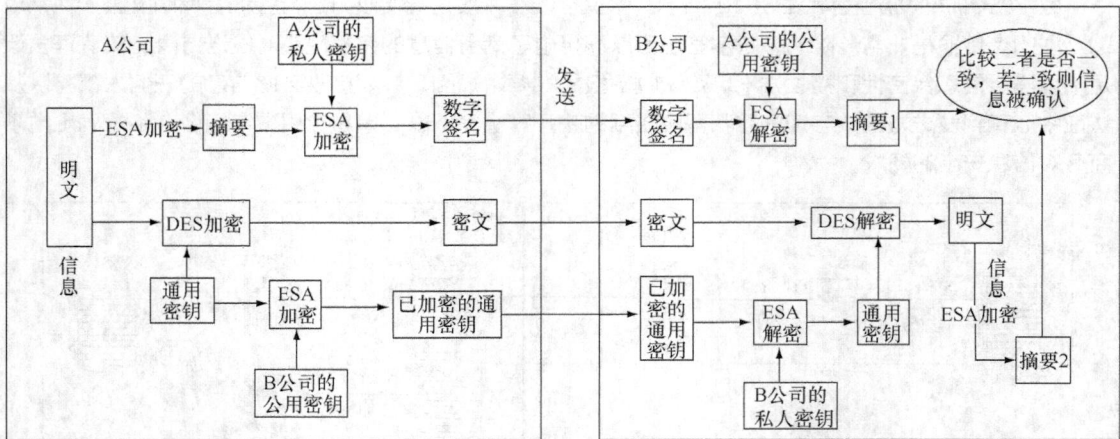

图 5-11　完整的加密解密过程

（7）数字时间戳

交易文件中，时间是非常重要的信息。书面合同中的文件签署日期和签名一样十分重要，是防止文件被伪造和篡改的关键性内容。

在电子交易中，同样需要对交易文件的日期和时间信息采取安全措施，数字时间戳服务（Digigal Time-stamp Sevice，DTS）就能提供电子文件发表时间的安全保护。

数字时间戳服务是网上安全服务项目，由专门的机构提供。数字时间戳是一个经过加密后形成的凭证文档，它包括三个部分：一是需加时间戳的文件摘要；二是 DTS 收到文件的日期和时间；三是DTS 的数字签名。原理演示如图 5-12 所示。

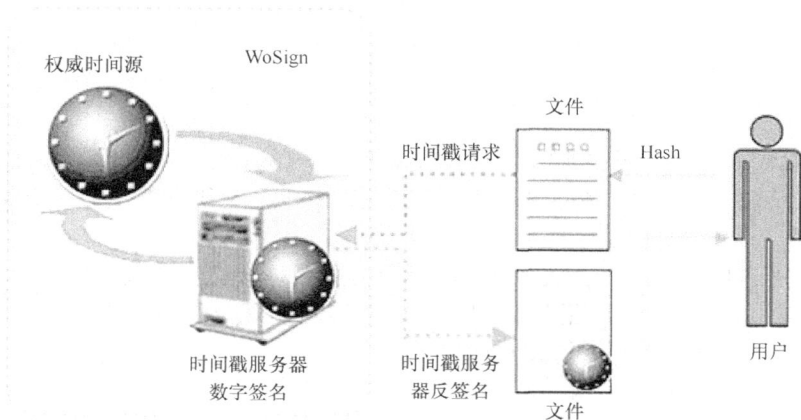

图 5-12　数字时间戳工作示意

3．数字证书

前面提到的非对称加密技术配合对称加密技术能达到电子商务信息安全的要求，但是加密过程中所用到的密钥如何生成和认证，则需要有一个独立的安全机构——CA 中心来完成。CA 中心对申请人的真实性进行审查，对于审查通过的申请人颁发经过 CA 中心签名的数字证书，这样，持证人的身份就可以被交易对方信任了。

数字证书就是互联网通信中标志通信各方身份信息的一串数字，提供了一种在 Internet 上验证通信实体身份的方式，数字证书不是数字身份证，而是身份认证机构盖在数字身份证上的一个章或印（或者说加在数字身份证上的一个签名）。它是由权威机构——CA 机构，又称为证书授权（Certificate Authority）中心发行的，人们可以在网上用它来识别对方的身份。

数字证书是一个经证书授权中心数字签名的包含公开密钥拥有者信息以及公开密钥的文件。最简单的证书包含一个公开密钥、名称以及证书授权中心的数字签名。数字证书还有一个重要的特征就是只在特定的时间段内有效。

数字证书是一种权威性的电子文档，可以由权威公正的第三方机构，即 CA（例如中国各地方的CA 公司）中心签发的证书，也可以由企业级 CA 系统进行签发。

它以数字证书为核心的加密技术（加密传输、数字签名、数字信封等安全技术）可以对网络上传输的信息进行加密和解密、数字签名和签名验证，确保网上传递信息的机密性、完整性及交易的不可抵赖性。使用了数字证书，即使您发送的信息在网上被他人截获，甚至您丢失了个人的账户、密码等信息，仍可以保证您的账户、资金安全。

它是能提供在 Internet 上进行身份验证的一种权威性电子文档，人们可以在互联网交往中用它来证明自己的身份和识别对方的身份。当然在数字证书认证的过程中，证书认证中心（CA）作为权威的、公正的、可信赖的第三方，其作用是至关重要的。如何判断数字认证中心第三方的地位是权威公正可信的？截至 2014 年 3 月 11 日，国家工业和信息化部以资质合规的方式，陆续向 30 多家相关机构颁发了从业资质。

Internet 电子商务系统技术使得顾客在网上购物时能够极其方便地获得商家和企业的信息，但同时也增加了对某些敏感或有价值的数据滥用的风险。为了保证互联网上电子交易及支付的安全性、保密性等，防范交易及支付过程中的欺诈行为，必须在网上建立一种信任机制。这就要求参加电子商务的买方和卖方都必须拥有合法的身份，并且在网上能够有效无误地被进行验证。

数字证书可用于发送安全电子邮件、访问安全站点、网上证券交易、网上招标采购、网上办公、网上保险、网上税务、网上签约和网上银行等安全电子事务处理和安全电子交易活动。

（1）数字证书的定义

数字证书就是标志网络用户身份信息的一系列数据，用来在网络通讯中识别通讯各方的身份，即要在 Internet 上解决"我是谁"的问题，如同现实中我们每一个人都拥有一张证明个人身份的身份证或驾驶执照一样，以表明我们的身份或某种资格。

数字证书是由权威公正的第三方机构即 CA 中心签发的，一串很长的包含有客户基本信息及 CA 签字的数学编码。以数字证书为核心的加密技术可以对网络上传输的信息进行加密和解密、数字签名和签名验证，确保网上传递信息的机密性、完整性以及交易实体身份的真实性，签名信息的不可否认性，从而保障网络应用的安全性。数字证书如图 5-13 所示。

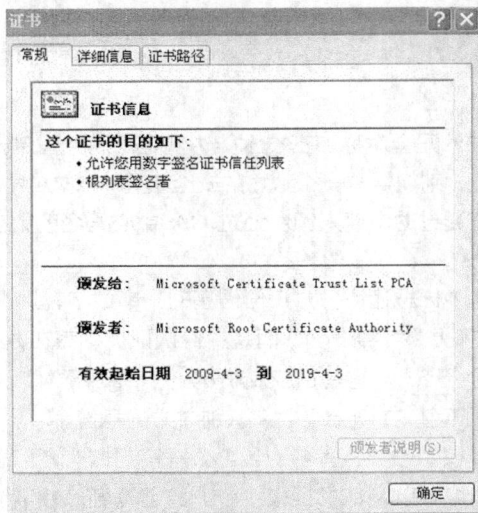

图 5-13　数字证书信息

计算机中保存的数字证书可以通过 IE 选项中的内容选项卡查看，如图 5-14 所示。

（2）数字证书的功能

数字证书主要用于确认电子商务交易中各参与方的身份和相应的权限，解决交易和支付过程中的安全问题。随着电子商务的广泛应用和电子支付的兴起，数字证书的重要性日益显露。数字证书可以提供以下几个功能。

① 证实电子商务参与方的身份。方便可靠地确认对方的身份是正常交易的前提，数字证书就可提供确认对方身份的功能。

② 保证操作的不可抵赖性。在传统商务中，签名和图章都有法律效力，人们通过签名或者盖章的

文件来防止对方抵赖。而在网络交易中，每个数字证书都是归唯一的使用者拥有，当使用者进行操作时，数字证书会对其发送的信息进行数字签名，从而使交易各方难以否认自己的操作。

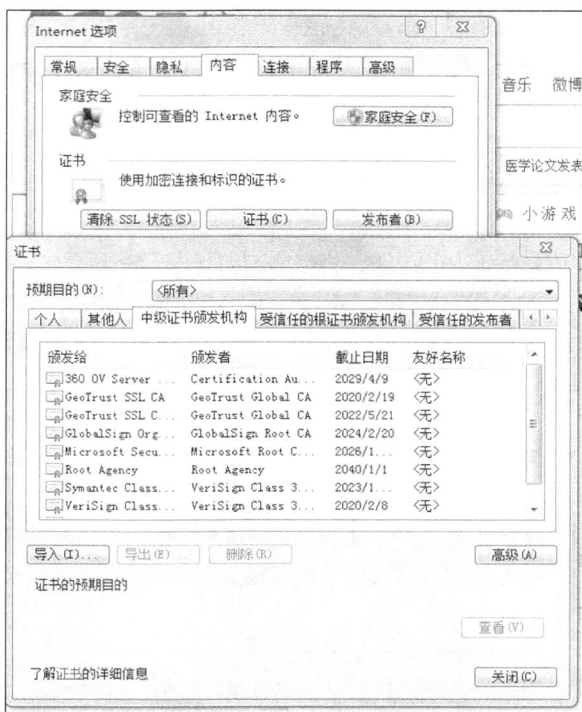

图 5-14　数字证书

③ 保证交易数据不被篡改。当交易双方在线签订"合同"时，数字证书会针对相关数据生成一个数字摘要。如果交易的原始数据被更改，数字摘要就无法与原来的数字摘要相吻合。

④ 数据加密。数字证书采用公钥体制，即每个数字证书包含一对相互匹配的私人密钥和公开密钥。私人密钥只有自己知道，而公开密钥可以公布给其他人。当发送机密信息时，发送方使用接收方的公开密钥对数据加密，而接收方则使用自己的私人密钥解密，这样信息就可以安全无误地进行传输。

（3）数字证书的类型

目前，互联网上可以开展的业务种类越来越多，数字证书几乎应用于所有的业务中，它是保证物业安全可靠进行的重要手段。根据交易的参与方不同，可将数字证书分为以下几类。

① 个人数字证书。消费者向某个 CA 认证中心申请个人数字证书，用来表明和验证个人在网络上的身份。可应用于：网上炒股、网上理财、网上保险、网上缴费、网上购物、网上办公等。个人数字证书可以存储在 U 盘或 IC 卡中。

② 服务器数字证书。服务器数字证书主要颁发给银行或者网上商家的业务服务器。银行服务器与消费者客户端建立 SSL 连接时，服务器将它的证书发送给消费者，客户端可查看发行该证书的 CA 中心是否可以信任。

③ 代码签名数字证书。代码签名数字证书是 CA 中心签发给软件提供者的数字证书，包含软件提供者的身份信息、公钥及 CA 的签名。软件提供者使用代码签名证书对软件进行签名后放到 Internet 上，当用户在 Internet 上下载该软件时，将会得到提示，从而可以确信：软件的来源；软件自签名后到下载前，有没有遭到修改或破坏。

4. 认证中心

（1）认证中心的定义

认证中心也称数字证书认证中心（Certification Authority，CA），是基于因特网平台建立的一个公正的、有权威性的、独立的、受信赖的组织机构，主要负责数字证书的发行、管理以及认证等服务，以保证网上业务安全可靠地进行。

（2）认证中心的功能

CA 是一个负责发放和管理数字证书的权威机构，主要有以下几种功能。

① 证书的颁发

CA 接收、验证用户的数字证书的申请，将申请的内容进行备案，并根据申请的内容确定是否受理该数字证书申请。如果 CA 接受该数字证书申请，则进一步确定给用户颁发何种类型的证书。新证书用 CA 的私钥签名以后，发送到目录服务器供用户下载和查询。为了保证信息的完整性，返回给用户的所有应答信息都要使用 CA 的签名。

② 证书的更新

CA 可以定期更新所有用户的证书，或者根据用户的请求来更新用户的证书。

③ 证书的查询

证书的查询可以分为两类，一是证书申请的查询，CA 根据用户的查询请求返回当前用户证书申请的处理过程；二是用户证书的查询，这类查询由目录服务器来完成，目录服务器根据用户的请求返回适当的证书。

④ 证书的作废

当用户的私钥由于泄密等原因造成用户证书申请作废时，用户需要向 CA 提出证书作废请求，认证中心根据用户的请求确定是否将该证书作废。另外一种情况是证书已经过了有效期，CA 自动将该证书作废。CA 通过维护证书作废列表（Certificate Revocation List，CRL）来完成上述功能。

⑤ 证书的归档

证书具有一定的有效期，过了有效期之后就将被作废，但是不能将作废的证书简单地丢弃，因为有时可能需要验证以前的某个交易过程中产生的数字签名，这时就需要查询作废的证书。基于此类考虑，认证中心还应当具备管理作废证书和作废私钥的功能。

5. 安全协议

加密技术已经基本能满足电子商务信息安全的需要，但是对于这些信息来说如何在不同系统的计算机系统中进行传递而不会让计算机犯糊涂呢？就相当于如何让一个美国人和中国人进行交流一样，他们需要有一套交流机制，使得双方都能懂的机制，一般情况下他们可以选择一种语言来进行沟通，这门语言有语法规则，当然如果他们没有相互都能理解的语言进行沟通，他们也会找到很好的办法进行信息互通，如手势、肢体语言。相应地，对于如何让开放的互联网上的计算机能顺利地进行信息传递，需要有一种能在不同计算机系统中的表达规则，这个规则就是通信协议。通信协议是指双方实体完成通信或服务所必须遵循的规则和约定。协议定义了数据单元使用的格式、信息单元应该包含的信息与含义、连接方式、信息发送和接收的时序，从而确保网络中数据顺利地传送到确定的地方。

在计算机通信中，通信协议用于实现计算机与网络连接之间的标准，网络如果没有统一的通信协议，计算机之间的信息传递就无法识别。通信协议是指通信各方事前约定的通信规则，可以简单地理解为各计算机之间进行相互会话所使用的共同语言。两台计算机在进行通信时，必须使用的通信协议主要由以下三个要素组成：①语法，即如何通信，包括数据的格式、编码和信号等级（电平的高低）

等；②语义，即通信内容，包括数据内容、含义以及控制信息等；③定时规则（时序），即何时通信，明确通信的顺序、速率匹配和排序。

电子商务安全协议是建立在密码体制基础上的一种交互通信协议，它运用密码算法和协议逻辑来实现认证和密钥分配等目标。电子商务实践中安全套接层（Secure Socket Layer，SSL）协议和安全电子交易（Secure Electronic Transaction，SET）协议是最主要的安全协议。

（1）SSL 协议

SSL 协议是一种在客户端 Web 浏览器和 Internet 上的服务器之间提供数据传输安全通道的协议。Web 浏览器包括微软公司的 IE 浏览器、网景公司的 Navigator 浏览器等，服务器包括网上商家的业务服务器、银行受理在线支付的服务器等。应用 SSL 协议的目的是解决在公共互联网上传输数据的安全性和可靠性。SSL 的体系结构中包含两个协议子层，其中底层是 SSL 记录协议层（SSL Record Protocol Layer），高层是 SSL 握手协议层（SSL Hand Shake Protocol Layer）。SSL 协议提供的安全通道有以下三个特性：一是机密性，SSL 协议使用密钥加密通信数据；二是可靠性，服务器和客户都会被认证，客户的认证是可选的；三是完整性，SSL 协议会对传送的数据进行完整性检查。

SSL 协议广泛应用于电子商务的很多领域，它被内置到各种 Web 浏览器和服务器中。打开 IE 浏览器，选择"工具/Internet 选项"命令，在打开的"Internet 选项"对话框中，单击"高级"选项卡，可以看到 SSL 协议已经被默认安装，如图 5-15 所示。

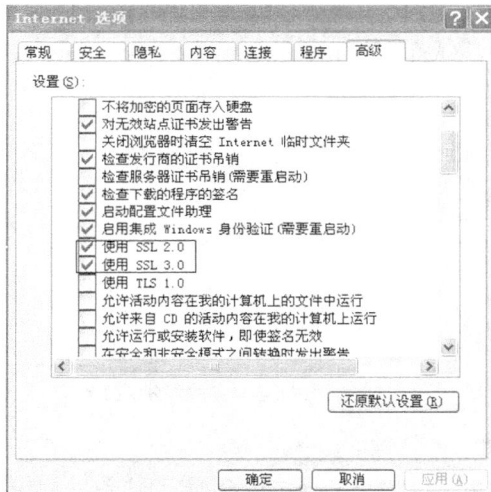

图 5-15　IE 浏览器中内置的 SSL 协议

SSL 安全协议主要提供三方面的服务。

① 认证用户和服务器，使得它们能够确信数据被发送到正确的客户机和服务器上。

② 加密数据以隐藏被传送的数据。

③ 维护数据的完整性，确保数据在传输过程中不被改变。

电子商务交易过程中，由于有银行参与，按照 SSL 协议，客户购买的信息首先发往商家，商家再将信息转发银行，银行验证客户信息的合法性后，通知商家付款成功，商家再通知客户购买成功，将商品寄送客户。从流程中可以看到，SSL 协议有利于商家而不利于客户。客户的信息首先传到商家，商家阅读后再传至银行，这样客户资料的安全性便受到威胁。在电子商务的开始阶段，由于参与电子商务的公司大都是一些大公司，信誉较高，这个问题没有引起人们的重视。随着电子商务参与的厂商迅速增加，SSL 协议的缺点完全暴露出来。SSL 协议逐渐被新的电子商务协议（如 SET）所取代。

（2）SET 协议

在开放的互联网上处理电子商务，如何保证买卖双方传输数据的安全成为电子商务能否普及的重要问题。为了克服 SSL 安全协议的缺点，两大信用卡组织 Visa 和 Master Card，联合 Netscape、Microsoft 等公司于 1997 年 6 月 1 日推出了一种新的电子支付模型 SET 电子商务交易安全协议。这是一个为了在互联网上进行在线交易而设立的一个开放的以电子货币为基础的电子付款系统规范。SET 在保留对客户信用卡认证的前提下，又增加了对商家身份的认证，这对于需要支付货币的交易来讲是至关重要的。由于设计合理，SET 协议得到了 IBM、HP、Microsoft、VeriFone、GTE、VeriSign 等许多大公司的支持，已成为事实上的工业标准。目前，它已获得了 IETF 标准的认可。图 5-16 所示为 SET 的成分以及 SET 中消费者、商家、收单银行和认证中心的关系。

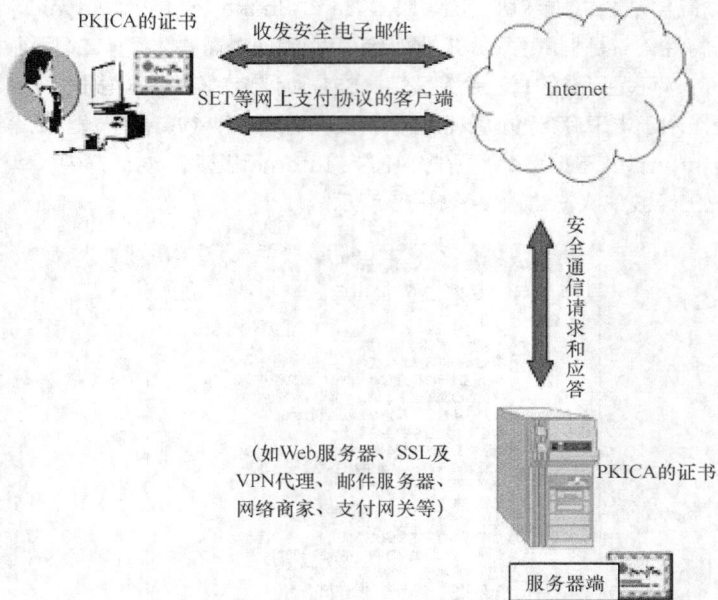

图 5-16　SET 中各组成部分的关系

SET 协议为电子交易提供了许多保证安全的措施。它能保证电子交易的机密性、数据的完整性、交易行为的不可否认性和身份的合法性。SET 协议设计的证书包括：银行证书及发卡机构证书、支付网关证书和商家证书。提供的服务包括以下几项。

① 保证客户交易信息的保密性和完整性。SET 协议采用了双重签名技术对 SET 交易过程中消费者的支付信息和订单信息分别签名，使得商家看不到支付信息，只能接收用户的订单信息；而金融机构看不到交易内容，只能接收到用户支付信息和账户信息，从而充分保证了消费者账户和定购信息的安全性。

② 确保商家和客户交易行为的不可否认性。SET 协议的重点就是确保商家和客户的身份认证和交易行为的不可否认性。其理论基础就是不可否认机制，采用的核心技术包括 X.509 电子证书标准、数字签名、报文摘要、双重签名等技术。

③ 确保商家和客户的合法性。SET 协议使用数字证书对交易各方的合法性进行验证。通过数字证书的验证，可以确保交易中的商家和客户都是合法的、可信赖的。

SET 标准是更适合于消费者、商家和银行三方进行网上交易的国际安全标准，为人们提供了一个快捷、方便、安全的网上购物环境。

案例5-5

网络"刷单"实为诈骗 "准大学生"被骗 8000 元学费

2016 年 8 月 20 日下午 4 点，河南省鹤壁市"准大学生"小梦为干"网店代刷员"的兼职，向一个陌生账户转去第二笔资金 4320 元。转款后，她突然意识到自己被骗了。

正在准备大学开学的小梦好不容易攒下的 8640 元在不到 24 个小时内化为乌有。这几千元钱里有亲戚给的祝贺她考上大学的红包，还有上一份兼职的酬劳，这笔钱是她给自己准备的大学学费和生活费。

事情开始是这样的："我朋友在招聘网络临时工，保底 18～50 元／单，只要花 20～60 分钟，做完一单立马结账，会上网就行，手机电脑都可以操作，有需要做的加 Q……"

8 月 11 日晚上 11 点多，急着找暑期第二份兼职的小梦在一个 QQ 群里看到了这则消息。

刚刚高中毕业的小梦在 8 月 10 日结束了一份助教的工作，迫不及待地寻找第二份工作，希望为上大学攒一点生活费，分担家里的负担。怀着好奇和忐忑，她加了消息里提及的 QQ 号。8 月 12 日中午，一个网名显示为"网络临时工"的客服人员开始和她联系。

没有被询问学历、经历等相关信息，她首先收到了"兼职人员请先了解一下工作流程以及常见问题"的两则长消息。消息罗列了"应聘条件、应聘职位、项目流程、项目报酬、工资结算、应聘保障"等 7 项内容，其中"应聘职位"为"网店代刷员，为淘宝或拍拍等各大商城刷信誉和销量"，她明白了自己要做的是"刷单员"的工作。

客服介绍主要工作流程是："接到任务后，请尽快付款拍下宝贝（注意：不需要确认收货，以防资金丢失），我们会在 5～10 分钟把本金和佣金返还到你账户上。你查询到了返利本金和佣金，再点击确认收货并给予好评。"并声称"应聘保障"为"我们先返款本金和佣金给你，你再确认收货。这样是最安全的一种交易方式。"

"应聘条件"很简单，"仅需一张有网银功能的银行卡或者支付宝账号，流动资金 400 元以上，用于刷销量的流动资金"。在其后还专门备注，"不收取任何费用，介绍费押金之类的，加入这个项目是免费的，更不会向你索要任何卡号密码。"

抱着试一试的心情，小梦申请了第一单。对方很快发来一则包含任务编号、链接地址和购买数量等类目的内容。

点击链接后，小梦按照客服提示购买 2 件化妆品共 240 元，输入姓名、电话号码、收货地址提交订单后，出现了一个支付宝二维码，在扫描后输入密码，她发现货款并没有如之前客服所说的，交由淘宝第三方保管，而直接流入了一个名为"秋水伊人商务有限公司"的支付宝账户。

她的疑虑并未持续多久，1 分钟后就收到了客服的返款，在本金的基础上增加了"佣金"10元，如之前的约定，刷 400～600 元佣金一律按每笔 4% 的比率返还。"这么快返还了佣金，就确认他不是骗子。"小梦打消了疑虑，当天下午 3 点左右她申请做第二单。她不知道的是，此时自己已经陷入了骗局。

"这次任务让我做 3 单，我没看清就接受了。"这一次她需要拍下 3 单，每单 36 件商品，4320元本金可返 10%。从 240 元一下子跨越到 4320 元。小梦疑窦重燃，发出质疑，对方自称是"北京万利源科技有限公司"，并提供北京市工商局网址可查询公司信息，但拒绝透露联系方式。"他发来很多截屏说服我，给的公司名称，在百度上可以搜到工商局注册，还有营业执照。"小梦放心了，决定给对方转账，由于金额比较大，她先支付了 2400 元，可是对方给出的答复是"必须把 4000 多元全部完成，才可以一单一单审核"。

当她把剩下的 1920 元转过去后，对方还是坚持，全部任务做完之后才能返款。此时，小梦的银行卡里只剩不到 5000 元。

"我如果想把之前付的钱要回来，只能往下做。"小梦此时已没有赚钱的心情，只希望把本金拿回来。考虑再三，她还是转出了第二单的 4320 元。钱全部转过去之后，小梦开始感觉到害怕，对客服说："我真不想做了，能不能把之前的钱给我？"得到的是对方不断催促打款。

"因为我害怕之前的钱真不给我了，只能迁就他。他一直让我借钱，我就给同学打电话。经同学提醒，我意识到自己可能被骗了，所以于晚上 8 点左右报了警。"小梦回忆说。

要求：

分析为什么小梦会被骗？"我只想把之前付的钱要回来"为什么小梦如此想？从经济学的角度看是否应该如此考虑，为什么？作为电商人士应如何避免案例中的悲剧发生？

本章小结

网上银行是电子商务网上支付的新型银行，有纯网上银行与分支型网上银行之分，相对于传统银行，网上银行具有无分支机构、开放性、智能化及低成本的特点，网上银行对不同的客户提供了不同的服务，所以有企业网上银行与个人网上银行之说。网上银行除了能提供传统银行基本的银行服务，还能为客户提供投资、理财等其他服务。

电子支付使用电子货币作为支付手段实现货币支付或资金转移，其发展经历了五个阶段，按照支付指令发起方式可以分为网上支付、电话支付、移动支付、销售点终端交易、自动柜员机交易。电子支付与传统支付方式相比具有传输方式数字化、支付环境开放化、通信手段先进性和方便快捷，电子支付是电子商务的重要支柱。电子支付的工具有电子货币、电子支票、电子信用卡三大类，各类工具都有各自的特色。

为了能让互不见面的交易双方实现交易，起信用保障功能的第三方支付应运而生。第三方支付具有支持多种信用卡、结算周期灵活、后期服务好、较高的公信度等优点，在电子商务环境下受到了交易双方的广泛接受，支付宝、财付通、银联等均为第三方支付服务平台。

电子商务的安全涉及计算机网络安全及商务交易安全，计算机网络安全是电子商务安全的基础，开放的互联网无法完全保证绝对安全，所以商务交易安全是关键。商务交易面临着信息泄密、信息被篡改、无法确认身份和交易方否认等风险，商务交易安全提出了信息传输的保密性、交易文件的完整性、信息的不可否认性及交易者身份的真实性等要求。为了达到这些要求，以加密技术为基础，针对各加密技术的特点，配合运用数字鉴别技术，从而产生了数字签名、数字信封、数字时间戳及认证技术等解决方案，这些技术及方案的综合运用基本能达到商务交易安全的要求。但是对于交易双方的安全信息沟通来说，还需要有安全的通信协议如 SSL、SET 协议来规范双方的通信行为，确保成功的安全通信实现。

课堂问答

1. 什么是网上银行？网上银行相对于传统银行有哪些特点？
2. 什么是电子支付，其业务类型有哪些？
3. 电子支付的工具各有哪些特点？
4. 第三方支付为什么会产生？第三方支付有什么样的特点？
5. 电子商务面临着什么样的安全风险？电子商务安全要求如何？
6. 什么是加密？两种加密技术各有什么优劣势？
7. 数字证书有什么作用？颁发数字证书的 CA 中心应履行哪些职能？
8. 通信协议包含哪些要素？
9. 数字摘要是如何实现的？
10. 简述数字信封产生的过程。
11. 简述安全的电子商务完整解决方案。

实践练习

1. 登录京东在线购物平台，了解客户可以使用的支付方式有哪些？
2. 想办法在本地查询数字证书的内容，并记录下包含的密钥内容。
3. 使用安全卫士对计算机进行安全检测，并根据检测结果进行操作，使系统符合安全要求。

扩展案例

网络信贷套现　小心套住自己

继刷卡套现之后，通过电商、微商进行网络套现的风潮又有愈演愈烈之势。

喜欢网购的胡小姐最近在淘宝网付款时发现，支付宝又多了一种叫作"花呗"的付款方式。这种名为"花呗"的付款方式支持信用消费，在信用额度内，可以先消费再还款。"网购达人"胡小姐告诉记者，她在 4 月 10 日购买商品，商家 11 日发货，系统至 5 月 10 日自动确认收货，则还款日期为 6 月 10 日，还款周期长达两个月。比起普通银行的信用卡用起来更方便，还款时间更长，而且申请难度又小。

目前，阿里的"花呗"、京东的"白条"和苏宁的"零钱贷"都可以先消费后付钱。用"零钱贷"支付时，"零钱宝"账户中的等额资金就会被冻结 30 天作为质押担保。而"白条""花呗"则对逾期未还部分每天分别按万分之三、万分之五的费率收取费用。

网络信贷工具在为消费者提供极大的购物方便外，也为套现提供了便利，但由此带来的风险也不容小觑。

打开"花呗"官方讨论区，里面很多帖子都在公然宣传"花呗套现"的广告，号称"两千人在线"的 QQ 群号和各种套现攻略随处可见。有迹象显示，这类新型信贷消费工具已成为套现新渠道。

胡小姐按照网上攻略，用 6000 元的"花呗"购买价值不足千元的绘图器材来套现，出于信任，也没有当着快递员打开包裹，结果货物出现了质量问题，更没想到的是，对方在"退货退款"环节抵赖不承认，最终的结果是胡小姐花了 6000 多元买了用不上的商品，只能吃了哑巴亏。

微商现在成了套现的另一个战场。股民小白最近沉迷于股市，无奈手中资金不多，看着同事们高谈阔论炫耀战果，自己多少也心痒难耐，于是动起了套现的心思。只需要注册个网店，分类几个商品目录，摆上照片配好商品内容，往朋友圈一发就可以啦。然后就用朋友的微信号进入自己的网店购物，用信用卡刷卡购买，两个工作日即可到账。"这比找 POS 机刷卡方便多了，安全还省手续费。"小白得意扬扬地告诉记者。

根据我国法律规定，违反规定使用销售点终端机具（POS 机）等方法，以虚构交易、虚开发票、现金退货等方式向信用卡持卡人支付现金，情节严重的，以非法经营罪定罪处罚。同时，由于虚假交易而获得的信用卡积分并兑换使用换取商品的，如果数量较大，或涉嫌构成合同诈骗罪。

除了涉嫌违法行为，信用卡也容易把持卡人推入一个"以卡养卡"的怪圈，甚至会造成不良记录。持卡人一旦被发现有虚假交易、不当获利，银行及信用卡机构有权取消其积分。同时，一旦被发现恶意透支和套现行为，持卡人信用记录会受到极大影响，轻则停卡或降低使用额度，个人信用记录也将存下污点；重则有可能被银行拉入黑名单，以后贷款购房、银行卡申请等都将受到影响，以卡养卡对持卡人来说得不偿失。上文说到的股民小白，如果赶上了股市暴跌投资失败，那么他以卡养卡的办法就会遭到沉重打击。

同时，电商企业也在积极规范目前网络套现之风。例如，蚂蚁金服微贷事业部相关人士表示，"蚂蚁"已经基本排查出参与套现的商户，将对其采取限制使用蚂蚁"花呗"、甚至冻结账户资金等措施。

06 第6章
电子商务物流与配送

学习目标

通过本章的学习，掌握物流的概念和发展；明确物流是实现电子商务的保证；了解物流管理的主要内容、分类、特点；了解配送中心运作的主要类型；了解电子商务下物流的主要发展趋势；了解国内外物流发展情况。重点掌握电子商务物流的含义；电子商务与物流的关系；电子商务物流的特点；电子商务交易模式等基本概念。

导入案例

事件一：2016年6月8日，京东在中国宿迁正式开展无人机试运营。随着无人机从宿迁双河站配送中心将数个订单的货物送至宿迁曹集乡旱闸的乡村推广员刘根喜手中，京东无人机配送首单顺利完成，京东无人机项目又迈出了坚实的一步，这标志着京东智慧物流体系的建设实现了一次重要落地。

随着电子商务行业体量的不断膨胀，如何提高物流的运行效率和用户体验已成为全行业关注的重要问题。京东作为中国领先的自营式电商企业，正在不断通过技术对业务进行着强有力的驱动，随着京东渠道下沉战略和农村电商的迅速发展，如何解决农村最后1千米配送的难题愈发凸显。农村人口密集度相对较低，订单量不如大城市和发达地区那么庞大，即使每天只有零星订单，也需要配送员开车进行配送，加之农村路况不好或受地形条件等限制，快递员的时间损耗严重，从而造成了配送效率的低下和配送成本的高昂。

事件二：国家邮政局宣布，我国快递年业务量于2015年12月25日首次突破200亿件大关，继续稳居世界第一。这是继2014年我国快递年业务量首次突破100亿件后，我国快递业发展史上又一座里程碑。

在"十二五"初期，2015年快递年业务量目标定为61亿件，"十二五"期间，我国快递业年均增速达54.6%，在经济下行、压力增大的大环境下实现了逆势增长。

6.1 电子商务物流概述

随着信息技术和网络技术的飞速发展，我国电子商务呈现出迅猛的发展势头。消费者在线购物的蓬勃发展，为电子商务企业带来了前所未有的发展机遇，电子商务这一现代交易也受到了更多人的关注。与此同时，和电子商务紧密联系的物流管理也受到了各方的重视。目前已经有更多的人开始认识到，电子商务想要顺利地发展，就必须要有科学有效的现代物流管理作为辅助和支撑。

1．现代物流作用

现代物流是一个不可省略或者说不可跨越的过程，而且，随着这个过程的发生，就会产生费用、时间、距离以及人力、资源、能源、环境等一系列问题。人们只有客观地认识到这些问题，正确地对待、科学地解决好这些问题，才是正确的态度和唯一的选择。一般来说，现代物流的作用主要表现在六个方面，如图6-1所示。

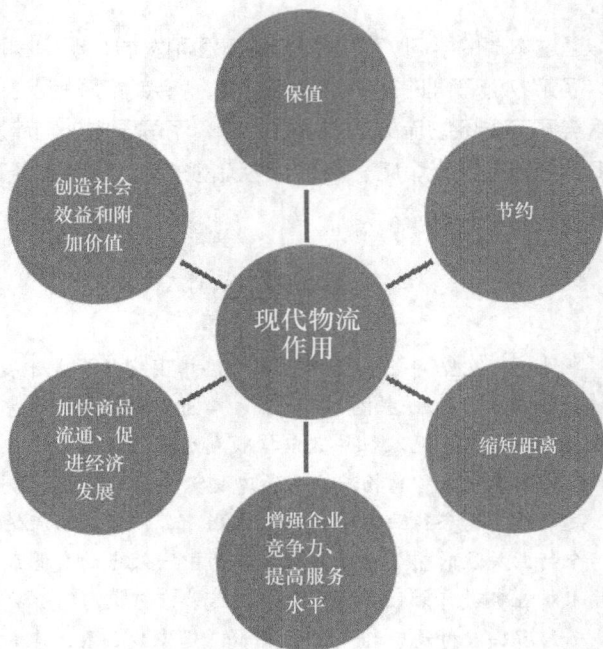

图6-1 现代物流作用

（1）保值

现代物流有保值作用。也就是说，任何产品从生产出来到最终消费，都必须经过一段时间、一段距离。在这段时间和距离过程中，它们都要经过运输、保管、包装、装卸、搬运等多环节、多次数的现代物流活动。在这个过程中，产品可能会淋雨受潮、水浸、生锈、破损、丢失等。现代物流的使命就是防止上述现象的发生，保证产品从生产者到消费者移动过程中的质量和数量，起到产品的保值作用，即保护产品的存在价值，使该产品在到达消费者时使用价值不变。

（2）节约

搞好现代物流，能够节约自然资源、人力资源和能源，同时也能够节约费用。例如，集装箱化运输，可以简化商品包装，节省大量包装用纸和木材；实现机械化装卸作业，仓库保管自动化，能节省大量作业人员，大幅度降低人员开支。被称为"中国现代物流管理觉醒第一人"的海尔集团，便是加强了现代物流管理，建设起现代化的国际自动化物流中心，1年时间便将库存占压资金和采购资金的总和，从15亿元降到7亿元，节省了8亿元开支。

（3）缩短距离

现代物流可以克服时间间隔、距离间隔和人的间隔，这自然也是现代物流的作用之一。现代化的物流在缩短距离方面的例证不胜枚举。在北京可以买到世界各国的新鲜水果，全国各地的水果也常年不断；邮政部门改善了现代物流，使信件大大缩短了时间距离，全国快递 2 天内就到；美国联邦快递，能做到隔天送达亚洲 15 个城市；日本的配送中心可以做到上午 10 点前订货，当天送到。这种现代物流速度，把人们之间的地理距离和时间距离一下子拉得很近。随着物流现代化的不断推进，其国际运输能力大大加强，极大地促进了国际贸易，使人们逐渐感到这个地球变小了，各大洲的距离更近了。

（4）增强企业竞争力、提高服务水平

在新经济时代，企业之间的竞争越来越激烈。在同样的经济环境下，制造企业如家电生产企业，相互之间的竞争主要表现在价格、质量、功能、款式、售后服务的竞争上，可以这样讲，像彩电、空调、冰箱等这类家电产品在工业科技如此进步的今天，在质量、功能、款式及售后服务等方面，目前各企业的水平已经没有太大的差别，唯一可比的地方往往是价格。近几年的全国各大城市此起彼伏的家电价格大战，足以说明这一点。那么支撑降价的因素是什么？如果说为了占领市场份额，一次、两次地亏本降价，待市场夺回来后再把这块亏损补回来也未尝不可。然而，如果降价亏本后仍不奏效又该如何呢？不言而喻，企业可能就会一败涂地。在物资短缺年代，企业可以靠扩大产量、降低制造成本去攫取第一利润。在物资丰富的年代，企业又可以通过扩大销售攫取第二利润。可是在 21 世纪和新经济社会，第一利润源和第二利润源已基本达到了一定极限，目前剩下的一"未开垦的处女地"就是现代物流。降价是近几年家电行业企业之间主要的竞争手段，降价竞争的后盾是企业总成本的降低，即功能、质量、款式和售后服务以外的成本降低，也就是我们所说的降低现代物流成本。

国外的制造企业很早就认识到了现代物流是企业竞争力的法宝，搞好现代物流可以实现零库存、零距离和零流动资金占用，是提高服务质量，构筑企业供应链，增加企业核心竞争力的重要途径。在经济全球化、信息全球化和资本全球化的 21 世纪，企业只有建立现代物流结构，才能在激烈的竞争中，求得生存和发展。

（5）加快商品流通、促进经济发展

在谈这个问题时，我们用配送中心的例子来讲最有说服力。可以说，配送中心的设立为连锁商业提供了广阔的发展空间。利用计算机网络，将超市、配送中心、供货商和生产企业连接，能够以配送中心为枢纽形成一个商业、现代物流业和生产企业的有效组合。有了计算机迅速及时的信息传递和分析，通过配送中心的高效率作业、及时配送，并将信息反馈给供货商和生产企业，可以形成一个高效率、高能量的商品流通网络，为企业管理决策提供重要依据，同时，还能够大大加快商品流通的速度，降低商品的零售价格，提高消费者的购买欲望，从而促进国民经济的发展。

（6）创造社会效益和附加价值

实现装卸搬运作业机械化、自动化，不仅能提高劳动生产率，而且也能解放生产力。把工人从繁重的体力劳动中解脱出来，这本身就是对人的尊重，是创造社会效益。随着现代物流的发展，城市居民生活环境、人民的生活质量可以得到改善和提高，人的尊严也会得到更多提升。

现代物流创造附加值，主要表现在流通加工方面。例如，把钢卷剪切成钢板，把原木加工成板材，名烟、名酒、名著、名画都会通过流通中的加工，使装帧更加精美，从而大大提高了商品的欣赏性和附加价值。

2．现代物流特征

现代物流是在工业化比较发达的阶段产生的，主要依托发达的信息技术和现代管理理念发展起来的知识和技术相对密集的一种服务活动，是信息技术和市场竞争加剧的条件下，企业或传统物流企业的"演进"和社会分工在现阶段进一步深化的结果。因此，现代物流具有现代管理、现代性、社会化和网络化四大特性。

（1）现代管理特征

现代管理理念和运作模式是现代物流发展的基础之一，也是与传统物流的重要区别。主要体现在以下三个方面。

第一，系统化和整体最优特征，即功能集成和资源整合。现代物流将运输、仓储、装卸、搬运、包装、流通加工、物流信息等功能要素有机地结合在一起，作为一个系统来进行管理。系统化方法可以使企业的物流需求与外购物流有机地结合在一起，形成一种良性的系统化物流循环。

第二，以实现顾客满意为第一目标。现代物流是在为生产和消费提供实现物体时空效用高附加值或节约成本服务并增加企业效益的基础上获取利润的一系列服务活动。

第三，现代物流的运作模式多样复杂。现代综合物流摆脱了传统企业的内部物流和实体分配的单一模式，发展起多元化的物流企业运营模式，如自营物流与外协物流、物流联盟与综合物流配送中心、厂商物流、批发商物流与零售商物流、城市物流、区域物流与国际物流等。

（2）现代性特征

物流现代性主要体现在以下两个方面。

第一，物流技术装备的现代化，包括运输、装卸搬运和仓储等物流功能要素的装备现代化。信息技术与现代物流相结合一方面提高了物流作业效率，另一方面改变了物流管理理念和运作方式。

第二，现代物流的信息化和知识化。一方面使服务产品中知识和技术含量比较密集，另一方面使以信息、知识为主的新物流形式不断涌现，如第四方物流，供应链规划等。

（3）社会化特征

随着社会分工的细化和市场需求的日益复杂，越来越多的企业倾向于资源外购，将本企业不太擅长的物流活动交由专业的物流公司承担，或者在企业内部设立相对独立的物流专业部门，将有限的资源集中于自己真正的优势领域。这样，专业的物流公司就可凭借其人才、技术和信息等方面的优势，采用更为先进的物流技术和管理方式，取得规模经济效益，从而实现物流合理化。因此，现代物流社会化的主要表现是物流市场化程度提高、第三方物流迅猛发展、配送中心日益普及。

（4）网络化特征

现代物流是社会物流（包括生产资料和消费资料流通）的各个环节（采购、运输、仓储、包装、流通、加工、搬运、通信等）构成的一个有机整体，即物流系统。该系统在新经济条件下，由于客观的因素必然是网络化的物流系统，因此，无论是现代微观物流经济还是现代宏观物流经济，都是在网络化基础下谋求物流过程的高效率、协调性和总体经济性。

3．电子商务与现代物流的关系

物流是电子商务"四流"——信息流、商流、资金流、物流中的一环，也是电子商务中商品和服务的最终体现。同时，电子商务的发展也推动着物流向更先进的方向发展，其流程如图6-2所示。

电子商务的发展，离不开物流、信息流、资金流的建设。物流让电子商务的跨时空得到保证，线上的订单需要线下的物流配送支持。离开物流，电子商务又会退回到传统的交易模式上来。

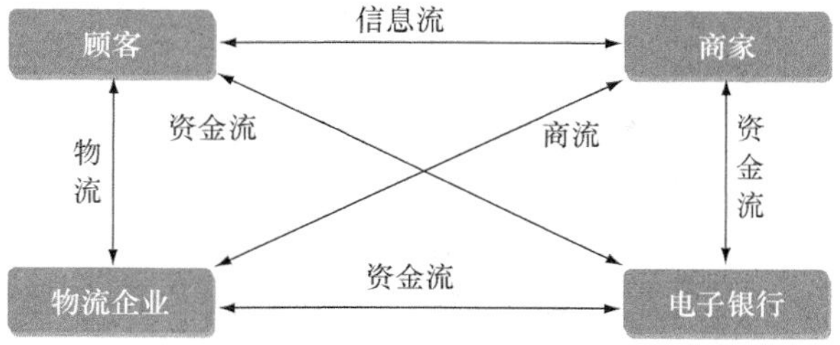

图 6-2　电子商务流程

另外，近年来，我国电子商务已经从最开始的北上广逐渐发展到了全国大部分地区，物流行业所提供的服务也已经覆盖了全国 95% 以上的地区。这些地区的人们已经逐渐有了网上购物消费的意识，而这也在很大程度上推动了我国物流行业的快速发展。

网上购物所具备的极大优势与我国互联网用户数量的持续上升，都让电子商务成为了物流行业发展的新增长点，物流管理与电子商务之间的协作更加密切，其合作范围也在逐渐扩大。但是物流与电子商务在发展的过程中必然会存在一部分问题，如在运营衔接、协调机制、管理质量等方面。因此，我们更应该关注物流管理工作与电子商务发展之间的联系，加快促进国家对物流相关标准规范的制定，不断提高行业的自律性，促进物流和电子商务之间的深化合作，从而最终实现共赢。电子商务与现代物流的关系，如图 6-3 所示。

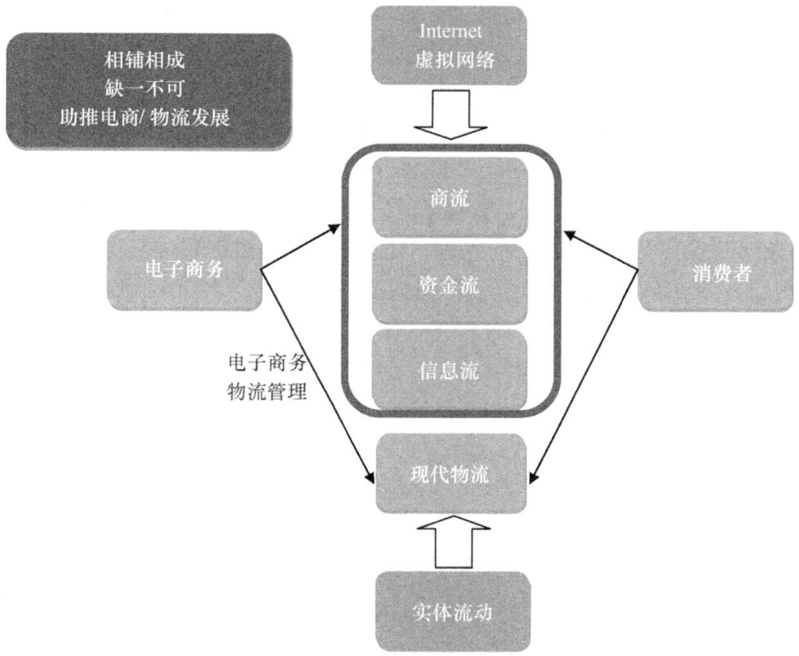

图 6-3　电子商务与现代物流的关系

4．电子商务环境下现代物流管理现状

我国物流业远远落后于物流发达国家，这不仅体现在物流技术应用程度低、物流基础设施和装备落后上，还表现为企业物流管理水平不高，企业领导缺乏现代物流管理理念以及现代物流管理人才严

重缺乏等。

现代物流企业是商流分离、专业化分工的产物，技术性、现代化和专业化极强。管理、运作现代物流企业，要用科学的管理思想来指导。目前我国大多数物流企业仍沿用传统的部门之间各行其是的管理方法来经营物流业务。物流企业内部在管理上还没形成系统化、集成化的现代管理体系，主要表现为企业的购、运、存、储，各系统或各环节相互独立、各自追求自身效率的提高，而缺乏从企业的整体成本与收益的比较入手进行管理，最终造成相互之间的利益冲突不断。物流企业外部则缺乏用供应链管理的思想来构筑企业之间的物流供应链，也就不能实施一体化、综合化的物流运作和管理，难以为客户提供高附加值的物流服务。我国目前物流企业众多，但能为客户提供综合物流服务，能为客户提供其对市场需求进行快速反应所需的配套物流解决方案的企业却很少，至于代表现代化物流发展方向的"第三方物流"企业更是凤毛麟角。那么，到底是哪些因素制约了我国物流管理水平的提高呢？主要源于以下四大因素。

（1）观念障碍

在我国大多数物流企业中，绝大多数的员工，包括中高层管理人员，对现代物流理论还不太了解或了解很少，对增值服务和全程物流服务及物流供应链管理等先进的物流管理、运作思想和方法了解很少，仅满足于提供分割的、单一的功能服务。因而，我国大多数物流企业提供的物流服务仅仅集中在某个物流环节的具体功能性的服务上，没有或不能提供多个或整个物流环节的服务。反观一些已经进入我国的国际物流企业，如 UPS、FedEx、德国邮政等，他们作为专业化的"第三方物流"供应商进入物流领域，能够为客户提供涉及全球的配送、多式联运、物品快递和综合物流解决方案等服务。中外物流企业之间的差距是显而易见的，加快物流观念的转变已迫在眉睫。

（2）人才障碍

据美国奥尔良大学对全美物流职业情况的调查报告显示：在被调查的物流业管理者中，92%具有学士学位，41%具有硕士学位，22%具有从业资格证书。可见，美国物流从业人员的整体素质较高。但我国的物流专业人才却相当缺乏，人才缺乏已成为制约我国物流管理水平提高的瓶颈。物流专业人才缺乏，人才总量严重不足；物流中高级人才，如物流经理更是奇缺。据资料统计，在我国物流行业中，具有中专以上学历的人才仅占该行业人数总数的 7.5%，这一水平大大低于其他行业，而且其中还有相当一部分人出现知识老化等现象。据北京一家专门为外资企业服务的猎头公司介绍，目前外资企业需要的物流经理人才日益增多，但北京人才市场中符合要求的物流人才却严重缺乏。在缺乏物流人才的情况下，各企业只能靠经理来运作物流，或一味仿效他人，这使得物流服务老套成规，不具有新颖性，因而缺乏活力与竞争力。

（3）物流企业自身障碍

目前我国的物流企业中，有很大一部分由过去的国有运输企业发展而成的。这些物流企业往往容易受到传统意识理念的影响，集约化的管理优势无法得以充分的发挥，规模管理和规模效益往往不能很好地实现，物流管理体制存在问题。从当前的实际情况来看，很多时候政府内部各个部门对于我国物流行业的发展并不是非常关注，对于物流管理也不重视，各个部门之间很少进行沟通和交流，这样的多头管理机制往往会在很大程度上限制物流行业的发展。

（4）相关法律障碍

我国目前所颁布的与物流行业相关的政策法规，从总体上来说基本都是区域性的，也就是说我国现阶段还缺少一部全国统一的针对物流的法律，而且电子商务物流也不具有一个规范化的技术标准。

5．电子商务物流管理概述

（1）电子商务物流管理的概念

电子商务物流管理是指在社会再生产过程中，根据物质资料实体流动的规律，应用管理的基本原理和科学方法，对电子商务物流活动进行计划、组织、指挥、协调、控制和决策，使各项物流活动实现最佳地协调与配合，以降低物流成本，提高物流效率和经济效益。简言之，电子商务物流管理就是研究并应用电子商务物流活动规律对物流全过程、各环节、各方面进行的管理。

（2）电子商务物流管理主要内容

① 电子商务物流战略管理

物流战略管理是为了达到某个目标，物流企业或职能部门在特定的时期和特定的市场范围内，根据企业的组织结构，利用某种方式，向某个方向发展的全过程管理。物流战略管理具有全局性、整体性、战略性、系统性的特点。

② 电子商务物流业务管理

电子商务物流业务涵盖物流的运输、仓储保管、装卸搬运、包装、协同配送、流通加工、物流信息等基本过程，其对应的管理也涉及这些方面。具体业务管理内容在本书以下章节分别讲述。

③ 电子商务物流企业管理

电子商务物流企业管理的内容主要有合同管理、设备管理、风险管理、人力资源管理和质量管理等。

④ 电子商务物流经济管理

电子商务物流经济管理主要涉及物流成本费用管理、物流投资融资管理、物流财务分析以及物流经济活动分析。

⑤ 电子商务物流管理现代化

电子商务物流管理现代化主要是物流管理思想和管理理论的更新、先进物流技术的发明和采用，还体现为管理组织、管理方法、管理手段以及管理人员的现代化。

（3）电子商务物流管理的职能

电子商务物流管理和任何管理活动一样，其职能包括组织、计划、协调、指挥、激励、控制和决策。

① 组织职能

组织工作的主要内容有确定物流系统的机构设置、劳动分工和定额定员；配合有关部门进行物流的空间组办、时间组织的设计；对电子商务中的各项职能进行合理分工，各个环节的职能进行专业化协调。

② 计划职能

计划主要是编制和执行年度物流的供给和需求计划；月度供应作业计划；物流各环节的具体作业计划，如运输、仓储等；物流营运相关的经济财务计划等。

③ 协调职能

协调职能对电子商务物流尤其重要，除物流业务运作本身的协调功能外，更需要进行物流与商流、资金流、信息流之间的协调，如此才能保证电子商务用户"5R"的服务要求。

④ 指挥职能

物资过程是物资从原材料供应到最终消费者的一体化过程，指挥就是物流供应管理的基本保证，它涉及物流管理部门直接指挥下属机构和直接控制的物流对象，如产成品、在制品、待售和售后产品、待运和在运货物等。

⑤ 控制职能

由于电子商务涉及面广，其物流活动参与人员众多、波动大，所以，物流管理的标准化、标准的执行与督查以及偏差的发现与矫正等控制职能应具有广泛性和随机性。

⑥ 激励职能

激励主要是物流系统内职员的挑选与培训、绩效的考核与评估、工作报酬与福利、激励与约束机制的设计。

⑦ 决策职能

物流管理的决策更多与物流技术挂钩，如库存合理定额的决策以及采购量和采购时间的决策。

（4）电子商务物流管理的特点

电子商务时代的来临，使物流具备了一系列新特点。

① 信息化

电子商务时代，物流信息化是电子商务的必然要求。物流信息化表现为物流信息的商品化、物流信息收集的数据库化和代码化、物流信息处理的电子化和计算机化、物流信息传递的标准化和实时化、物流信息存储的数字化等。因此，条码技术（Bar Code）、数据库技术（Database）、电子定货系统（Electronic Ordering System，EOS）、电子数据交换（Electronic Data Interchange，EDI）、快速反应（Quick Response，QR）及有效的客户反映（Effective Customer Response，ECR）、企业资源计划（Enterprise Resource Planning，ERP）等先进技术与管理策略在我国的物流中将会得到普遍的应用。

② 自动化

自动化的基础是信息化，自动化的核心是机电一体化，自动化的外在表现是无人化，自动化的效果是省力化，另外还可以扩大物流作业能力，提高劳动生产力，减少物流作业的差错等。物流自动化的设施非常多，如条码、语音、射频自动识别系统、自动分拣系统、自动存取系统、自动导向车、货物自动跟踪系统等。这些设施在发达国家已普遍用于物流作业流程中，而在我国，由于物流业起步晚，发展水平低，自动化技术的普及还需要相当长的时间。

③ 网络化

物流领域的网络化有两层含义：一是物流配送系统的计算机通信网络，包括物流配送中心与供应商或制造商的联系要通过计算机网络，另外与下游顾客之间的联系也要通过计算机网络，如物流配送中心向供应商提出订单这个过程，就可以使用计算机通信方式，借助于增值网（Value Added Network，VAN）上的电子定货系统（EOS）和电子数据交换技术（EDI）来自动实现，物流配送中心通过计算机网络收集下游客户的订货的过程也可以自动完成。二是组织的网络化，即所谓的组织内部网（Intranet），例如，我国台湾的计算机产业在 20 世纪 90 年代创造出了"全球运筹式产销模式"，这种模式基本是按照客户订单组织生产，生产采取分散形式，即将全世界的计算机资源都利用起来，采取外包的形式将一台计算机的所有零部件、元器件、芯片外包给世界各地的制造商去生产，然后通过全球的物流网络将这些零部件、元器件和芯片发往同一个物流配送中心进行组装，由该物流配送中心将组装的计算机迅速发给客户。可见，物流的网络化成为电子商务下物流活动的主要特征。

④ 智能化

智能化是物流自动化、信息化的一种高层次应用，物流作业过程需要大量的运筹和决策，如库存水平的确定、运输（搬运）路径的选择、自动导向车的运行轨迹和作业控制、自动分拣机的运行、物流配送中心经营管理的决策支持等问题都需要借助于大量的知识才能解决。在物流自动化的进程中，物流智能化是不可回避的技术难题。好在专家系统、机器人等相关技术在国际上已经有比较成熟的研究成果。为了提高物流现代化的水平，物流的智能化已成为电子商务下物流发展的一个新趋势。

⑤ 柔性化

柔性化本来是为实现"以顾客为中心"的理念而在生产领域提出的，但要真正做到柔性化，即真正地能根据消费者需求的变化来灵活调节生产工艺，没有配套的柔性化的物流系统是不可能达到目的的。20世纪90年代，国际生产领域纷纷推出弹性制造系统（Flexible Manufacturing System，FMS）、计算机集成制造系统（Computer Integrated Manufacturing System，CIMS）、制造资源系统（Manufacturing Requirement Planning，MRP-Ⅱ）、企业资源计划（Enterprise Resource Planning，ERP）以及供应链管理的概念和技术，这些概念和技术的实质是要将生产、流通进行集成，根据需求端的需求组织生产，安排物流活动。因此，柔性化的物流正是适应生产、流通与消费的需求而发展起来的一种新型物流模式。这就要求物流配送中心要根据消费需求"多品种、小批量、多批次、短周期"的特色，灵活组织和实施物流作业。

另外，物流设施、商品包装的标准化，物流的社会化、共同化也都是电子商务物流模式的新特点。

6. 电子商务环境下现代物流发展趋势

（1）信息化的发展趋势

计算机信息化、互联网技术以及网络技术的发展，必然会带动物流管理朝着信息化的方向发展，这也是电子商务自身发展对于物流管理提出的实际要求。

（2）网络化的发展趋势

网络化的发展趋势一方面是企业物流配送通信网络化，在这个网络之中通常有物流企业和供应商的网络以及物流企业与客户的网络；另一方面是物流企业组织的网络化发展。

（3）智能化和柔性化

物流管理的智能化发展应该说是它在信息化以后的一种更高水平的发展方向，同时物流管理的柔性化逐渐成为了其最新的发展趋势。

物流企业配送中心必须要结合当前消费者的客观需求以及市场的实际情况来对物流作业进行合理的布置。另外，物流设备的标准化和物流包装的规范化也是未来物流管理的主要发展趋势之一。

6.2　电子商务物流活动

电子商务物流业务涵盖物流的运输、仓储保管、装卸搬运、包装、协同配送、流通加工、物流信息等基本过程，其对应的管理也涉及这些方面。

1. 电子商务物流运输

广义的运输是指人和物通过运力在空间上的移动，其具体活动是人和牲畜的载运及输送。物流领域的运输专指物的载运及输送，是指利用设备和工具，将物品从一地点向另一地点运送的活动。其中包括集货、分配、搬运、中转、卸下、分散等一系列操作。它是在不同地域范围内（如两个城市、两个工厂之间），以改变物品的空间位置为目的的活动。运输和搬运的区别在于，运输是在较大空间范围内的活动，而搬运是在同一地域之内的活动。

运输是物流不可缺少的环节。物流系统是通过运输完成对客户所需的原材料、在制品和制成品在地理上的定位的。一般来说，运输成本也是目前物流总成本中最大的成本项目。以美国为例，1994年美国的运输开支为4250亿美元，占当年美国物流总成本的58.2%。从欧洲发达国家的情况看，运输成本一般也都会占到物流总成本的1/3以上。因此，运输的合理化在物流管理中显得十分重要。

（1）商品运输方式

按运输设备及运输工具的不同，可以将运输分为铁路运输、公路运输、水上运输、航空运输和管道运输五种基本运输方式。

① 铁路运输

铁路运输是指利用机车、车辆等技术设备沿铺设轨道运行的运输方式，如图6-4所示，铁路运输是发展较早的一种运输方式，是随着蒸汽机车的发明和锻铁铁轨的出现，于19世纪初开始在世界上投入使用，并逐渐成为陆路交通的主要运输工具。

图6-4 铁路运输

铁路运输具有以下优点。

A. 运输能力大，使它适合于大批低值商品的长距离运输。

B. 单车装载量大，加上有多种类型的车辆，使它几乎能承运任何商品，几乎可以不受重量和容积的限制。

C. 运输速度较高，平均车速在五种基本方式中排在第二位，仅次于航空运输。

D. 铁路运输受气候和自然条件影响较小，在运输的经常性方面占优势。

E. 铁路运输可以方便地实现驮背运输、集装箱运输及多式联运。

但铁路运输也有其缺点。

A. 由于铁路线路是专用的，其固定成本很高，投资较大，建设周期较长。

B. 铁路按列车组织运行，在运输过程中需要有列车的编组、解体和中转改编等作业，占用时间较长，因而增加了货物的在途时间。

C. 铁路运输中的货损率比较高，而且由于装卸次数多，货物毁损或丢失事故通常也比其他运输方式多。

D. 不能实现"门到门"运输，通常要依靠其他运输方式配合，才能完成运输任务，除非托运人和收货人均有铁路专线。

根据上述铁路运输的特点，铁路运输担负的主要功能是：大宗低值货物的中、长距离（经济里程一般在 200 公里以上）运输，也较适合运输散装货物（如煤炭、金属、矿石、谷物等）、罐装货物（如化工产品、石油产品等）。

铁路运输的种类分为以下四种运输方式。

第一，整车货物运输。整车运输适用于大量货物运输，选择适合货物数量、形状、性质的车厢，是整车租用的前提。在铁路货物运输中，整车货物运输占很大的比重。利用整车运输货物时，可以直接到车站或通过联运业者办理。

第二，集装箱货物运输。铁路集装箱货物运输是指将货物装入集装箱，再将其合并成为一个单元装载到货车上进行运输的方式。集装箱的装卸可以借助于机械完成，从而大大提高了装卸效率，缩短了运输时间；铁路集装箱运输是铁路和公路联运的一种复合型直达运输，其特征是送货到门，可以由托运人的工厂或仓库直达收货人的工厂或仓库，使从送货人到收货人的连贯运输成为可能；同时能够有效防止货物运输途中的丢失和损伤。适合于化工产品、食品、农产品等多种货物的运输。

第三，散杂件运输货物运输。小件货物运输是以小量货物为对象的运输方法。

第四，混载货物运输。混载货物运输是指货代业者（联运业者、通运业者）将不定多数的货主的货物按照发送方向分拣，以一节货车或一个集装箱为单位，作为整车运输或集装箱运输的一种方法。

② 公路运输

从广义上来说，公路运输是指利用一定的载运工具（如汽车、拖拉机、畜力车、人力车等）沿公路实现旅客或货物空间位移的过程，如图 6-5 所示。从狭义上来说，公路运输即汽车运输。物流运输中的公路运输是专指汽车货物运输，其在提供现代物流服务方面发挥着核心作用。

图 6-5　公路运输

汽车货物运输与其他运输方式相比，具有以下优点。

A. 汽车运输中不需中转，因此，运输的运送速度比较快。

B. 汽车运输可以实现"门到门"的直达运输，因而货损货差少。

C. 汽车运输机动方便。

D. 原始投资少，经济效益高。

E. 驾驶技术容易掌握。

但是，汽车运输也存在一些问题，主要是装载量小、运输成本高、燃料消耗大、对环境污染严重等。

基于上述特点，汽车运输的主要功能是以下几点。

第一，独立担负经济运距内的运输，主要是中短途运输（我国规定50千米以内为短途运输，200千米以内为中途运输）。由于高速公路的兴建，汽车运输从中、短途运输逐渐形成短、中、远程运输并举的局面，这将是一个不可逆转的趋势。

第二，补充和衔接其他运输方式。所谓补充和衔接，即当其他运输方式担负主要运输时，由汽车担负起点和终点处的短途集散运输，完成其他运输方式到达不了的地区的运输任务。

公路运输的种类按托运批量大小可分为整车与零担运输。凡托运方一次托运货物在3吨及3吨以上的，为整车运输。整车运输的货物通常有煤炭、粮食、木材、钢材、矿石、建筑材料等，这些一般都是大宗货物，货源的构成、流量、流向、装卸地点都比较稳定。整车运输一般多是单边运输，应大力组织空程货源，充分利用全车行程，提高经济效益。凡托运方一次托运货物不足3吨者为零担运输。零担运输非常适合商品流通中品种繁杂、量小批多、价高贵重、时间紧迫、到达站点分散等特殊情况下的运输，弥补了整车运输和其他运输方式在运输零星货物方面的不足。

与铁路货运相比较，长途公路货运具有迅速、简便、直达的特点；与短途公路货运相比，长途公路货运具有运输距离长、周转时间长、行驶线路较固定等特点。

短途公路货运具有运输距离短，装卸次数多，车辆利用效率低；点多面广，时间要求紧迫；货物零星，种类复杂，数量忽多忽少等特点。

按货物的性质及对运输条件的要求可将公路运输分为普通货物运输与特种货物运输。被运输的货物本身的性质普通，在装卸、运送、保管过程中没有特殊要求的，称为普通货物运输。相反，被运输的货物本身的性质特殊，在装卸、运送、保管过程中需要特定条件、特殊设备，来保证其完整无损的，称为特种货物运输。特种货物运输又可分为长大、笨重货物运输、危险货物运输、贵重货物运输和易腐货物运输。各类运输都有不同的要求和不同的运输方法。

按运输的组织特征可将公路运输分为集装化运输与联合运输。集装化运输也称成组运输或规格化运输。它是以集装单元作为运输的单位，保证货物在整个运输过程中不致损失，而且便于使用机械装卸、搬运的一种货运形式。集装化运输最主要的形式是托盘运输和集装箱运输。集装化运输促进了各种运输方式之间的联合运输，构成了直达运输集装化的运输体系，它是一种有效的、快速的运送形式。联合运输就是两个或两个以上的运输企业，根据同一运输计划，遵守共同的联运规章或签订的协议，使用共同的运输票据或通过代办业务，组织两种或两种以上的运输工具，相互接力，联合实现货物的全程运输。

③ 水上运输

水上运输是指利用船舶、排筏和其他浮运工具，在江、河、湖泊、人工水道以及海洋上运送旅客和货物的一种运输方式，如图6-6所示。

水上运输具有以下优点。

A. 可以利用天然水道，线路投资少，且节省土地资源。

B. 船舶沿水道浮动运行，可实现大吨位运输，降低运输成本。对于非液体商品的运输而言，水运一般是运输成本最低的运输方式。

C. 江、河、湖、海相互贯通，沿水道可以实现长距离运输。

图 6-6　水上运输

但水运也存在着以下缺点。

A. 船舶平均航速较低。

B. 船舶航行受天气条件影响较大。

C. 可达性较差。如果托运人或收货人不在航道上，就要依靠汽车运输或铁路运输协同转运。

D. 同其他运输方式相比，水运（尤其海洋运输）对货物的载运和搬运有更高的要求。

根据水上运输的上述特点，水上运输的主要功能有如下几方面。

A. 承担大批量货物，特别是散装货物的运输。

B. 承担原料、半成品等低价货物运输，如建材、石油、煤炭、矿石、粮食等。

C. 承担国际贸易运输，系国际商品贸易的主要运输工具之一。

④ 航空运输

航空运输简称空运，是使用飞机运送客货的运输方式。航空货物运输的运价要远远高于其他运输手段，因此，在过去除了紧急或特殊场合外，一般不使用飞机运送货物。但是，现今航空货物运输已经在商业上普遍使用，在发达国家，甚至来自一般家庭的礼品赠送、搬家等也开始使用航空运输，如图 6-7 所示。

137

图 6-7　航空运输

近几十年来，航空技术得到迅速发展，大型喷气机的开发使用，使得运输能力大幅度提高，运行成本下降，运价逐渐低廉化。另外，随着综合物流成本意识的增强，具有高速运输特点的航空运输的利用范围也在不断扩大。

航空运输的优点是航线直、速度快，可以克服各种天然障碍、做长距离不着陆运输，对货物的包装要求较低。缺点是载运能力小，受天气条件限制比较大，可达性差，运输成本高。

航空运输的上述特点，使得它主要担负贵重、急需或时间性要求很强的小批量货物运输和邮政运输。一般来说，适合于航空运输的货物有以下几种类型。

A. 运输时间受到限制的货物：容易腐败的货物、修理物品、流行品、商品样本、紧急物品（医药、医用器具等）等。

B. 高价值的贵重货物：贵金属、珍珠、手表、相机、美术品、毛皮等。

C. 容易破损的货物：电器产品、光学器具、玻璃制品、计算机等。

⑤ 管道运输

管道运输是利用运输管道，通过一定的压力差而完成气体、液体和粉状固体运输的一种现代运输方式。管道运输运量大，运输快捷，效率高；占地少；不受天气影响，运行稳定性强；便于运行控制；耗能低；有利于环境保护。但灵活性差，承运的货物种类比较单一。管道运输主要担负单向、定点、量大的气液态货物运输，如图 6-8 所示。

图 6-8　管道运输

管道运输按照运输对象分为原油管道运输、成品油管道运输、天然气管道运输以及煤浆管道运输等。

（2）运输的合理化

运输的合理化是物流系统的最重要的功能要素之一，物流的合理化在很大程度上依赖于运输的合理化。在物流过程中，运输的合理化是从物流的总体目标出发，运用系统理论和系统工程原理和方法，充分利用各种运输方式，选择合理的运输路线和运输工具，以最短的路径、最少的环节、最快的速度和最少的劳动消耗，组织好物质产品的运输活动。

① 影响合理运输的因素

运输的合理化，起决定作用的主要有五大因素。

A. 运输距离

运输既然是商品在空间上的移动，或称"位移"，那么，商品移动的距离即运输里程的远近，就是决定其合理与否的一个最基本的因素。物流部门在组织商品运输时，首先要考虑运输距离，尽可能实行近产近销，避免舍近求远。

B. 运输环节

在物流过程的各个环节中，运输是一个很主要的环节，也是决定物流合理性的一个重要因素。因为运输业务活动，还需要进行装卸、搬运和包装等工序，多一道环节，就需要多花很多劳动力。所以，物流部门在调运商品时，对有条件直运的，尽可能组织直达、直拨运输，使商品不进入中转仓库，越过一切不必要的中间环节，由产地直接运到销地或用户，减少二次运输。

C. 运输工具

要根据不同商品的特点，分别利用铁路运输、水运、公路运输等不同运输方式，选择最佳的运输线路，合理使用运力。改进车船的装载技术和装载方法，提高技术装载量；使用最少的运力，运输更多的商品，提高运输生产效率。

D. 运输时间

对商业物流来说，为了更好地为顾客服务，及时满足顾客的需要，时间是一个决定性因素。运输不及时，不仅容易丧失销售机会、造成货物脱销或积压，同时商品在运输过程中停留时间过长，也容易引起商品的货损货差，增加物流管理费用。因此，在市场变化很大的情况下，时间问题更为突出。在物流过程中，要特别强调运输时间，要抢时间、争速度，要想方法设法加快货物运输，尽量压缩待运时间，使货物不要长期徘徊、停留在运输途中。

E. 运输费用

运输占物流费用的比例很大，是衡量物流经济效益的重要指标，也是组织合理运输的主要目的之一。运输费用的高低，不仅影响到商业物流企业或运输部门的经济效益，而且也影响销售成本。

上述因素，既互相联系，又互相影响，有的还相互矛盾。如在一定条件下，运输时间短了，费用却不一定省；或运输费用低了，而运输时间却又长了。这就要求进行综合分析，寻求最佳运输方案。在一般情况下，运输时间快和运输费用省，是考虑合理运输的两个主要因素，它们直接决定了物流过程中的经济效益。

② 不合理运输的形式

不合理运输，是指不考虑经济效果，违反商品合理流向和各种运力合理分工，不充分利用运输工具的装载能力，导致中间环节过多，从而浪费运力，增加商品流转费用，延缓商品流转速度，增加商品损失等不良后果的运输形式。目前我国主要存在的不合理运输形式如下。

A. 返程或起程空驶

返程或起程空驶是最严重的不合理运输形式。在运输中，因调运不当，货源计划不周，不采用运输社会化体系而形成的空驶，是不合理运输的典型表现。如自备车送货提货或者车辆过分专用而造成单程重车、单程空驶现象，车辆空去空回造成双程空驶现象等。

B. 对流运输

对流运输又称相向运输，指同一种货物或彼此间可互相代用而又不影响管事、技术及效益的货物，在同一线路或平等线路上作相对方向的运送，而与对方运程的全部或一部分发生重叠交错的运输。在判断对流运输时需注意的是：有的对流运输不是很明显（隐蔽）的对流。例如不同时间的相向运输，从发生运输的那个时间来看，并无出现对流，由此可能做出错误的判断，所以要注意隐蔽的对流运输。

C. 迂回运输

迂回运输是一种舍近取远，可以选取短距离进行运输而不办，却选择路程较长路线进行运输的不合理形式。物流过程中的计划不周、组织不完善或调运差错都容易造成迂回运输。但由于自然或其他事故的阻碍，为食品店商品采取绕道的办法是允许的，不能称为不合理运输。

D. 重复运输

重复运输指本可以直接将货物运达目的地，却在中途将货物卸下，再重复装运送达目的地。重复运输最大的毛病就是增加了不必要的中间环节，增加了装卸搬运费用，延长了商品在途时间。

E. 倒流运输

倒流运输指货物从销地或中转地向产地或起运地回流的一种运输现象。

F. 过远运输

过远运输指调运物资舍近求远，近处有物资不调，而从远处调，拉长货物的运距。

G. 运力选择不当

运力选择不当指未根据各种运输工具的优势来进行合理选择运力而造成所选择的运输工具不正确的现象。

H. 托运方式选择不当

托运方式选择不当指对于货主而言，可选择最好的托运方式而未选择，造成运力消费及支出加大的不合理运输。例如，应整车而选择零担，应直达而选择中转等。

上述各种不合理的运输形式都是在特定的条件下表现出来的，在进行判断时必须注意其不合理的前提条件，否则就容易出现判断的失误。

在实际操作中，要克服上述不合理的运输现象，组织物品的合理化运输，使货物运输达到准确、经济且安全的要求。

（3）物流运输规划与决策

运输规划与决策在物流决策中具有十分重要的地位，因为运输成本要占到物流总成本的 35%～50%，对许多商品来说，运输成本要占商品价格的 4%～10%。也就是说，运输成本占物流总成本的比重比其他物流活动大。运输决策涉及的范围很广泛，其中主要的是运输方式的选择、运输服务商的选择、运输路线的选择、运输计划的编制及运输能力的配备等问题。

① 运输方式选择

现代化的综合运输体系是由五种运输方式以及各种相应的配套设施组成的，在商品生产的市场经济体制下，运输市场上各种运输方式之间不可避免地存在着激烈的竞争。一方面，各种运输方式均拥有自己固有的技术经济特征及相应的竞争优势；另一方面，各种方式在运输市场需求方面本身拥有多样性，这实际上就为各种运输方式在社会经济发展过程中营造了各自的生存及发展空间。

各种运输方式的技术经济特征主要包括运输速度、运输工具的容量、线路的运输能力、运输成本、经济里程、环境保护等。各种运输方式的技术经济特性如表 6-1 所示。

表 6-1　各种运输方式的技术经济特性

运输方式	技术经济特点	运输对象
铁路	初始投资大，运输容量大，成本低廉，占用的土地多，连续性强，可靠性好	适合于大宗货物、大件杂货等的中长途运输
公路	机动，适应性强，短途运输速度快，能源消耗大，成本高，空气污染严重，占用的土地多	适合于短途、零担运输，门到门的运输
水路	运输能力大，成本低廉，速度慢，连续性差，能源消耗及土地占用都较少	适合于中长途大宗货物运输，国际货物运输
航空	速度快，成本高，空气和噪声污染严重	适合于中长途及贵重货物运输，保鲜货物运输
管道	运输能力大，占用土地少，成本低廉，连续输送	适合于长期稳定的流体、气体及浆化固体物运输

A. 运输速度

物流运输是货物的空间位移，以什么样的速度实现它们的位移是物流运输的一个重要技术经济指标。决定各种运输方式运输速度的一个主要因素是该运输方式载体能达到的最高技术速度。运输载体的最高技术速度一般受到载体运动的阻力、载体的推动技术、载体材料对速度的承受能力以及与环境有关的可操纵性等因素的制约。运输工具的最高技术速度决定于通常的地面道路交通环境下允许的安全操作速度。各种运输方式由于经济原因而采用的技术速度一般要低于最高技术速度，经济性对速度特别敏感的水路运输方面尤其如此。

目前，我国各种运输方式的技术速度分别是：铁路 80～160 千米/小时，海运 10～25 千米/小时，河运 8～20 千米/小时，公路 80～120 千米/小时，航空 900～1000 千米/小时。科学技术的发展使各种运输方式的技术速度不断提高。在运输实践中，旅客和货物所能得到的服务速度是低于运输载体的技术速度的。

就运输速度而言，航空速度最快，铁路次之，水路最慢。但在短距离的运输中，公路运输具有灵活、快捷、方便的绝对优势。

B. 运输工具的容量及线路的运输能力

由于技术及经济的原因，各种运输方式的运载工具都有其适当的容量范围，这决定了运输线路的运输能力。公路运输由于受道路的制约，其运载工具的容量最小，通常载重量是 5～10 吨。我国一般铁路的载重量是 3000 吨。水路运输的载重能力最大，从几千吨到几十万吨的船舶都有。

C. 运输成本

运输成本主要由四项内容构成：基础设施成本、转动设备成本、营运成本和作业成本。以上四项成本在各种运输方式之间存在较大的差异。

D. 经济里程

经济性是衡量交通运输方式的重要标准。经济性是指单位运输距离所支付票款的多少（对交通需求者来说）。交通运输经济性状况除了受投资额、运输额等因素影响外，主要与运输速度及运输距离有关。一般来说，运输速度与运输成本有很大的关系，表现为正相关关系，即速度越快、成本越高。

运输的经济性与运输距离有着紧密的关系。不同的运输方式的运输距离与成本之间的关系有一定的差异。如铁路的运输距离增加的幅度要大于成本上升的幅度，而公路则相反。

E. 环境保护

运输业是造成环境污染的主要产业之一，运输业产生环境污染的直接原因有以下几个方面。

第一，空间位置的移动。在空间位置移动的过程，移动所必需的能源消耗以及交通运输移动体的固定部分与空气发生接触，从而产生噪音振动、大气污染等。空间位置移动本身不仅造成环境破坏，重要的是伴随着交通污染源的空间位置移动，它会不断地污染环境，并扩散到其他地区，造成大面积的环境污染和破坏。

第二，交通设施建设。交通设施建设往往破坏植被，改变自然环境条件，破坏生态环境的平衡。

第三，载运的客体。旅客运输中因将大量塑料饭盒等废弃物扔在交通沿线上，产生大量的"白色垃圾"。运输工具动力装置排出来的废气是空气的主要污染源，在人口密集的地区尤为严重。汽车运输排放的废气严重影响空气的质量，油船溢油事故严重污染海洋，公路建设大量占用土地，对生态平衡产生影响，使人类生存环境恶化。

② 影响运输方式选择的因素分析

在各种运输方式中，如何选择适当的运输方式是物流合理化的重要问题。一般来讲，应根据物流系统要求的服务水平和可以接受的物流成本来决定，可以使用一种运输方式，也可以采用联运的方式。

确定运输方式，可以在考虑具体条件的基础上，对下面五项具体项目作认真研究和考虑。

A. 货物品种

货物品种及性质、形状，应在包装项目中加以说明，选择适合这些货物特性和形状的运输方式。

B. 运输期限

运输期限必须与交货日期相联系，以保证及时运输。必须调查各种运输工具需要的运输时间，根据运输时间来选择运输工具。运输时间的快慢一般情况下依次为航空运输、汽车运输、铁路运输、船舶运输。各种运输工具可以按照它的速度编组来安排日期，加上它的两端及中转的作业时间，就可以计算所需要的运输时间。

C. 运输成本

运输成本因货物的种类、重量、容积、运距不同而不同。而且，运输工具不同，运输成本也会发生变化。在考虑运输成本时，必须考虑运输费用与其他物流子系统之间存在着互为利弊的关系，不能单从运输费用出发来决定运输方式，而要从全部的总成本出发来考虑。

D. 运输距离

从运输距离看，一般情况下可以依照以下原则：300 千米以内用汽车运输，300～500 千米用铁路运输，500 千米以上用船舶运输。

E. 运输批量

运输批量方面，因为大批量运输成本低，应尽可能使商品集中到最终消费者附近，选择合适的运输工具进行运输是降低成本的好方法。

在选择运输方式时，保证运输的安全性是选择的首要条件，它包括人身、设备和被运货物等的安全。为了保证被运输货物的安全，首先应了解被运物资的特性，如重量、体积、贵重程度、内部结构及其物理化学特性（易燃、易碎、危险性等），然后选择安全可靠的运输方式。

物资运输的在途时间和到货的准时性是衡量运输效果的一个重要指标。运输时间的长短和到货的准确性不仅决定着物资周转的快慢，而且对社会再生产能否进行影响较大。运输不及时，有时会给国民经济造成巨大的损失。

运输费用是衡量运输效果的综合标准，也是影响物流系统经济效益的主要因素。一般来说，运输费用和运输时间是一对矛盾体，速度快的运输方式一般费用较高；与此相反，运输费用低的运输方式速度较慢。

2. 电子商务物流装卸

装卸与运输对物流都是非常重要的内容。装卸活动在物流活动中出现的频率是最高的，它的效率直接关系到物流整体效率；运输又是物流不可缺少的环节，运输成本是目前物流总成本中最大的成本项目，因此，实现运输合理化并做出正确的运输决策对物流企业来说是至关重要的。

（1）装卸的概念

装卸是指物品在指定地点靠人力或机械装入运输设备或卸下。装卸是物流过程中对于保管物资和运输两端物资的处理活动，具体来说，包括物资的装载、卸货、移动、货物堆码上架、取货、备货、分拣等作业以及附属于这些活动的作业。

与装卸相类似的词汇还有搬运，一般来说，搬运是指物体在区域范围内发生的以水平方向为主的短距离的位移运动形式；装卸指以垂直位移为主的实物运动形式。广义的装卸则包括了搬运活动。

装卸活动是物流各项活动中出现频率最高的一项作业活动，装卸活动的效率，直接影响到物流整体效率。虽然装卸活动本身并不产生效用和价值，但是，由于装卸活动对劳动力的需求量大，需要使用装卸设备，因此物流成本中装卸费用所占的比重较大。装卸活动的合理化对于物流整体的合理化至关重要。

（2）装卸的种类

① 装卸形态的种类

装卸是附属于货物的运输和保管作业活动，在运输过程中要伴随着向货车的装货和卸货等作业活动，在货物保管过程中伴随着仓库和货场的入出库等作业活动，这些作业活动在功能方面构成运输和保管的一部分。装卸形态的种类，如表 6-2 所示。

表 6-2　装卸活动的种类

分类	装卸种类
按设施或场所分类	1. 企业自有物流设施内的装卸：工厂、自家用仓库、配送中心等设施、场所的装卸活动 2. 公共物流设施内的装卸：卡车中转站、港湾、铁路车站、空港、仓库等设施、场所内的装卸活动
按运输手段分类	1. 卡车装卸　2. 铁路货车装卸　3. 船舶装卸　4. 飞机装卸
按货物形状分类	1. 单件货物装卸　2. 单元货物装卸　3. 散装货物装卸
按装卸机械分类	1. 传送机装卸　2. 起重机装卸　3. 叉车装卸　4. 各种装货机装卸等

② 装卸作业活动的分类

装卸作业活动大部分是在物流节点设施内进行的，物流中心内主要的装卸作业活动的种类，如表 6-3 所示。

表 6-3　装卸作业的种类

作业名称		作业说明
堆拆作业	堆装作业	堆装是把物品从预先放置的场所移动到卡车等运输工具或仓库等保管设施的指定场所，按照所规定的位置和形态码放的作业
	拆装作业	拆装堆装相反的作业
	堆垛作业	堆垛主要是指仓库等节点设施的入库作业中，高度在 2m 以上的货物堆码作业
	拆垛作业	拆垛是与堆垛的相反作业
分拣备货作业	分货作业	分货是指在堆装、拆装前后或配货前发生的作业。按照货物的种类、入出单位类别、运送方向等类别划分区域，将货物堆码到指定位置的作业
	配（备）货作业	配货是指向卡车等运输工具的装载货、从仓库保管设施的出库作业之前的作业，即将货物从所指定的位置，按照货物种类、作业先后次序、发货对象等分类取货、堆码在规定场所的作业。这种作业方式有摘果式和播种式两种
搬送移送作业	搬送作业	搬送作业是指为进行上述各种作业，包括水平、垂直、斜向及其组合
	移送作业	搬送作业中，设备、距离、成本等方面在移动作业中占比例高的作业活动

（3）装卸搬运机械

装卸搬运机械是指工厂内、仓库、货物中转中心、配送中心等物流现场用来从事货物装卸托运用的各种机械设备的总称。

伴随着技术进步和机械工业的发展，在物流领域，机械装卸搬运逐渐取代人背肩扛的原始作业方式，现代装卸托运机械的使用得到普及。装卸机械化成为实现装卸合理化、效率化和活力化的重要手段。

具体来说，装卸机械化带来的益处是：依靠人力所难以完成的重量物体的移动和处理变得简单易行；依靠人工作业非常困难的散装货物、危险品货物等的处理变得容易、安全；实现比人工作业更大范围的作业；比人工作业速度快、效率高；使装卸作业的自动化、省力化成为可能。

采用机械化作业和选用装卸机械时，要与作业环境、作业量及其时间分布、货物特性以及使用机械的经济性等因素结合起来考虑，以便使机械发挥最大的效益。装卸搬运作业中使用的主要机械种类，如表6-4所示。

表6-4　主要装卸搬运机械的种类

机械类型	设备名称	工作特征
装卸搬运车辆	1.　叉车 2.　人力搬运车（台车、手推车、手动液压托盘搬运车、升降式搬运车） 3.　动力搬运车（轨道无人搬运车、牵引车、挂车、底盘车）	底盘上装有起重、输送、牵引、承载装置，可以在设施内移动作业
连续输送机械	1.　带式输送机　　2.　辊子输送机 3.　悬挂输送机　　4.　斗式提升机 5.　振动输送机	连续动作、循环运动、持续负载、线路一定
散装作业法用机械	1.　斗式类型装载机　2.　斗轮类型装载机 3.　抓斗类型装载机　4.　倾翻类型卸车机 5.　连续输送机	用来装载搬运散装货物
起重机械	1.　轻小起重设备（葫芦、绞车） 2.　升降机（电梯、升降机） 3.　起重机（桥式类型起重机、门式类型起重机、臂式类型起重机、梁式类型起重机）	间歇动作、重复循环、升降运动，使货物在一定范围内上下、左右、前后移动
自动分拣机械	1.　押出式　　2.　浮出式 3.　斜行式　　4.　倾斜落下式	在计算机的控制下连续动作，将不同的货物搬运到各自被指定的位置

装卸搬运机械选择要在考虑货物的特性、作业的特性、机械特性、作业环境以及经济性等方面的因素后，做出综合判断，以便使机械发挥出最大的效益。

① 货物的特性

货物的特性是指货物的种类，如散货、包装货物等。

② 作业特性

作业特性是指作业的性质，如作业量、季节变动、流动性、理货的种类、搬运距离和范围、运输手段的种类、批量的大小、输配送的特性等。装卸搬运机械的选择应该与上述作业特性相适应。

③ 环境特性

作业环境特性是指设施属于专用还是公用，属于本企业设施还是借用设施，还包括货物的流程、设施的配置、建筑物的构造、站台的高低、地面的承重等各种因素。

④ 装卸机械特性

装卸机械特性是指装卸机械的安全性、信赖性、性能、弹性、机动性、耗能、噪声、公害等因素。

⑤ 经济性

对以上因素分析后，最终还要从经济性的角度加以分析，在多个适用方案中选择出最优方案。

（4）装卸搬运合理化

装卸搬运环节是在物流各环节的连接点上进行的，因此，合理地设计连接的时间地点使其配合，尽量避免不必要的装卸，才能避免在搬运中浪费时间，减少因装卸而造成的物品破坏、损坏等。为此，装卸搬运作业应追求合理化。

① 基本原则

要实现装卸搬运合理化，必须遵循以下原则。

A. 减少装卸搬运环节，降低装卸搬运作业次数

虽然装卸搬运是物流过程所不可避免的作业，但是装卸搬运本身有可能成为玷污、破损等影响物品价值的原因，如无必要，应该将装卸搬运的次数控制在最小范围内。通过合理安排作业流程、采用合理的作业方式、仓库内合理布局以及仓库的合理设计等来实现物品装卸搬运次数最小化。

B. 移动距离（时间）最小化原则

搬运距离的长短与搬运作业量大小和作业效率是联系在一起的，在货位布局、车辆停放位置、入出库作业程序等设计上应该充分考虑物品移动距离的长短，以物品移动距离最小化为设计原则。

C. 提高装卸搬运的灵活性原则

在组织装卸搬运作业时，应该灵活运用各种装卸搬运工具和设备，前道作业要为后道作业着想。物品所处的状态会直接影响到装卸和搬运的效率，在整个物流过程中物品要经过多次装卸和搬运，前道的卸货作业与后道的装载或搬运作业关系密切。如果卸下的物品零散地码放在地上，在搬运时就要一个一个搬运或重新码放在托盘上，这就增加了装卸次数，降低了搬运效率。如果卸货时直接将物品堆码在托盘上，或者运输过程中就是以托盘为一个包装单位，那么，就可以直接利用叉车进行装卸搬运作业，实现装卸搬运作业的省力化和效率化。同样，在进出库作业中，利用传送带和货物装载机装卸货物也可以达到省力化和效率化的目的。

D. 单元化

单元化原则是指将物品集中成一个单位进行装卸搬运的原则。单元化是实现装卸合理化的重要手段。物流作业中广泛使用托盘，通过叉车与托盘的结合提高装卸托运的效率。通过单元化不仅可以提高作业效率，而且还可以防止货物损坏和丢失，使数量的确认也变得更加容易。

E. 机械化

机械化原则是指在装卸托运作业中用机械作业替代人工作业的原则。实现作业的机械化是实现活力化和效率化的重要途径，通过机械化改善物流作业环境，将人从繁重的体力劳动中解放出来。机械化的原则同时也包含了将人与机械合理地组合到一起，发挥各自的长处。在许多场合，简单机械的配合同样可以达到活力化和提高效率的目的。当然，机械化的程度除了与技术因素有关外，还与物流费用的承担能力等经济因素有关。片面强调全自动化会造成物流费用的膨胀，在经济上难以承受。发达

国家物流领域机械化程度高的主要原因是劳动力的费用高昂以及存在劳动力不足的问题，与其使用人工作业不如在作业机械上增加投资，通过机械的使用节约劳动力费用。但在我国却并不是这样，许多完全可以依靠人工或简单机械来完成的装卸作业，改由机械或自动化机械去完成就会显得很浪费。因此，不能盲目地同发达国家攀比，要充分考虑物流费用承受力。

F. 标准化

标准化有利于节省装卸作业的时间，提高作业效率。在装卸搬运中，应对装卸搬运的工艺、作业、装备、设施及货物单元等制定统一标准，使装卸搬运标准化。

G. 系统化

系统化原则是指将各个装卸搬运活动作为一个有机的整体实施系统化的管理。也就是说，运用综合系统化的观点，提高装卸搬运活动之间的协调性，提高装卸搬运系统的整体功能，以适应多样化、高度化物流需求，提高装卸托运效率。

② 装卸搬运合理化的途径

装卸搬运合理化的途径主要有以下几种。

A. 防止无效装卸

无效装卸的含义是指有用货物必要装卸劳动之外的多余装卸劳动。无效装卸会减缓物流速度，耗费劳动力，增加物流费用。

B. 防止过多的装卸次数

装卸次数是指产品生产和流通过程中发生装卸作业的总次数。对企业物流而言，从原材料进厂卸车到成品入库，要发生若干次装卸作业；对于社会物流而言，从成品装车到进入消费，也要发生多次装卸。每一次装卸就意味着要耗费一定的人力和物力，过多的不必要装卸无疑会大大增加装卸成本，延长物流时间。因此，尽量减少装卸次数，是装卸合理化的主要内容之一。

C. 防止过大的包装装卸

包装是物流中不可缺少的辅助手段。包装过大，会使装卸搬运增加作用于包装上的无效劳动。而包装的轻型化、简单化和实用化则可不同程度地减少作用于包装上的无效劳动。

D. 防止无效物质的装卸

进入物流过程的货物，有时混杂着没有使用价值的杂物，如矿石中的水分、杂质等。在货物反复装卸时，实际上也对这些无效物质反复消耗劳动，形成消费，增加费用。

E. 利用重力作用，减少能量消耗

在装卸时，考虑重力因素，利用货物本身的重量，进行一定落差的装卸，以减轻劳动力和其他能量消耗，这是合理化的重要方式。例如，对火车、汽车进行卸车时，利用力学斜面原理，使用滑板、滑槽等，使货物从高处降至低处，完成货物的卸车作业。这种方法不需要复杂的设备，不耗能源，可大大减轻人员的劳动强度。

F. 提高货物装卸搬运活性及运输活性

装卸搬运活性的含义是指从物的静止状态转变为装卸搬运运动状态的难易程度。容易转变为下一步装卸搬运而不需要过多地做装卸搬运前的准备工作，活性就高；反之，活性就低。货物的运输活性是指装卸搬运操作时直接为运输服务，使货物在下一步直接转入运输状态的难易程度。运输活性越高，货物越容易进入运输状态，能带来越短运输时间的效果。在装卸搬运作业中，对待运物品，应尽量使之处于易于移动的状态，将货物整理成堆或放置在托盘上、车上、运输带上，以提高搬运活性和运输活性，缩短在搬时间，提高搬运速度。装卸搬运活性指数可用 0～4 共 5 个级别表示，如表6-5所示。

表 6-5　装卸搬运活性指数

编号	物品状态描述	装卸搬运活性指数
1	零散地放在地面	0
2	已被成捆地捆扎或集装起来	1
3	被置于箱内、装码到托盘或送货小车上	2
4	装载到台车上或起重机等机械上，处于可移动状态	3
5	码放到传送带上，已被起动，处于直接作业状态	4

G. 合理选择装卸搬运方式，节省体力消耗

装卸搬运过程中，必须根据货物的种类、性质、形状及重量来确定装卸搬运方式，节省人工体力劳动消耗，提高装卸效益。在装卸中，对货物的处理大体有三种方式：一是"分块处理"，即按普通包装对货物逐个进行装卸；二是"散装处理"，对粉粒状货物不加小包装进行原样装卸；三是"单元组合"，即货物以托盘、集装箱为单元进行组合后装卸。单元组合时，可充分利用机械操作，提高作业效率。

3. 仓储管理

（1）仓库的概念

仓库是保管、存储物品的建筑物和场所的总称，是随着物资储备的产生而产生的。现代仓库作为物流服务的据点，在物流作业中发挥着重要的作用。它不仅具有储存、保管等传统功能，而且包括拣选、配货、检验、分类等作业功能，并具有多品种小批量、多批次小批量等配送功能以及附加标签、重新包装等流通加工功能，图 6-9 所示为京东商城的仓库。

图 6-9　京东商城仓库

（2）仓库的类型

按照特定的分类标准，仓库有许多不同的类型。

① 按仓库在社会再生产过程中所处的领域分：A. 生产领域仓库（生产仓库或企业仓库），用于存放生产储备物品，以保证企业生产正常进行而建立的仓库，这类仓库主要用于存放企业生产所需的各种原材料、设备、工具等，并存放企业生产的产品，按其存放物品的性质不同又可分为原材料仓库

和成品仓库；B. 中转仓库（储运仓库），专门人事物品储存和中转业务的仓库，属于流通领域的仓库；C. 国家储备仓库，用于存放国家储备物资的仓库，国家储备物资是较长时间脱离周转的物资，这类物资同样也处在流通领域，因此，国家储备仓库也属于流通领域的仓库。

② 按储存物资的种类分：A. 综合性仓库，综合性仓库又称通用型仓库，即在一个仓库里储存多种不同属性的物资，在综合性仓库里，所储存的各种物资的物理、化学性质必须是互不影响的；B. 通用仓库，储存一般工业品、农副产品的仓库，它仅具有进出库、装卸、搬运、商品养护、安全要求等一般的技术设施，无保温空调等特殊性装备，由于它可以存放各种一般的商品，因此，适应性较强，利用率较高，在流通领域仓库中所占比重较大；C. 专业性仓库，在一定时期内，一个仓库里只存放某一大类物品，或虽然储存两类以上的物品，但其中某一类物资的数量占绝大多数，如金属材料仓库、机电设备仓库等。专业性仓库存放的物资单一，比较容易实现仓库作业的机械化和自动化。

③ 按储存物资的保管条件分：A. 普通仓库，也称通用仓库，指用于储存无特殊保管要求的物品的仓库，这类仓库一般储存工业品、农副产品，如一般黑色金属材料和机电产品。具有一般商品的储存空间，变通的装卸、搬运、堆码、养护技术等设施，普通仓库的实用性强、应用广泛、利用率高，在我国仓库数量中占很大的比例；B. 专用仓库，是指具有专门设施，用于储存某种或某类要求特殊储存条件商品的仓库，这类仓库是根据商品的特殊保管养护要求设计制造的，如茶叶、卷烟、食糖、粮食、化肥、农药、蔬菜、水产品、牲畜等，由于它们的性能比较特殊，故单独储存，可以防止串味，保证质量。在仓库技术设施上，根据各种商品性质不同，安装不同装备。例如，保温仓库是指仓库里设有采暖设备，能使库房保持一定温度，用于存放有保温要求的物品的仓库；恒温仓库是指能使库房保持一定温度和湿度，用于存放要求恒温、恒湿的物品的仓库；高精密仪器仓库是指库房有防尘、防震、防潮设备，并有恒温装置，用以存放高级精密仪器、仪表的仓库；冷藏仓库是能使库房内保持低温，用于保管怕热、需保鲜的物资的仓库。此类仓库还多用于仪器、医疗等行业；C. 特殊仓库，一般是指危险品仓库，用以存放具有易燃性、易爆性、腐蚀性、有毒性和放射性等对人体或建筑物有一定危险的物资的仓库，在库房建筑结构及库内布局等方面有特殊要求，还必须远离工厂和居民区。

④ 按库房结构特点分：A. 地面仓库，库房建筑在地面以上的仓库，这是目前最普遍的仓库种类；B. 地下仓库，储存建筑物建在地面以下的仓库，多数是坑道油库；C. 半地下仓库，建筑一部分建在地面以下，另一部分凸出地面的仓库。

（3）仓储管理

仓储传统上就是在物流的各个阶段存储产品（存货）。现如今，有两种基本类型的存货可以存储：原材料、零部件（实物供应），最终产品（实物配送）。也可能有半成品存货和物料被处理和循环利用，但在绝大多数公司中它们仅占总存货很少的一部分。

仓储是每一个物流系统不可缺少的部分。全世界大约有 75 万个仓库设施，包括专业管理仓库、公司仓库、车库、私人仓库，甚至花园小屋。仓储在用尽可能低的总成本提供理想的客户服务水平方面起着重要的作用。仓储是生产者和消费者之间的重要纽带。近年来，仓储已经从公司物流系统的相对次要的方面发展成为重要的职能之一。

我们可以将仓储（warehousing）定义为公司物流系统的一部分，它从初始点到消费点存储产品（原材料、零部件、半成品、成品），提供存储状态、条件和处置等信息。配送中心（Distribution Center，DC）这一术语有时也使用，但它们并不相同。仓库（Warehouse）是更一般的概念。

① 仓储管理的内容

仓储管理是指服务于一切库存物资的经济技术方法与活动。很明显，仓储管理的对象是一切库存物资，管理的手段既有经济的，又有纯技术的，具体包括以下几个方面的内容。

A．仓库的选址与建设问题。例如仓库的选址原则，仓库建筑面积的确定，库内运输道路与作业的布置等。

B．仓库机械作业的选择与配置问题。例如，如何根据仓库作业特点和所储存物资的种类及其理化特性选择机械装备及确定应配备的数量，如何对这些机械进行管理等。

C．仓库的业务管理问题。例如，如何组织物资入库前的验收、存放入库物资，如何对在库物资进行保管保养、发放出库等。

D．仓库的库存管理问题。例如，如何根据企业生产需求状况，储存合理数量的物资，既不致因为储存过少引起生产中断造成损失，又不致储存过多占用过多流动资金等。

② 仓储管理的基本任务

仓储在宏观方面的任务是进行资源的合理配置及储存，为我国的市场经济发展及现代化建设建立一个科学合理的仓储网络系统。

仓储管理在微观方面的任务是提高企业的仓储效率，降低储运成本，减少仓储损耗。具体有以下几个方面。

A．合理组织收发，保证收发作业准确、迅速、及时，使供货单位及用户满意。

B．采取科学的保管保养方法，创造适宜的保管环境，提供良好的保管条件，确保在库物品数量准确、质量完好。

C．合理规划并有效利用各种仓储设施，搞好革新、改造，不断扩大储存能力，提高作业效率。

D．积极采取有效措施，保证仓储设施、库存物品和仓库职工的人身安全。

E．搞好经营管理，开源节流，提高经济效益。

4．电子商务物流包装与流通加工

（1）包装的特性与功能

包装有三大特性，即保护性、单位集中性及便利性，这三大特性具有保护商品、方便物流、促进销售、方便消费四大功能。

保护商品作为包装的首要功能和基本属性。只有对产品进行有效的保护，才能使商品在不受损失的情况下完成流通过程，实现所有权的转移。若由于包装的不合理，使得在实际流通过程中，未能有效地保护商品，导致商品破损变形如计算机主机运到时凹凸不平，显示器屏幕破碎，书籍受潮等，而一旦发生以上情况，商品虽然也从生产者转到消费者手中，却不能完全实现甚至根本无法实现其所有权的转移，因为商品价值已部分降低或完全丧失了。不仅使得物品的自身价值得不到体现，还要加上之前的维护费用，运费等附加成本全部付诸东流。由此可见商品的完整性是物流的基本条件，也是商品所有权转移的必要保证，包装则是满足此要求的唯一途径。

包装在保护商品自身的同时，也相应考虑到保护运输工具或同一运输工具上的其他商品。如油漆等物质商品包装不当而污染了车厢及其他物品，鲜活畜类包装不当导致粪便污染了飞机等案例也时有发生。这就要求在包装过程中全面地进行考虑，从一个全局的方向作出合适的选择，包括包装的材料、包装的方式以及包装的设计等。

其次，包装有将商品以某种单位集中的功能，即单元化功能。将商品包装成大小不同的单位，用以方便物流和方便商品交易。

除上述几点以外，包装还有方便消费、促进销售、防止丢失散失盗失等功能。好的包装设计能够吸引消费者目光，提升产品品牌形象，扩大销售量，提高市场占有率，便于管理。包装作为物流活动的起点和根本，应当予以更多的重视。

（2）流通加工

生产是通过改变物的形态来创造价值，流通则是保持物的原有形态和使用价值。但是，随着流通现代化的发展，上述概念已发生了很大变化。现在，工业发达国家广泛开展流通过程中的加工活动，以使流通过程更加合理。流通加工这一新事物之所以会得到很大的发展，是因为在社会生产中，生产环节的加工活动往往不能完全满足消费（或再生）的需要。从生产方面，要想保持生产的高效率，要想使产品顺利地流通，产品的规模就不能太复杂；而从消费方面，则要求产品是多种多样的。因此，需要对生产出来的定型产品再作进一步加工。这种加工过去往往是由用户来进行的，有很多缺点，如设备的投资大、利用率低、物资利用率不高、加工质量差等。于是，人们就将这种加工从生产和使用环节中抽出来，设置于流通环节，这就诞生了流通加工。

流通加工是流通中的一种特殊形式。流通加工是为了弥补生产过程中的加工不足，更有效地满足用户或本企业的需要，使产需双方更好地衔接，将这些加工活动放在物流过程中完成，而成为物流的一个组成部分。

流通加工是在物品从生产领域向消费领域流动的过程中，为促进销售、维护产品质量和提高物流效率，对物品进行加工。使物品发生物理、化学的变化。

流通加工和一般的生产型加工在加工方法、加工组织、生产管理方面并无显著区别，但在加工对象、加工程度方面差别较大，其差别的主要点在以下几方面。

① 加工对象的区别

流通加工的对象是进入流通过程的商品，具有商品的属性。以此来区别多环节生产加工中的一环。流通加工的对象是商品而生产加工的对象多是原材料、零配件、半成品等。

② 加工程度的区别

流通加工的程度大多是简单加工，而不是复杂加工，一般来讲，如果必须进行复杂加工才能形成人们所需的商品，那么，这种复杂加工应专设生产加工过程。生产过程理应完成大部分加工活动，流通加工对生产加工则是一种辅助及补充。特别需要指出的是，流通加工绝不是对生产加工的取消或代替。

③ 附加价值的区别

从价值观点看，生产加工的目的在于创造价值及使用价值，而流通加工则在于完善其使用价值并在不做大改变的情况下提高价值。

④ 加工责任人的区别

流通加工的组织者是从事流通工作的人，能密切结合流通的需要进行这种加工活动，从加工单位来看，流通加工由商业或物资流通企业完成，而生产加工则由生产企业完成。

⑤ 加工目的的区别

商品生产是为交换、为消费而生产的，流通加工的一个重要目的，是为了消费（或再生产）所进行的加工，这一点与商品生产有共同之处。但是流通加工有时候也是以自身流通为目的，纯粹是为流通创造条件，这种为流通所进行的加工与直接为消费进行的加工从目的来讲是有区别的，这又是流通加工不同于一般生产的特殊之处。

流通加工在社会再生产中处于生产和消费之间，与其他流通环节共同构成了生产和消费的桥梁和纽带。但是以其自身所具有的生产特征和特殊地位，又与其他流通环节存在明显差别。

① 流通加工与商流的采购、销售相比具有明显的生产特征。

② 流通加工与物流的包装、储存、运输等环节相比，它改变着流通客体的物理形态甚至化学性能。

③ 流通加工的目的和结果是以消费者为导向的，它比其他物流功能更接近消费领域和生产企业，

这在生产与消费之间个性化的矛盾日益突出的今天意义尤其明显。

④ 流通加工的不断发展和在不同领域的深化，引发和催化了"流通加工产业"的形成。例如"净菜""冷冻食品"产业等，均与流通加工相联系。

（3）流通加工常见的加工形式

流通加工的形式有三种。

① 为了运输方便，如铝制门窗、自行车、缝纫机等如果在制造厂装配成完整的产品，那么，在运输时将耗费很高的运输费用。一般都是将它们的零部件，如铝制门窗框架的杆材，自行车车架和车轮分别集中捆扎或装箱，到达销售地点或使用地点以后，再分别组装成成品，这样运输既方便又经济。而作为加工活动的组装环节是在流通过程中完成的。

② 由于用户需要的多样化，必须在流通部门按照顾客的要求进行加工，如平板玻璃以及铁丝等，在商店根据顾客需要的尺寸临时配置。

③ 为了综合利用，在流通中将货物分解、分类处理。例如猪肉和牛肉等在食品中心进行加工分装，将肉、骨、内脏等分离，其中肉只占一定比例，这样向零售店输送时就能大大提高输送效率。骨头则送往饲料加工厂，制成骨粉加以利用。

流通加工作业是商品配送作业的增值性业务。它能起到满足各环节的多样化需求，保护商品、提高配送效率以及促进销售的作用。

5. 电子商务物流配送与配送中心

（1）配送的概念

配送是英文 Delivery 的意译，根据国家标准《物流术语》（GB/T 18354—2001），配送的定义为："在经济合理区域范围内，根据用户要求，对物品进行拣选、加工、包装分割、组配等作业，并按时送达指定地点的物流活动。"配送是以社会分工为基础的，综合性、完善化和现代化的送货活动，是物流中一种特殊的、综合的活动形式。

配送使商流与物流紧密结合，它既包含了商流活动和物流活动，也包含了物流中若干功能要素。从物流来讲，配送是物流的一个缩影或在某小范围中物流全部活动的体现。一般的配送集装卸、包装、保管、运输于一身，通过这一系列活动完成将货物送达的目的。特殊的配送则还要以加工活动为支撑，包括的方面更广。但是，配送的主体活动与一般物流却有所不同，一般物流是运输及保管，而配送则是运输及分拣配货。分拣配货是配送的独特要求，也是配送中有特点的活动，以送货为目的的运输则是最后实现配送的主要手段。

从商流来讲，配送和物流不同之处在于，物流是商物分离的产物，而配送则是商物合一的产物，配送本身就是一种商业形式。虽然配送具体实施时，也有以商物分离形式实现的，但从配送的发展趋势看，商流与物流越来越紧密地结合，是配送成功的重要保障。

配送应以最合理的方式进行，不宜过分强调"按用户要求"进行，因为用户受自身的局限所提的要求，有时会损害自我或双方的利益。对于配送者来讲，必须以"要求"为据，但是不能盲目，应该追求合理性，进而指导用户，实现共同受益的商业原则。

（2）配送的类别

在不同的市场环境下，为适应不同的生产需要和消费需要，配送往往表现出不同的形态。根据配送形态上的差异情况，配送可进行以下分类。

① 根据结点差异进行分类。A. 配送中心配送。一般来说，配送中心的经营规模都比较大，其设施和工艺结构是根据配送活动的特点和要求专门设计和配置的，并且专业化、现代化程度比较高。由

于配送中心是专门从事货物配送活动的流通企业，因此，它的设施、设备比较齐全。与此相关，其货物配送能力也比较强。具体表现是：不仅可以进行远距离配送，而且可以进行多品种货物的配送；不仅可以向工业企业配送主要原材料，而且可以向批发商进行补充性货物配送。B．仓库配送。这对于配送活动的组织者来说，是其职能的扩大化。在一般情况下，仓库配送是利用仓库原有的设备、设施开展业务活动。由于传统仓库的设施和设备不是按照配送活动的要求专门设计和专门配置的，所以在利用原有设施和设备时，必须对它进行技术改造。C．商业门店配送。在流通实践中，商店配送有兼营和专营两种运作形式。兼营配送是从事销售活动的商店，除了批发、零售商品以外，还兼营从事配送活动。其做法是：根据顾客的要求，将本店经营的商品配齐，或者代顾客外购一部分本店平时不经营的商品，然后和本店经营的商品配备在一起，单独或与期货企业合作运送货物到用户家里。专营配送指的是商店不从事销售活动，而是凭借其原有资源渠道等优势专门从事配送活动，为零星需要者提供物流服务。通常商店所处的地理位置不好，不适宜门市销售而又有经营优势时，可采用这种经营方式。

② 根据配送对象的种类和数量进行分类。A．单品种大批量配送。生产企业所需要的物资种类繁多，在向这类用户供货时，就发货量而言，有些物资，单独一个品种或几个品种即可凑成一个装卸单元，达到批量标准，这种物资不需要再与其他产品混装同载，而是由专业性很强的配送组织进行大批量配送。这样的配送活动即为单品种大批量配送。我国开展的"工业配煤"配送活动实际上就属于这种类型的配送。B．多品种小批量配送。在现代社会，生产消费和市场需求纷繁复杂，不同的消费者其需求状况差别很大。有些生产企业，其产品所消耗的物资很多，但单位时间内每种物资的需求量又都不是很大，呈现出多品种、小批量、多批次的状态。因此，相应的配送体系要按照用户的要求，将所需要的各种物资选好、配齐，少量而多次地运达客户指定的地点。这种配送作业难度较大，技术要求高，使用的设备复杂，因而操作时要求有严格的管理制度和周密的计划进行协调。C．配套型配送。这是按照生产企业或建设单位的要求，将其所需要的多种物资配齐后直接运送到生产厂或建设工地的一种配送形式。通常，生产零配件的企业向总厂供应协作件时多采用这种形式配送物资。

③ 根据时间和数量差别进行分类：A．定时配送。定时配送是指配送企业根据与用户签订的协议，按照商定的时间准时配送货物的一种运动形式。在物流实践中，定时配送的时间间隔长短不等，短的仅几个小时，长的可达几天。目前在一些国家，定时配送有两种表现形态，即日配和看板供货。B．定量配送。定量配送是在一定的时间范围内（配送时间不严格限定），按照规定的批量配送货物的一种行为方式。定量配送的最大特点是：配送的货物数量是固定的，实际操作中可根据托盘、集装箱的载货量进行测算和定量。这种配送方式能够充分利用托盘、集装箱及车辆的装载能力，可以大大提高配送的作业效率。C．定时定量配送。定时定量配送即按照商定的时间和规定的数量配送货物的运动形式。它具有定时、定量两种配送方式的优点。由于这种形式的配送计划较强，准确度高，因此，它只适合于在生产稳定、产品批量大的用户中推行。D．定时定线路配送。定时定线路配送指按照运行时刻表，沿着规定的运行路线进行配送。实施这种配送，用户须提前提出供货的数量和品种，并且须按规定的时间和在确定的路线上收取货物。它适用于消费者比较集中的地区，并且一次配送的品种、数量不能太多，所以，这种方式又有一定的局限性。E．即时配送。即时配送是根据用户提出的时间要求和供货数量、品种及时地进行配送的形式。另外，由于即时配送完全是按照用户的要求运行的，客观上能促使需求者压缩自己的库存，使其货物的"经常库存"趋近于零。

（3）电子商务下的配送

电子商务下的配送是指配送企业采用网络化的计算机技术和现代化的硬件设备、软件系统及先进的管理手段，针对社会需求，严格地、守信地按用户的订货要求，进行一系列分类、编配、整理、分工及配货等理货工作，定时、定点且定量地交给没有范围限制的各类用户，满足其对商品的需求。这种配送使商品流通中较传统的配送方式更容易实现信息化、自动化、社会化、智能化、合理化和简单化，使货畅其流，物尽其用，既减少生产企业的库存，加速资金周转，提高配送效率，降低配送成本，又刺激了社会需求，有利于整个社会的宏观调控，也提高了整个社会的经济效益，促进市场经济的健康发展。

① 电子商务对物流配送的冲击和影响

电子商务以数字化网络为基础进行商品、货币和服务交易，目的在于减少信息社会的中间商业环节，缩短周期，降低成本，提高经营效率和服务质量，使企业有效地参与竞争。配送定位于为电子商务客户提供服务，需要根据电子商务的特点，对整个配送体系实行统一的信息管理和调度。这一先进的、优化的流通方式对流通企业提高服务质量、降低物流成本、优化社会库存配置，从而提高企业的经济效益具有重要意义。配送作为现代物流的一种有效的组织方式，代表了现代市场营销的主方向，因而得以迅速发展。电子商务对物流配送的冲击和影响可概述为以下几点。

A. 给物流配送观念带来深刻的革命

传统的物流配送企业需要置备一定面积的仓库，而电子商务系统网络化的虚拟企业将散置在各地的分属不同所有者的仓库通过网络系统连接起来，使之成为"虚拟仓库"，从而进行统一管理和调配，如此，服务半径和货物集散空间被扩大了。这样的企业在组织资源的速度、规模、效率和资源的合理配置方面都是传统的物流配送所不可比拟的，其相应的物流观念也必然是全新的。

B. 网络对物流配送的控制代替了物流配送管理程序

一个先进系统的使用，会给一个企业带来全新的管理方法。物流配送过程是由多个业务流程组成的，受人为因素和时间的影响很大。网络的应用可以实现整个过程的实时监控和实时决策。新型物流配送的业务流程都由网络系统连接。当系统的任何一个神经末端收到一个需求信息时，该系统都可以在极短的时间内作出反应，并可以拟定详细的配送计划，通知各环节开始工作。这一切工作都是由计算机根据人们事先设计好的程序自动完成的。

C. 物流配送的时间缩短，对物流配送速度提出了更高的要求

在物流配送管理中，由于信息交流的限制，完成一个配送过程的时间比较长，但这个时间随着网络系统的介入会变得越来越短，任何一个有关配送的信息和资源都会通过网络管理在极短的时间内传到有关环节。

D. 网络系统的介入，简化了物流配送的过程

传统物流配送的整个环节极为烦琐，但在网络化的新型物流配送中心里，它大大缩短了。在网络环境下，成组技术被广泛地使用，物流配送周期会缩短，其组织方式也会发生变化；计算机系统管理使整个物流配送管理过程变得简单和容易；网络上的营业推广使用户购物和交易过程变得更有效率、费用更低；提高了物流配送企业的竞争力；随着物流配送业的普及和发展，行业竞争的范围和残酷性大大增加，信息的掌握、信息的有效传播和其易得性，便利用传统方法获得超额利润的时间和数量会越来越少；网络的介入，使人们从简单的重复劳动中解放出来，计算机和网络代替人们完成那些机械的工作，人们有更多的时间和精力从事那些有激励、挑战性的工作，从而促成人的潜能得以充分发挥，人自我实现的需求得到充分的满足。

② 电子商务下物流配送的基本特征

电子商务下的配送除具备传统配送的特征外，还具备以下基本特征。A. 信息化。通过网络使配送由信息化来管理和控制。实行信息化管理是新型配送的基本特征，也是实现现代化和社会化的前提保证。B. 现代化。传统的配送虽然也具备相当的现代化程度，但要求并不是十分严格，与电子商务下的配送相比，无论在水平、范围及层次等方面都有很大的不足和缺陷。现代化程度的高低是区别新型

配送与传统配送的一个重要特征。C. 社会化。同现代化一样，社会化程度的高低也是区别新型配送和传统配送的一个重要特征。很多传统配送中心往往是某一企业为本企业或本系统提供配送服务而建立起来的，有些配送中心虽然也有为社会服务的业务，但与电子商务下的新型配送相比，其社会服务的局限性很大。

（4）电子商务下的配送中心

在网络化管理的新型配送中心中，大量的简单重复劳动由计算机和网络来完成，留给人们的是能够给人以激励、挑战的工作。在电子商务时代，信息化、现代化和社会化的新型配送中心具有以下几个特征。

① 配送反应速度快

新型配送服务提供者对上游、下游的配送需求的反应速度越来越快，前置时间越来越短，配送时间越来越短，配送速度越来越快，商品周转次数越来越少。

② 配送功能集成化

新型配送着重于将物流与供应链的其他环节进行集成，包括物流渠道与商流渠道的集成、物流渠道之间的集成、物流功能的集成以及物流环节与制造环节的集成等。

③ 配送服务系列化

电子商务下，新型配送除强调配送服务功能的恰当定位与完善化、系列化外，还在外延上扩展至市场调查与预测、采购及订单处理，向下延伸至配送咨询、配送方案的选择与规划、库存控制策略建议、货款回收与结算、教育培训等增值服务，在内涵上提高了以上服务决策的支持作用。

④ 配送作业规范化

电子商务下的新型配送强调功能作业流程的标准化和程序化，使复杂的作业变成简单的、易于推广与考核的动作。

⑤ 配送目标系统化

新型配送从系统角度统筹规划各种配送活动，处理好配送活动与商流活动及公司目标之间、配送活动相互之间的关系，不求单个活动的最优化，只求整体活动的最优化。

⑥ 配送手段现代化

电子商务下的新型配送使用先进的技术、设备与管理为销售提供服务，生产、流通和销售的规模越大，范围越广，配送技术、设备及管理就越需要现代化。

⑦ 配送组织网络化

为了保证对产品促销提供快速、全方位的物流支持，新型配送要有完善、健全的配送网络体系，网络上点与点之间的配送活动需保持系统性、一致性，这样可以保证整个配送网络有最优的库存总水平及库存分布，保证运输与配送的快捷、机动，既能铺开又能收拢。分散的配送单体只有形成网络才能满足现代生产与流通的需要。

⑧ 配送经营市场化

新型配送的具体经营遵循市场机制，无论是企业自己组织配送，还是采用第三方配送，都应以"服务—成本"的最佳配合为目标。

⑨ 配送流程自动化

配送流程自动化是指运送规格标准、仓储货、货箱排列装卸以及搬运等按照自动化标准作业，商品按照最佳配送路线移动。

⑩ 配送管理法制化

宏观上，要在健全的法规、制度和规则下配送；微观上，新型配送企业要依法办事，按章行事。

新型配送中心面对着成千上万的供应厂商和消费者以及瞬息万变的市场，承担着为众多用户的商品配送和及时满足他们不同需要的任务，这就要求新型配送中心必须具备以下条件。

① 高水平的企业管理

新型配送中心作为一种全新的流通模式和动作结构，其管理水平要求达到科学化和现代化。只有通过采用现代化的管理方法和手段进行科学的管理，才能确保配送中心基本功能和作用的发挥，从而保障相关企业和用户整体效益的实现。管理科学的发展为流通管理的现代化、科学化提供了条件，促进流通产业的有序发展和企业内部管理水平的提升，开拓了市场。同时，还要加强对市场的监管和调控力度，使之有序化和规范化。总之，一切以市场为导向，以管理为保障，以服务为中心，加快科技进步。

② 新型配送中心对人员的要求

新型配送中心能否充分发挥其各项功能和作用，完成其应承担的任务，人才配置是关键。为此，新型配送中心的人才配置要求是必须建立数量合理、具有一定专业知识和较强组织能力且结构合理的决策人员、管理人员、技术人员和操作人员队伍，以确保新型配送中心的高效运转。

③ 新型配送中心对装备配置的要求

新型配送中心必须配备现代化装备和应用管理系统，具备必要的物质条件，尤其是要重视计算机网络的运用。通过计算机网络可以广泛收集信息，及时进行分析比较，通过科学的决策模型，迅速做出正确的选择。同时采用现代化的配送设施和配送网络，进行专业化生产，促进社会化大流通格局的形成。具体来说，新型配送中心需要配置以下设备装置：A. 硬件系统。包括仓储工具（如料架、栈板、电动堆高机、拣货台车、装卸省力设备和流通加工设备等）、配动设备（如厢式大小货车、手推车等）、咨询设备（如网络连线设备、计算机系统设备、电子标签拣货设备和通信设备等）、仓储设施（如仓库库房及辅助设施等）。B. 软件系统。包括仓管系统（包括优秀的仓库管理和操作人员、仓储流程规划、储存安全管理、存货管理等）、配运系统（包括优秀的配运人员、配送路径规划、配运安全管理和服务态度等）、资讯系统（包括进货管理系统、储位管理系统、补货管理系统、出货检取系统、车辆排程系统、流通加工管理系统、签单核单系统、物流计费系统、EIQ、MIS、EIS、EDIVAN、Internet及资讯系统规划等）。

6.3　电子商务物流系统管理

1. 物流系统

（1）什么是系统

系统是指为达成某种共同的目的，若干构成要素相互有机地结合成的复合体。它具有以下特点。

① 各个系统都具有一定的目的。

② 在系统中通常有多种要素存在。

③ 各要素之间，互相关联。

系统是"为有效地达到某种目的的一种机制"，也就是为了达成某一目的，把人力、物力、金钱、信息等资源作为指令输入（Input）使它产生某种结果（Output）的功能。

因此，物流系统可以认为是"有效达成物流目的的机制"。物流的目的是"追求以低物流成本向顾客提供优质物流服务"的机制。

（2）物流系统化的目的

物流系统的目的在于以 Speed（速度）、Safety（安全）、Surely（可靠）、Low（低费用）的 3S1L 原则，即以最少的费用提供最好的物流服务。

① 物流系统化的目的

A．按交货期将所订货物适时而准确地交给用户。

B．尽可能地减少用户所需的订货断档。

C．适当配置物流据点，提高配送效率，维持适当的库存量。

D．提高运输、保管、搬运、包装、流通加工等作业效率，实现省力化、合理化。

E．保证订货、出货、配送的信息畅通无阻。

F．使物流成本降到最低。

② 密西根大学的斯麦基教授倡导的物流系统的目的

该物流系统的目的包括 Right Quality（优良的质量）、Right Quantity（合适的数量）、Right Time（适当的时间）、Right Place（恰当的场所）、Right Impression（良好的印象）、Right Price（适宜的价格）、Right Commodity（适宜的商品）。

2．物流系统的组成

物流系统由物流作业系统和支持物流系统的信息流动系统，即物流信息系统由两个分系统组成。

（1）物流作业系统

在运输、保管、搬运、包装、流通加工等作业中使用种种先进技能和技术，并使生产据点、物流据点、输配送路线、运输手段等网络化，以提高物流活动的效率。

（2）物流信息系统

在保证订货、进货、库存、出货、配送等信息通畅的基础上，使通信据点、通信线路、通信手段网络化，提高物流作业系统的效率。

3．电子商务与物流系统

物流信息技术是指现代信息技术在物流各个作业环节中的应用，是物流现代化极为重要的领域之一，尤其是飞速发展的计算机网络技术的应用使物流信息技术达到新的水平。物流信息技术是物流现代化的重要标志。物流信息技术也是物流技术中发展最快的领域，从数据采集的条形码系统，到办公自动化系统中的计算机、互联网，各种终端设备等硬件以及计算机软件都在日新月异地发展。同时，随着物流信息技术的不断发展，一系列新的物流理念和物流经营方式产生了，它们共同推进了物流的变革。

电子商务是通过互联网进行商务活动的新模式，它集信息流、资金流、物流为一身，物流虽然包含在电子商务之中，但是人们对电子商务过程的认识却往往只局限于信息流、资金流的电子化、网络化，而忽略了物流的电子化过程。

美国在定义电子商务概念之初，就已有强大的现代化物流体系作为支持，他们只需将电子商务与其进行对接即可，而并非电子商务过程不需要物流的电子化；而我国物流基础设施十分落后，如不加速现代物流系统的建设，必将会给电子商务的发展带来巨大阻碍。

应当指出的是，信息流、资金流在电子工具和网络通信技术支持下，可通过轻轻点击瞬息完成，而物流中物质资料的空间位移，即具体的运输、储存、装卸、保管、配送等各种活动是不可能直接通过网络传输的方式来完成的。我国电子商务目前刚刚起步，由于物流系统的滞后，网上购物受到了极大的限制。一些电子出版物，如软件、CD 等产品本身就可以通过网络电子的方式传递给购买者，而书籍、票务等对物流技术要求低，对物流依赖性较小，这些电子出版物成为电子商务早期入市的商品是合情合理的。因此，我们应当加强物流硬技术的建设和改造，这是迎接电子商务的物质基础。

6.4 电子商务与第三方物流配送

1. 第三方物流内涵

第三方物流（Third Party Logistics，3PL）是指由物流劳务的供方、需方之外的第三方去完成物流服务的物流运作方式。第三方就是指提供物流交易双方的部分或全部物流功能的外部服务提供者。3PL 提供的物流服务一般包括运输、仓储管理、配送、报关等，在此过程中 3PL 既非生产方，又非销售方，而是在从生产到销售的整个物流过程中进行服务的第三方，它一般不拥有商品，而只是为客户提供物流服务。

第三方物流随着物流业的发展而发展，是物流专业化的重要形式。物流业发展到一定阶段必然会出现第三方物流，且它的占有率与物流业的水平之间有着非常紧密的相关性。西方的物流实证分析证明，独立的第三方物流至少占社会的 50%，物流业才能形成。因此，第三方物流的发展程度反映和体现着一个国家物流业发展的整体水平。

2. 第三方物流特点

从发达国家物流业的状况来看，第三方物流在发展中已逐渐形成鲜明特征，突出表现在以下五个方面。

（1）关系契约化

首先，第三方物流是通过契约形式来规范物流经营者与物流消费者之间的关系。物流经营者根据契约规定的要求，提供多功能甚至全方位一体化的物流服务，并以契约来管理所有提供的物流服务活动及其过程。其次，第三方物流发展物流联盟也是通过契约的形式来明确各物流联盟参与者之间权、责、利相互关系的。

（2）服务个性化

首先，不同的物流消费者存在不同的物流服务要求，第三方物流需要根据不同物流消费者在企业形象、业务流程、产品特征、顾客需求特征、竞争需要等方面的不同要求，提供针对性强的个性化物流服务和增值服务。其次，从事第三方物流的物流经营者也因市场竞争、物流资源、物流能力的影响需要形成核心业务，不断强化所提供物流服务的个性化和特色化，以增强物流市场的竞争能力。

（3）功能专业化

第三方物流所提供的是专业的物流服务。从物流设计、物流操作过程、物流技术工具、物流设施到物流管理必须体现专门化和专业水平，这既是物流消费者的需要，也是第三方物流自身发展的基本要求。

（4）管理系统化

第三方物流应具有系统的物流功能，是第三方物流产生和发展的基本要求，第三方物流需要建立现代管理系统才能满足运行和发展的基本要求。

（5）信息网络化

信息技术是第三方物流发展的基础。物流服务过程中，信息技术发展实现了信息实时共享，促进了物流管理的科学化，极大地提高了物流效率和物流效益。

3．第三方物流优势

较之传统的物流供应商，第三方物流作为一种战略联盟，对所服务的对象企业（开展电子商务的企业）而言，具有突出的战略优势，主要表现为以下几个方面。

（1）使客户企业集中于核心能力

第三方物流模式的好处在于，对电子商务运营商来说，可以把精力集中在电子商务平台的建立和完善，加大专业业务的深度；对专业物流企业来说，既可以拓展服务范围，又可以借此提高自身的信息化程度。两者都在自己熟悉的业务范围内工作，对成本的降低和盈利的提高有较高的确定性。而第三方物流，凭借其物流专长，正好为其所服务的对象企业提供了一种充分利用外部资源处理非核心业务（物流管理），集中精力于其最擅长领域的机会。换言之，对于物流不是其核心竞争力所在的企业，物流问题最好外包，由 3PL 来解决。

（2）为客户企业提供技术支持或解决方案

随着技术进步和需求的变化，供应商或零售商有着越来越高的物流配送与信息技术方面的要求。如需要使用特殊的软件来设计一个把商品发送给客户的优化顺序和路线；或者需要一种公共的电子信息交换平台来实现信息共享。一般的物流企业很难满足这些要求。而 3PL 供应商由于具备丰富的专业知识，深谙物流中存在的各种问题，把物流作为自己的核心业务，投入 100% 的力量进行物流领域的技术创新，因此能够以一种更快速、更具成本有效性的方式满足用户对新技术的需求。

（3）为客户提供灵活性增值服务

3PL 提供各类物流增值服务，满足客户在诸如地理分布或个性化服务等方面的灵活性要求。

（4）节省物流费用，减少库存

专业的 3PL 服务提供者利用规模优势、专业优势和成本优势，通过提高各环节的利用率节省费用，使客户企业能从费用结构中获益。3PL 服务提供者还借助于精心策划的物流计划和适时配送等手段，最大限度地盘活库存，改善企业的现金流量。

（5）提升客户企业形象

3PL 企业的利润并非仅源自于运费、仓储费等直接收入，还来源于与客户企业在物流领域共同创造的新价值。所以，3PL 与客户企业的关系不是竞争对手而是战略伙伴。为实现双赢的结果，3PL 企业会处处为客户企业着想，例如，通过全球性的信息网络使得客户企业的供应链管理完全透明化，企业可随时了解供应链的情况，极大地缩短交货期，以利于企业改进服务，树立自己的品牌形象；通过量体裁衣式的设计，制定出以顾客为导向、低成本高效率的物流方案，为企业在竞争中取胜创造有利条件。

正因为 3PL 有上述诸多优点，因此能在国际范围内得到蓬勃的发展。其市场发展潜力极大，它的突出优势和特点使它成为了适合电子商务的物流模式。

本章小结

世界经济一体化促使贸易的方式和技术快速更新，特别是近年来电子商务的飞速发展，使贸易活动更加频繁，交易数量急剧膨胀，迫切需要有与之相配套的物流服务。曾经制约电子商务发展的网上支付、网络安全等问题已基本得到解决，然而物流配送问题对电子商务发展的制约作用却越来越突出，特别是在物流体系尚不健全的我国，物流现已成为影响电子商务发展的"瓶颈"。

现代物流是以系统理论为出发点，考虑各因素的互动影响，通过"物流八最原则"（最合适的运输工具、最便利的联合运输、最短的运输距离、最合理的包装、最少的仓储、最短的时间、最快的信息、最佳的服务）的策划，实现商品较低成本、较好效果并举的位移结果。

物流电子化和自动化应是电子商务范畴的组成部分，缺少了现代化的物流过程，电子商务过程就不完整。物流是电子商务的基本要素，物流是实现电子商务的保证，物流配送又是影响电子商务发展的关键因素。

从现阶段的形势来看，现代物流模式一般有企业自营物流、第三方物流、物流企业联盟及第四方物流等模式。以计算机网络化为基础的电子商务推动着传统物流配送的改革。第三次物流改革就是物流配送的信息化及网络技术的广泛应用所带来的种种影响，这些影响将使物流配送更有效率。

------ 课堂问答 ------

1. 什么是电子商务物流？
2. 电子商务对物流系统有哪些影响？
3. 电子商务物流有哪些特点？
4. 电子订货系统的含义是什么？
5. 电子商务配送有哪些特点？
6. 第三方物流的定义是什么？
7. 解释电子商务物流技术的含义。

------ 扩展案例 ------

"双 11"包裹奇迹背后：菜鸟网络引领中国"新物流"革命

快递奇迹，将再次刷新属于中国的世界纪录

2013 年，92 亿单；2014 年，139.6 亿单——首次超越美国；2015 年，再创纪录，达到 207 亿单；随着 2016 年"双 11"再度来临，天量包裹备受瞩目。

短短 10 年时间，中国快递业完成了对美国的超越。阿里巴巴集团董事局主席马云说："大家讲电子商务在中国是一个奇迹，在世界是个奇迹，但我个人认为，物流行业才真正是中国过去 10 年诞生的最了不起的奇迹。"

货越卖越多，送得却越来越快。"5 年前，'双 11'的峰值已成为今天日常消费量，5 年前物流还是个考验，今天卖家可以在短短的 16 小时内处理上亿件的订单，买家在短短两三天内能够收到上亿件的包裹。"操盘了 8 年"双 11"的阿里巴巴集团 CEO 张勇如是说。

快递越来越快的背后，更深刻的是物流驱动商家库存的降低和供应链的优化。这构成了新经济、新零售最重要的支撑力量。

这一成就的核心驱动，是大数据社会化物流协同平台菜鸟网络。目前，中国超过 70% 的快递包裹、数千家国内外物流、仓储公司以及 200 万物流及配送人员在菜鸟网络数据平台上运转，其快递网络覆盖全球。

新零售需要新物流。菜鸟网络正深刻改变着全球物流格局，以一种从未有过的物流模式，降低全社会物流成本，深入达成供应链的全面优化。

新零售催生新物流

到 2016 年，"双 11"已经进入第 8 个年头。每年"双 11"既是全球购物狂欢之日，又是物流业大考之时。

物流古来有之，所谓"兵马未动，粮草先行"。现代意义上的物流始于第二次世界大战期间，美国从军事需要出发，首先采用"物流管理"一词，战后被借用到企业管理中。传统经济条件下，交易由于受地理空间范围的局限，要实现跨空间大规模碎片化交易，其体量注定有限。互联网与新零售的发展迅速打破了原有格局，商业模式去空间化，为快递业的发展提供了最终需求，也带来巨大挑战。

2015 年"双 11"超过 4.67 亿件的天量订单，就已经远超联邦快递和 UPS 全球业务单天包裹数的总和，世界上没有任何一家物流公司能独力完成"双 11"的包裹配送。

在菜鸟网络 CEO 童文红看来："如果不用一种新颖的方法，把整个中国物流市场的能力组织起来、提升起来，物流就会成为商业零售板块里面的一大短板。"

每一轮大的技术革命，都会带来"技术—经济范式"的巨变。进入 DT 时代，引起新的改变的基础是云计算作为新技术、大数据作为新能源的实现。新零售推动了线上线下的融合，其核心是供应链的重构、物流方案的升级。中国物流因此出现换道超车的机会。

"对商家来说，无论是线上还是线下，互联网只是工具，最终一定是线上线下融合，构建新的供应链体系。只有协同全社会的物流力量，调动整个物流的每个环节，并借助智能大数据才能最终匹配这种需求。"童文红说。

在这种情况下，菜鸟网络应运而生。菜鸟网络是世界物流业的创新形态。

新零售的核心是新物流，新物流的基础是数据和算法，核心是在此之上的供应链的优化。菜鸟网络将分散的运力信息串联起来，找到全局优化模式，使得行业之间、企业之间多主体协作的成本大幅降低，不同公司之间也能完美地进行社会协作。

大数据降低物流成本

据国家发改委《2015 年全国物流运行情况通报》，2015 年社会物流总费用为 10.8 万亿元，占 GDP16%。目前，欧美国家的这一比例多是 9%左右。

依托大数据，菜鸟网络通过赋能合作伙伴，极大降低了社会成本。

在 2015 年，菜鸟网络的电子面单、智能分单等产品帮助国内快递平均时效缩短了半个工作日。电子面单一年可以为整个行业节省 12 亿元，智能分单产品一年可为快递公司节省 6.1 亿元。

值得一提的是，跨境物流因为链路长、环节多的天然特点，往往产生耗时长、稳定性差、价格高昂、手续繁琐等问题。菜鸟网络的无忧物流和海外仓服务，使得海外消费者下单前，货品已经备到离他们很近的地方。

这样，不仅时效和确定性大大提升，跨境物流也可以做到"全球卖全球"。以西班牙为例，海外仓服务可在全境实现 72 小时内送达。

在农村，通过菜鸟网络集包模式和社会化协同的运力，农村消费者不但能和城市消费者享受同样的时效服务，实现 100%次日送达，也能享受和城市一样的正规商品。这些帮助商家将物流运营成本降低至少 50%。以参与合作的统一冰红茶为例，7.5 千克的商品传统物流成本约 14 元，菜鸟网络可将成本降低七成以上，不到 3 元。

云计算、大数据基础设施则为用户能够像用水、用电一样便捷、低成本地使用计算资源打开方便之门。菜鸟物流云是基于云计算的物流基础信息服务平台，目前，包括韵达、天天、百世等国内主要快递企业都已上云，日均覆盖单量超过 2000 万单。以韵达为例，物流云有效帮助其 IT 基础设施成本降至 7 元/万单，下降了 60%。

社会物流成本降低的同时，对消费者来说，最直接的感受就是服务体验变好了，不仅物流详情可以及时准确展示，而且包裹也能更快、更准地被运输和投递。

优化供应链消灭库存

"未来一直在来"。在马云看来，未来的十年、二十年，没有电子商务这一说，只有"新零售"。新零售，线上线下和物流必须结合在一起。"物流公司的本质不仅仅是要做到谁比谁更快，还是真正消灭库存，让库存管理得更好，让企业库存降到零。"

新零售的基础是新物流、新供应链。面对消费者的线上迁移，品牌商和实体零售商纷纷向线上转型，依托菜鸟网络，达到了线上线下的融合，优化供应链，极大降低了企业库存，更好地服务消费者。

借助菜鸟网络的智能分仓和菜鸟联盟的配送服务，包括威露士、美的、科沃斯等品牌华丽变身。以美的生活家电事业部为例，菜鸟网络帮助其实现了从代理商模式到"供销一盘货"模式的全面转型，实现了货物全国统一部署，所有代理商货物统一从菜鸟仓调度，代理商的销售数据也可以通过菜鸟进行准确预估，降低库存。此外，还能统一代理商的销售价格，降低代理商的运营成本，减轻代理商的资金压力。

不仅如此，菜鸟网络更是深度渗入企业的日常生产经营环节，达到"物流介入工厂"，完成供应链的深度优化。通过大数据支持分析产品的历史数据、活动规划、季节因素、购买因素等综合指标，系统计算销售规划，对企业的生产计划及供应链管理进行数据支撑，进而指导备货管理，消灭库存。

以国内家庭智能机器人龙头企业科沃斯为例，物流介入工厂模式让其在今年"双 11"之前就做好了生产计划和供应链管理——6 月底开始筹备，7 月初就已经给出正式订单预测，预备生产物料，并根据菜鸟网络提供的市场数据分析修正运营生产计划。10 月底所有货物都已经提前进入了菜鸟仓。科沃斯预测，今年旗舰店销售额将达到去年的 4 倍，为 2.5 亿元。

开放协同，引领未来

快递奇迹之下，千亿包裹时代马上到来。

2015 年，全国 207 亿件快递，对应的快递从业人员为 203 万人。据阿里研究院预测，5～8 年内，中国年快递量将达到 1000 亿件——面对每天 3 亿件的包裹量，伴随人力成本的不断攀升，传统物流方式无法匹配这一需求。

通过将物流行业几乎所有参与者融合为生态的一部分，菜鸟网络最终形成了一个全球物流协作体系，依托大数据优化供应链的新物流方式，将完成这一使命，引领中国物流换道超车。

2016 年，中国快递业开始全面进入资本时代。"双 11"到来之前，以 10 月 20 日圆通在上海上市为起点，中通、顺丰、申通……一批数百亿、上千亿元市值的快递公司陆续上市。

这些企业伴随着阿里新零售业务和"双 11"的成长而成长，"三通一达"70%的物流都使用菜鸟网络的大数据服务。社会物流成本的降低和供应链的优化，让更多的商家和消费者获益。

"我们物流业务是希望能让合作伙伴成功，近期快递企业上市也体现了我们的生态之美。我们相信通过和合作伙伴的共同成长，它将会更加繁荣。"张勇说。

07 第7章
移动电子商务

学习目标

通过本章的学习，了解移动电子商务发展历程，了解移动电子商务概念及特征，能够对移动电子商务有一个系统的认识；了解移动电子商务的主要应用领域，能够掌握移动电子商务应用类型；了解移动社交电子商务概念及特征，能够认识移动社交电子商务与传统电子商务的区别，掌握移动社交电子商务模式；了解移动电子商务未来发展趋势，能够对企业未来发展方向有一个清晰的认识。

导入案例

天猫"双11"移动端成交占比远远超过PC端，移动电子商务快速发展

2009年，淘宝商城决定策划一个属于网购用户自己的购物节，以错开"十一"黄金周和圣诞节，以便在11月这个传统商业的销售淡季打开局面。当年11月11日，淘宝商城联合27家店铺，第一次以"光棍节"的名义，做了一个"五折促销"活动，最后的成交额约5000万，到了2016年，天猫"双11"当天交易额已超1207亿元。如今，11月11日已经成为一个全球的购物狂欢节。

在这7年的发展过程中，移动端成交量逐年提高，远远超过PC端。2014年天猫"双11"购物狂欢节实现成交额571亿元。其中，移动端交易额达到243亿元，为2013年"双11"移动端交易额的4.5倍，占到总成交额的42.6%，刷新了全球移动电商单日成交纪录。天猫"双11"移动端的交易额超过40%，是一个历史性的时刻，也是阿里巴巴"云+端"战略一个最好的印证，移动电商时代的深刻变化已经来临。2015年"双11"全天交易额突破912.17亿元，其中移动端交易额626亿元，占比为68%。2016年天猫"双11"全球狂欢节总交易额超1207亿元，无线交易额占比81.87%，覆盖235个国家和地区，阿里巴巴构建的移动电商生态系统开始全面发展。

从以上案例可以看出，消费者越来越习惯于用移动设备进行购物，消费者的移动购物习惯已经养成。另外，据易观智库发布的《中国移动互联网市场季度监测报告》显示，截至2015年年底，我国移动互联网用户规模达到8亿人。移动互联网塑造了全新的社会生活形态，潜移默化地改变着移动网民的日常生活以及企业的经营方式，移动互联网时代全面到来。

相对于传统互联网时代，移动互联网时代的企业竞争环境发生了更大的改变，如移动互联网思维开始广泛渗透到企业的商业模式、营销渠道、供应链、物流等环节，消费者行为向个性化发展，与企业之间的互动性变强，移动端购物习惯已形成等，这些改变使得传统企业必须进行转型升级。那么移动电子商务是如何发展起来的呢？移动电子商务的概念及特征是什么？移动电子商务应用类型有哪些？移动社交电子商务概念及特征是什么？未来移动电子商务发展趋势有哪些？对于这些问题的理解，将有助于我们认清移动电子商务的本质。

7.1 移动电子商务的兴起

1. 中国成为移动智能终端持有量第一的国家

随着我国互联网和移动通信的迅猛发展，智能手机市场份额逐步提升，手机上网成为现代人生活中一种重要的上网方式，人们正逐渐利用手机等移动智能终端设备进行网上支付、个人信息服务、网上银行业务、网络购物、手机订票、娱乐服务等，这种移动数据终端设备参与商业经营的移动电子商务正在迅速崛起。2016 年 1 月 20 日，国内最大的独立第三方数据服务提供商 Talking Data 在北京发布了《2015 中国移动互联发展指数数据报告》，报告显示，移动互联网迈入全民时代，截至 2015 年年底，我国移动设备规模达 12.8 亿台，较 2014 年增长 20.8%，2013 年和 2014 年的增长率都达到 342.9% 和 231.7%，增速远超全球同期市场，如图 7-1 所示。

2012～2015年中国移动端累计活跃设备规模

单位：亿台

| 2012年 | 2013年 | 2014年 | 2015年 |
| 0.7 | 3.2 (342.9%) | 10.6 (231.7%) | 12.8 (20.8%) |

图 7-1　中国移动端累计活跃设备规模走势

随着移动智能终端价格的进一步降低，我国移动智能终端的数量将持续攀升，这势必驱动国内移动互联网的发展。消费者对于移动智能终端的选择也已经呈现多样化和个性化，特别是对于移动智能终端内容的选择已经成为了消费者更为看重的一个关键因素。

目前的移动智能终端，其屏幕更大，色彩更清晰，而且速度也更快。性能的提升，也吸引了更多的用户去购买使用。近两年的苹果、三星等品牌产品的盛行，就说明了这样的道理。用户需求和技术发展的相互作用，推动移动智能终端向着更高速运算、更智能化的方向发展，从而吸引更多的用户使用，并使得移动服务向纵深处发展和延伸。

2. 移动电子商务应用越来越丰富

随着移动智能终端的日益普及，移动电子商务应用不断丰富，我国也进入了移动互联网高速发展阶段，尤其是刺激了移动网购、移动游戏、移动社交、移动旅游、移动娱乐等各种移动应用消费潜力的进一步释放，如图 7-2 所示。

图 7-2　移动电子商务应用消费潜力释放

在移动电子商务应用中，三家 BAT（百度、阿里巴巴、腾讯）提供的移动服务占据移动端 Top 20 App 中的 17 个，控制力强于 PC 端，如图 7-3 所示。

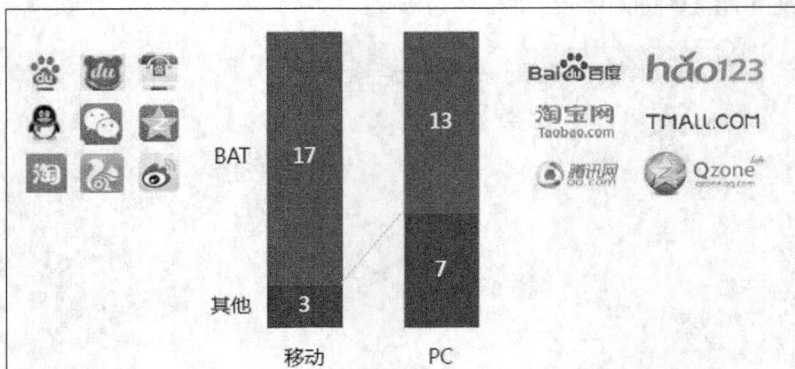

图 7-3　BAT（百度、阿里巴巴、腾讯）移动端服务强于 PC 端

移动互联网在过去的 2015 年中飞速发展，而在后续发展过程中，移动互联网也依然会是各方巨头争相抢夺的战地。对于用户而言，面对纷繁复杂的移动互联网市场，要找到适合自己而自己又满意的应用和服务不是件容易的事情。因此，未来的移动互联网发展要更加注重质量上的提升，为用户营造良好的服务体验，用户才愿意去为此付费，才能促进移动互联网行业的规模发展。

3. 移动互联网用户规模超过 6 亿人

移动互联时代的微信、微博、手机游戏、手机购物、手机支付等大量移动应用，使得移动互联网用户规模呈现迅猛增长。2016 年 8 月，中国互联网络信息中心发布的《中国互联网络发展状况统计报告》显示，截至 2016 年 6 月，我国网民人数达到 7.1 亿人，半年共计新增网民 2132 万人，半年增长率为 3.1%，较 2015 年下半年增长率有所提升，互联网普及率为 51.7%，较 2015 年底提升 1.3 个百分点，如图 7-4 所示。

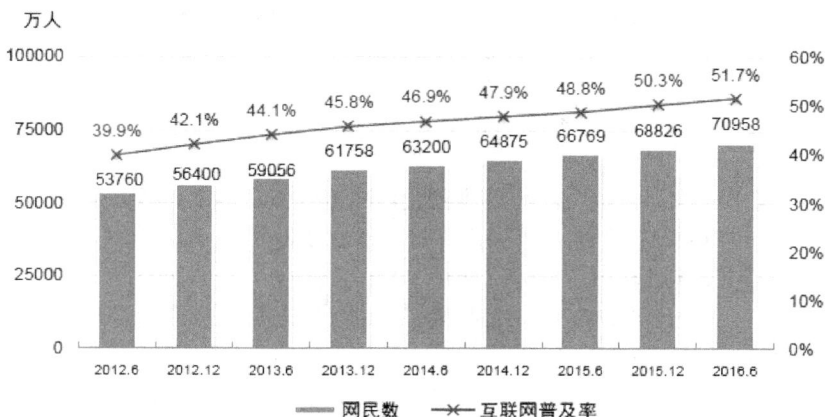

图 7-4 中国网民规模和互联网普及率

其中，我国手机网民人数达 6.56 亿人，较 2015 年底增加 3656 万人。网民中使用手机上网的比例由 2015 年底的 90.1% 提升至 92.5%，手机在上网设备中占据主导地位。同时，仅通过手机上网的网民人数就达到 1.73 亿人，占整体网民人数的 24.5%，如图 7-5 所示。

图 7-5 中国手机网民规模及其占网民比例

随着移动通信网络环境的不断完善以及智能手机的进一步普及，移动互联网应用开始向用户的各类生活需求深入渗透，这些势必会促进手机上网使用率的增长，同时也会使网民上网设备进一步向移动端集中。另外，随着 4G 时代的全面到来，移动互联网用户规模将达到一个新的量级，届时消费者的互联网行为也从"上线"变成了"永远在线"。

4．移动在线购物市场增速迅猛

在移动互联网高速发展背景下，越来越多的用户通过移动端进行购物。2014 年是移动电商爆发之年，各大电商纷纷加速移动端布局，明确移动化是电商的未来，借着"双 11"促销的东风，移动电商发展迅速。2014 年"双 11"期间，主流电商移动端交易额和订单量占比均达到了 40%，如图 7-6 所示。

图 7-6　2014 年"双 11"期间主流电商移动端交易占比

2015 年"双 11"全球狂欢节，天猫全天交易额达 912.17 亿元，其中移动端交易额为 626.42 亿元，移动端占比 68.67%；京东商城交易额超百亿，移动端占比 74%。由此可见一斑，移动端成交额大幅度上涨，移动电子商务成发展热点。

2016 年 4 月 1 日，全球领先的移动互联网第三方数据挖掘和整合营销机构艾媒咨询（iiMedia Research）发布了《2015～2016 年中国移动电商市场年度报告》，报告显示，截至 2015 年底，中国移动购物用户规模达到 3.64 亿人，同比增长 23.8%，预计到 2018 年中国移动电商用户规模将接近 5 亿，如图 7-7 所示。随着智能终端和移动互联网的快速发展，移动购物的便利性越来越突出。在主流电商平台的大力推动下，消费者对于通过移动端购物的接受程度也大大增加，用户移动购物的习惯已经养成。

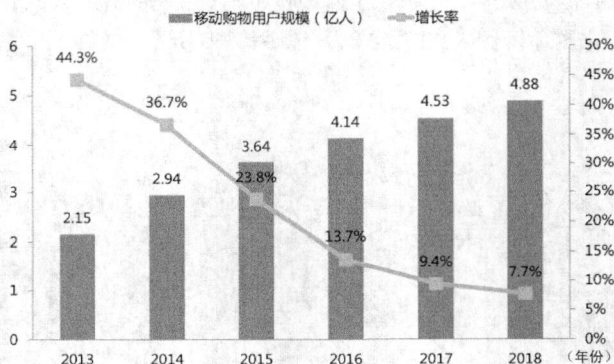

图 7-7　2013～2018 年中国移动购物用户规模及预测

近年来，中国移动购物市场交易额稳定增长，占整体网络零售市场交易额的比例不断上升。预计到 2018 年，移动端交易额在网络零售市场中交易占比将超过 75%，如图 7-8 所示。

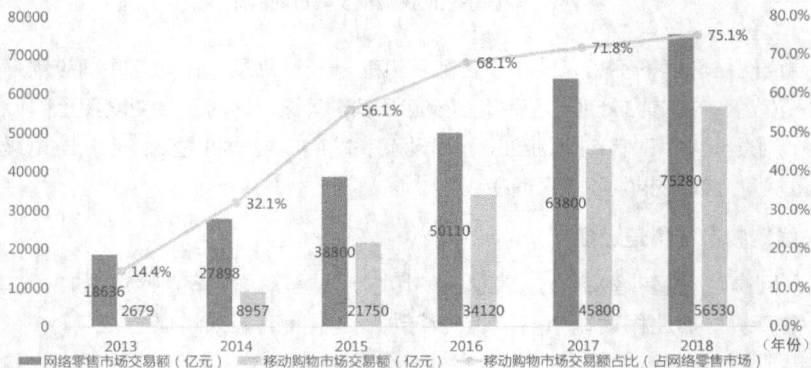

图 7-8　2013～2018 年中国移动购物市场规模及预测

庞大的移动用户和移动互联网的快速发展，为移动电子商务提供了强大动力。消费者已不再局限于传统网站的购物，就如手机淘宝那句"随时随地，想淘就淘"的广告语一样，移动端购物的便捷性吸引了更多的消费者改变购物习惯，人们开始将购物习惯从 PC 端转向移动端，移动电子商务时代全面到来。

7.2 移动电子商务的概念与特征

1. 移动电子商务概念

由于移动电子商务（M-commerce）还属于一种新兴事物，且仍处于不断发展中，还没有形成公认的、全面统一的定义。不过综合目前已有的定义，我们发现不论是从什么角度进行定义，其核心基本保持一致，那就是移动电子商务是一种电子商务活动，这种商务活动是通过移动智能终端设备与互联网结合而进行的活动。以下将从广义和狭义两个角度对移动电子商务概念进行定义。

从广义角度讲，移动电子商务是依托于移动互联网，通过手机、PDA（个人数字助理）、掌上电脑、笔记本电脑等移动通信设备与无线上网技术结合所构成的一个电子商务体系，可以进行各种电子商务活动。

从狭义角度讲，移动电子商务是特指使用手机通过移动通信网以及无线互联网进行信息交流和交易的商务活动。

2. 移动电子商务特征

相比使用传统的个人电脑、利用互联网进行电子商务交易，使用移动设备和移动网络进行电子商务，在互动性、便利性和个性化等方面更有优势，也可以看成是与传统电子商务的区别。移动电子商务的特征主要表现在以下几个方面。

（1）不受时空控制

移动电子商务将互联网、移动通信技术及其他信息处理技术完美地结合，使人们可以在任何时间、任何地点进行各种商贸活动，实现随时随地、线上线下的购物与交易、在线电子支付以及各种交易活动、商务活动、金融活动和相关的综合服务活动等，打破了空间对电子商务的限制。

（2）随时满足用户需求

只要有移动网络覆盖，移动电子商务即可随时响应消费者的需求，在时效性方面大大超越传统的商务应用。移动电子商务非常适用于股票等交易应用，移动设备可用于接收实时财务新闻和信息，也可确认订单并安全地在线管理股票交易。

（3）信息获取更及时

移动电子商务中移动用户可实现信息的随时随地访问，其本身就意味着信息获取的及时性。但需要强调的是，同传统的电子商务系统相比，移动用户终端更加具有专用性。从运营商的角度看，移动用户终端本身就可以作为用户身份的代表。因此，商务信息可以直接发送给移动用户终端，这进一步增强了移动用户获取信息的及时性。

（4）更好的个性化服务

由于移动设备具有比 PC 机更高的可连通性与可定位性，移动计算环境能提供更多移动用户的动态信息（如各类位置信息、手机信息），这为个性化服务的提供创造了更好的条件。因此，移动商务的生产者可以更好地发挥主动性，能完全根据消费者的个性化需求和喜好进行订制，移动用户也能更加灵活地根据自己的需求和喜好来订制服务及提供信息（如用户可以将自己所处的城市结合进去，调整商品递送的时间，实现自己的个性化服务）。

（5）基于位置的服务

移动电子商务是基于移动状态下的服务，即可以方便地实现位置定位和跟踪，提供如 GPRS 定位、远程医疗、与位置相关的交易等服务或产品，这也是传统电子商务所无法替代和超越的。创新工场董事长兼首席执行官李开复认为，移动互联网区别于传统互联网，一定要利用"移动"的专长，地理位置的定位就是移动非常有价值的专长之一，李开复说："当你知道地理位置了，你就可以知道你的朋友是否在你附近，你附近有什么好吃的，或者哪个商场里面有什么在打折——你可以想象各方面基于地理位置的应用。为用户提供的服务应该是很体贴地把他所需要的东西呈现到他的面前。"

（6）移动支付更方便快捷

移动支付也称为手机支付，是移动电子商务的一个重要目标，用户可以随时随地完成必要的电子支付业务。移动支付主要分为近场支付和远程支付两种，近场支付就是用手机刷卡的方式坐车、买东西等，很便利；远程支付是指通过发送支付指令（如网银、电话银行、手机支付等）或借助支付工具（如通过邮寄、汇款）进行的支付方式，如掌中付推出的掌中电商、掌中充值、掌中视频等。

（7）潜在用户规模大

目前我国的手机网民规模已经超过 6 亿人，是全球之最。显然，从电脑和手机的普及程度来看，手机远远超过了电脑。而从消费用户群体来看，手机用户中基本包含了消费能力强的中高端用户，而传统的上网用户中以缺乏支付能力的年轻人为主。由此不难看出，以手机为载体的移动电子商务无论是在用户规模上，还是在用户消费能力上，都优于传统的电子商务。

（8）移动电子商务领域更易于技术创新

移动电子商务领域因涉及 IT、无线通信、无线接入、软件等技术，并且商务方式更具多元化、复杂化，因而在此领域内很容易产生新的技术。随着我国 4G 网络的兴起与应用，这些新兴技术将转化成更好的产品和服务。所以，移动电子商务领域将是下一个技术创新的高产地。

经济全球化加速发展的根本原因在于科技进步，而以移动电子商务引领的新一轮信息技术革命将成为核心要素。随着无线通信技术的发展，移动电子商务已逐渐成为传统互联网商务的补充手段。另外，移动电子商务不仅能提供互联网上的直接购物，还是一种全新的销售与促销渠道。它全面支持移动互联网业务，可以实现电信、信息、媒体和娱乐服务的电子支付。移动电子商务不同于目前的销售方式，它能充分满足消费者的个性化需求，而且设备的选择以及提供服务与信息的方式完全都由用户自己控制。移动电子商务与传统电子商务的区别在于其服务对象的移动性、服务要求的即时性、服务终端的私人性和服务方式的方便性。

7.3　移动电子商务的应用类型

1．网络购物移动电子商务

网络购物是指交易双方以互联网为媒介进行的商品交易活动，即通过互联网进行信息的组织和传递，实现了有形商品和无形商品所有权的转移或服务的消费。网络购物移动电商是利用移动端进行购物的形式，包括 B2C 和 C2C 两种形式。美国市场研究公司 IDC 最新报告显示，通过移动设备上网的美国人数将于 2015 年超过 PC 端。

　　数据显示，2015 年我国移动电商的交易规模已经达到 21750 亿元，移动端的渗透率已经超过 56%。从增速上看，2011~2015 年我国移动电商的年复合增长率超过 300%，是同期美国移动电商增速的 5 倍，也是同期我国整体网络零售增速的 6 倍。我国俨然已经是全球最大和增速最快的移动电商市场，移动电商正进入快速爆发期。

　　从国内大型电子商务企业来看，经过几年培育和推广，其在移动电子商务方面的表现已十分突出。据公开资料显示，2014 年第四季度，阿里巴巴的移动端活跃用户数达到 2.65 亿，同比增长 95%；移动端交易额占比已经达到 42%，同比增长 213%。同期，在微信、手机 QQ、微店等多个平台带动下，京东商城的移动端订单占比也达到 36%，同比增长 372%；而专注于特卖模式的美妆平台聚美优品的移动端渗透率已经高达 57%，移动端成为其主要的流量来源。移动电子商务网络购物以淘宝、京东等最具有代表性，如图 7-9、图 7-10 所示。

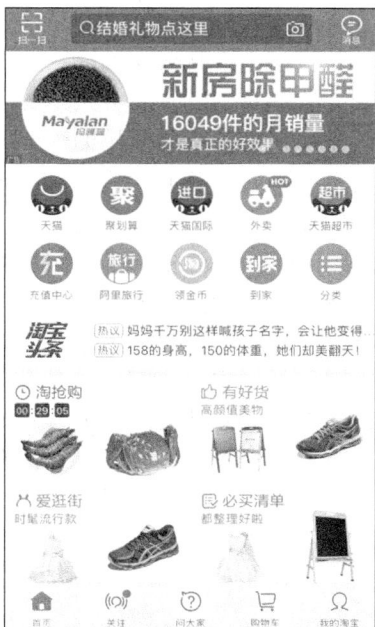

图 7-9　移动端淘宝

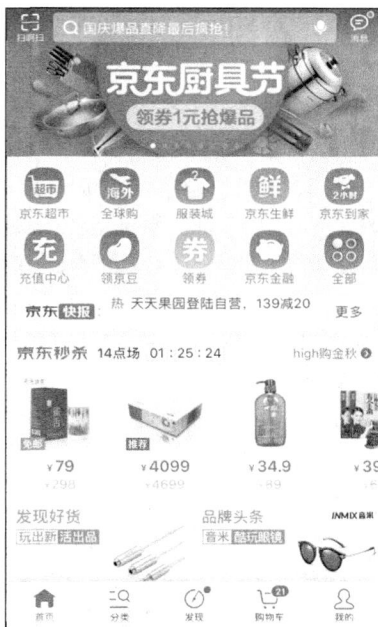

图 7-10　移动端京东

案例7-1

　　京东于 2004 年正式涉足电商领域。2015 年，京东集团市场交易额达到 4627 亿元，净收入达到 1813 亿元，年交易额同比增长 78%，增速是行业平均增速的 2 倍。京东是中国收入规模最大的互联网企业。2016 年 7 月，京东入榜 2016 年《财富》全球 500 强，成为中国首家、唯一入选的互联网企业。截至 2016 年 6 月 30 日，京东集团拥有超过 11 万名正式员工，业务涉及电商、金融和技术三大领域。2014 年 5 月，京东集团在美国纳斯达克证券交易所正式挂牌上市，是中国第一个成功赴美上市的大型综合型电商平台，并成功跻身全球前十大互联网公司。2015 年 7 月，京东凭借高成长性入选纳斯达克 100 指数和纳斯达克 100 平均加权指数。目前京东移动端提供的服务主要有 13 种，如图 7-11 所示。

图 7-11 京东移动端服务

2. O2O 移动电子商务

O2O 这个概念最早来源于美国。O2O 移动电子商务是指基于移动端开展线上线下业务。O2O 通过促销、打折、提供信息、服务预订等方式，把线下商店的消息推送给互联网用户，从而将他们转换为自己的线下客户，这就特别适合必须到店消费的商品和服务，比如餐饮、健身、电影和演出、美容美发、摄影及百货商店等。O2O 移动电商指的是将线上流量导入线下实体店的模式，大家最熟悉的就是大众点评，它提供了今夜酒店特价及各种优惠券应用，还有淘宝推出的淘宝本地生活。

2014 年以来，移动入口争夺战更是从线上烧到了线下，阿里巴巴以支付宝钱包为依托、腾讯以微信支付为依托，与线下商家展开广泛合作，积极布局二维码入口。在 2014 年"双 12"活动中，支付宝联合 100 个品牌、2 万家门店，涵盖餐馆、甜品、面包店、超市、便利店等多场景应用扫码支付，创造了一天 400 万单的扫码交易纪录。据不完全统计，仅在汽车 O2O 领域，2014 年我国的投融资事件就达 30 起，投融资金额超过 5 亿美元，涉及打车、租车、拼车、保养、维修、洗车、停车、二手车交易等几乎所有与汽车相关的服务领域。O2O 移动电商的 App 有淘点点、饿了么、美团、百度糯米等，如图 7-12、图 7-13 所示。

图 7-12 移动端美团

图 7-13 移动端百度糯米

案例7-2

绫致，最顺畅的 O2O

绫致旗下包括杰克琼斯、SELECTED、ONLY、VERO MODA 四大品牌，业内有"无绫致，不商场"之说，可见其在国内商场的地位。绫致一年有 300 多亿元的销售额，拥有超过 1 万家的店铺，这样一个巨无霸，如何规划自己的 O2O？其实，2012 年绫致就遭遇了店铺客流下滑明显、客户体验单一、客流转化率低的问题。但很快，它就找到了解决办法，绫致借助与腾讯微信合作，大玩了一把 O2O。

微信给予绫致场景和底层数据上的支持——LBS 导流向店铺，然后再通过服装吊牌上的二维码，打通用户与线下商铺之间的通路，CRM、库存管理等数据管理模块被激活。

这位用户是否是会员，他/她之前买过或"扫"过哪些货品，更偏爱立领还是圆领，条纹控还是格子控，一系列的划分都会传送到导购员手机的导购客户端上，如此，导购员可以适时地介入，提供针对性的建议。同时，用户自己也可以在手机上查看推荐的搭配，自娱自乐。当会员满意时，可以在手机上下单，若有犹豫，也可将相关资料收藏，回家再请家人、密友参谋，最终再决定买或不买。

从如此模型中可以看出，用户在店铺中的 5～15 分钟成为决定购买的关键。从引流、驻流到转化，二维码是链接买卖的语言，数据是贯通买卖的主线，这段时间，通过各种极尽手段，伺候到用户"欲仙欲死"。买卖不成，情谊在，只要用户的微信链接在手，数据在手。品牌还可以玩个性化导购、促销、预约试衣。总之，是将人粘在品牌的平台上，不断地实施精神"马杀鸡"，感情线通了，不怕带不来销量。

案例7-3

佐卡伊，最变革的 O2O

佐卡伊，国内首家在网络上进行珠宝销售的电商，也是最具口碑的钻石电商之一。2004 年美国 Bluenile 在纳斯达克上市，宣告了钻石珠宝业电子商务模式的成功，这一年，佐卡伊开始了电子商务体验销售，积累了丰富的经验。

2008 年，佐卡伊开始延伸线下体验服务，经过长期反复的试验，完成了 CRM 系统和 ERP系统的整合对接，解决了 O2O 形成的内在要素。通过互联网进行精准营销，精细网络展现，多渠道合作，扩大线上浏览量，每天千万级的 PV 增强品牌知名度。再加上各大城市线下体验店的建立，与微应用技术的成熟，形成由外向内，再由内及外的闭环，打通了线下和线上的诸多关键因素，实现网上预约，线下体验，线上线下互为辅助，终于在人人都说 O2O 之时，顺应大潮，成为极少数的成功经营者之一。

3. 旅游移动电子商务

旅游电子商务是指以网络为主体，以旅游信息库、电子化商务银行为基础，利用最先进的电子手段运作旅游业及其分销系统的商务体系。旅游电子商务为广大旅游业同行提供了一个互联网的平台。旅游移动电子商务则是利用移动端为广大游客提供旅游服务的互联网平台。

旅游移动电子商务比较典型的有携程、去哪儿、同程旅游、蚂蜂窝自由行等，如图7-14、图7-15所示。

图 7-14　移动端携程

图 7-15　移动端去哪儿

172

案例7-4

蚂蜂窝自由行

蚂蜂窝是中国领先的自由行服务平台，是基于旅游社交和旅游大数据的新型自由行服务平台。以自由行为核心，蚂蜂窝提供全球 60000 个旅游目的地的旅游攻略、旅游问答、旅游点评等资讯以及酒店、交通、当地游等自由行产品和服务。蚂蜂窝的景点、餐饮、酒店等点评信息均来自数千万用户的真实分享，每年帮助过亿的旅行者制定自由行方案。蚂蜂窝由陈罡和吕刚创立于 2006 年，从 2010 年正式开始公司化运营。蚂蜂窝的用户主要通过口碑获得，截至 2015 年 9 月 30 日，蚂蜂窝已积累 1 亿用户，其中 80%的用户来自移动端（蚂蜂窝自由行 App）；月活跃用户数达 8000 万，点评数量达 2100 万条。

蚂蜂窝站在自由行消费者的角度，帮助用户做出最佳的旅游消费决策。UGC（用户创造内容）、旅游大数据、自由行交易平台是蚂蜂窝的三大核心竞争力，社交基因是蚂蜂窝区别于其他在线旅游网站的本质特征。

"心若自由，行必无忧。"蚂蜂窝的目标是为全球的自由行消费者提供靠谱、有爱、值得信赖的旅行信息，以帮助他们更好地进行消费决策，并获得高性价比的自由行产品及服务。

4．移动社交电子商务

移动社交是指用户以手机、平板电脑等移动终端为载体，以在线识别用户及交换信息技术为基础，按流量计费，通过移动网络来实现的社交应用功能，移动社交不包括打电话、发短信等通信业务。与传统的 PC 端社交相比，移动社交具有人机交互、实时场景等特点，能够让用户随时随地地创造并分享内容，让网络最大程度地服务于个人的现实生活。移动社交和自媒体的爆发，正开启去中心化的电子商务发展新模式。与传统电子商务企业通过一个平台聚集所有商家和流量的中心化模式不同，去中心化的电子商务模式是以微博、微信等移动社交平台为依托，通过自媒体的粉丝经济模式，通过社群关系链的分享传播来获取用户。更重要的是，购物也不再是单纯的购物，而会在人们碎片化的社交场景中被随时激发，这极大降低了商家的流量获取成本，因此，它吸引了众多商家的关注。

移动社交电子商务是电子商务的一种新的衍生模式。它借助移动端、社交网站、SNS、微博、社交媒介、网络媒介等传播途径，通过社交互动、用户自生内容等手段来辅助商品的购买和销售行为。移动社交电子商务比较典型的有微博、微信、美丽说、蘑菇街等，移动社交电子商务的特征、模式在后面将详细阐述。

5．移动支付

移动支付也称为手机支付，就是允许用户使用其移动终端（通常是手机）对所消费的商品或服务进行账务支付的一种服务方式。单位或个人通过移动设备、互联网或者近距离传感直接或间接向银行金融机构发送支付指令产生货币支付与资金转移的行为，从而实现移动支付的功能。移动支付将终端设备、互联网、应用提供商以及金融机构相融合，为用户提供货币支付、缴费等金融业务。

移动支付 App 有支付宝、微信钱包、QQ 钱包、微博钱包等，如图 7-16、图 7-17、图 7-18、图 7-19 所示。

图 7-16　支付宝

图 7-17　微信钱包

图 7-18　QQ 钱包

图 7-19　微博钱包

案例7-5

Huawei Pay 与 Mi Pay

　　Huawei Pay 是华为消费者 BG 通过不断地积累和强化升级，率先在国内推出的首个基于安全芯片的便捷手机支付，其"指纹+芯片+金融级安全"的 NFC 全终端解决方案，开启了线下支付新方式，为用户带来安全的智能生活。用户只需要开启 Mate S 手机的 NFC 支付功能并绑定银行卡，Mate S 就变成了可移动支付的银行卡。我们日常消费时，只需将手机靠近 POS 机，验证指纹，就能轻松快捷地完成支付。而且 Huawei Pay 还支持"熄屏支付"，即在不解锁屏幕的前提下，贴近 POS 机同样可以激活付款，我们只要在 Mate S 上轻轻一按进行指纹验证就能完成支付。整个过程中，不需要再打开多级菜单页面手动找应用就能一步实现指纹支付，较二维码支付在体验上也更加便捷。

案例7-6

小米 Pay

　　小米 Pay，是 2016 年 4 月 21 日，中国银联与小米公司联合宣布，双方就深化推进移动支付业务合作达成共识，约定在银联的标准和规范体系之下，基于小米手机终端联合设计推出的移动支付产品。比较值得一提的是，小米 Pay 相较 Apple Pay 不仅支持银行卡，还能支持公交卡。小米是国内首家同时做到这两个功能的厂商，小米 5 也是首款同时支持这两项功能的设备。公交卡方面，目前支持上海、深圳、北京、广东、武汉以及苏州的六个地区，未来也会在更多的城市陆续开通。从开通的城市中可以看出，小米 Pay 还是选择人口多的城市、互联网发展迅速的地区作为试点。小米宣称，目前有超过 1000 万商户支持小米支付，其实只要支持银联闪付的，理论上都能支持小米支付。

在实际使用过程中，小米支付（Mi Pay）的体验与苹果 Apple Pay 相比几无差异，开卡过程、刷卡消费、增删卡片等操作的流畅度、便捷性和安全性均对标 Apple Pay。而且小米支付中的公交卡功能是 Apple Pay 完全不具备的，手机变身公交卡，出行更加方便。

7.4　移动社交电子商务

在众多移动电子商务应用类型里，移动社交电子商务是目前发展最快、市场潜力最大、前景最诱人的应用类型。为此，本书将对移动社交电子商务的相关知识进行重点阐述。

电子商务与社交走到一起，其实并不太令人意外，它们彼此都有羡慕对方的理由。如果说电子商务对社交网络的羡慕，源自其对未来的担忧的话，那么社交网络拥抱电子商务，则来自其对当下商业模式的困惑。Facebook 创始人马克·扎克伯格在 2010 年曾经说过："如果要我猜，社交电子商务将会是下一个引爆点。"如今随着移动互联网的高速发展以及社交平台的广泛应用，移动社交电子商务应运而生，它是继淘宝、京东之后的第三种电子商务形态，是共享经济时代电子商务发展的必然产物。

1. 移动社交电子商务概念

移动社交电子商务即是社交电子商务的移动化发展，移动、社交网络、电子商务三者的融合。是指将关注、分享、沟通、讨论、互动等社交化的元素应用于移动电子商务交易过程的现象。具体而言，从消费者角度来看，移动社交电子商务，既体现在消费者购买前的店铺选择、商品比较等，又体现在购物过程中通过 IM（即时通信）、论坛等与电子商务企业间的移动端交流与互动，也体现在购买商品后移动端消费评价及购物分享等。从品牌广告主的角度来看，移动社交电子商务就是通过移动端社交化工具的应用及与社交化媒体、网络的合作，完成企业销售、推广和商品的最终销售。

移动社交电子商务，不仅仅是移动化的电子商务，更核心的是它里面拥有了人与社交。人与人通过移动互联网拥有了更方便快捷的社交，社交通过互联网将人们的关系链进行了无限地放大，口碑和分享就像空气一样在移动互联网上无处不在。商家通过这些移动互联带来的新优势，可以更好地链接、培育、服务用户。让商业的效率在数字化运营后得以极大地提升，让服务更加全面，且及时弥补了原来传统业态时空上的缺陷，让人们享受到了更多的差异化体验。

2. 移动社交电子商务发展的原因

（1）智能手机的普及推动其快速发展

据 Talking Data 发布的《2015 年中国移动互联发展指数数据报告》显示，我国移动互联网迈入全民时代，截至 2015 年底，我国移动设备规模达 12.8 亿台。另外，据 CNNIC 发布的报告显示，截至 2016 年 6 月，中国网民规模达 7.1 亿人，中国手机网民规模达 6.56 亿人，较 2015 年底增加 3656 万人。网民中使用手机上网人群占比由 2015 年底的 90.1% 提升至 92.5%。智能手机——特别是大量千元智能手机的出现——迅速占领了国内手机市场，为移动社交电子商务提供了良好的基础。

（2）移动网络设施的完备为其提供了有利条件

随着移动设备的不断发展，4G 网络的出现，商业 Wi-Fi 热点数量的快速增长，用户需求从带宽成本中被释放，根据艾瑞咨询最新数据显示，预计到 2016 年底，中国商业 Wi-Fi 热点数量将达到 134.3 万个，增长率达 85%，如图 7-20 所示。

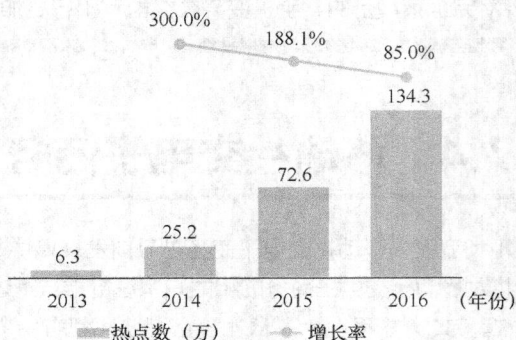

图 7-20 2013～2016 年中国商业 Wi-Fi 热点数量

同时，从流量使用情况来看，2015 年中国使用 3G/4G 流量的用户占比超过 60%，增长率为 35%，如图 7-21 所示。

年份	2010	2011	2012	2013	2014	2015
增长率（%）		173%	81%	73%	45%	35%
占比（%）	5.5%	13.0%	20.9%	32.7%	45.3%	60.1%

图 7-21 2010～2015 年中国 3G/4G 用户增长率及在手机用户中的占比

移动设备与移动网络的基础设施不断完备，使用户随时随地使用移动社交电子商务应用的门槛不断降低，减少了用户因流量资费而产生的顾虑，同时，网络流畅性的提升也大大提高了移动社交电子商务产品功能的用户体验，为图片社交电子商务、视频社交电子商务的发展提供了必备的基础。

（3）移动社交应用的丰富为其交易提供了入口

自 20 世纪末，猫扑、天涯社区等论坛出现开始，社交网络经历了近 20 年的发展，从最初的以展现信息、发布信息为主，正在向着移动化、多元化、兴趣化不断发展。自从 2010 年开始，移动互联网高速发展，更加便捷地使用场景、更快速有效的互动、更多好玩的可拓展的功能使移动社交快速占据有利的发展优势，大型社交网站纷纷开始布局移动端。大批创业者开始将焦点聚焦于移动社交，也出现了如陌陌、唱吧、脉脉、blued、nice、无秘、探探等移动互联网时代出生并成长的关注多种细分社交需求的移动应用，移动社交用户越来越多，消费者消耗在社交网络上的时间也越来越长，如图 7-22

所示。为了更好地发挥用户价值，移动社交应用纷纷开始推广电子商务业务，为移动社交电子商务提供了非常丰富的交易入口。

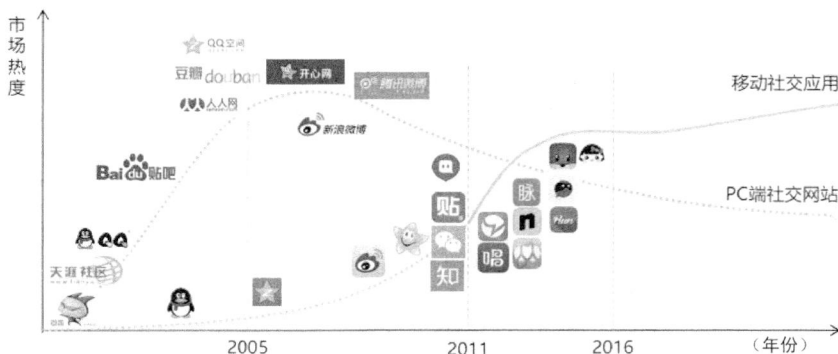

图7-22 中国社交网络发展历程

（4）移动支付的便捷性刺激了用户的购买欲望

移动支付的便捷性使电子商务突破了时间、地点的限制，刺激了消费者的即兴购买欲望。随着移动支付技术的发展，移动社交电子商务的发展前景将会越来越明朗化。

（5）中小型企业的加入为电子商务融入新的血液

近年来，随着电子商务的普及化，越来越多的中小型企业开始融入其中，电子商务的竞争也更加激烈。企业要想从中获益就必须要有"过人之处"，这就要求企业不断创新，开辟新途径，进而带动整个电子商务行业的深入发展。而移动社交电子商务作为电子商务的新发展，必将会获得众多企业的支持与选择。

3. 移动社交电子商务特征

相比传统电子商务，移动社交电子商务呈现出以下特点。

（1）互动性

移动社交电子商务都重视发挥社交媒体的作用，这些社交媒体方便了消费者与商家、消费者与消费者之间形成多形式的互动，包括私信、私聊、群聊等。移动社交电子商务为消费者、品牌商、零售商提供及时沟通平台，与传统的电子商务相比，社交网络在加强互动、凝聚人气、增强用户黏性等方面确实更有优势，能够提高电子商务的转化率和用户黏性。

（2）可信赖的信息来源

允许消费者及时评论和交流可增强用户对移动社交电子商务平台的信任感和认同感。社交网络上的朋友、同行、网友都能提供各类消费建议，口碑和效仿成为影响消费决策的关键因素，而社交网络则将口碑和效仿规模化，同时还能通过数据挖掘来精准地影响消费者的购买决策。

（3）社会认同性

用户购买产品或服务通常受到家庭、朋友、同事还有合作伙伴的影响。受到这些共同作用的影响，很容易发现在强关系网络中存在共同的购买行为。例如，一个群体如果都购买了某种产品，这个群体的个体就极易受到这个群体的影响。其实，现实生活中这个现象就经常发生，如人们处在不确定状态的时候，会看看别人正在做什么。心理学将这种行为解释为当人们需要做出决策时，会参考他人（他人已经做过的或者正在做的），来消弭自己的不安全感。事实证明，人会通过社交网络从朋友那里获取产品购买的建议。

（4）高效的购物过程

在移动社交电子商务的环境下，消费者的购买行为正在发生改变，他们拥有更多的资讯，不再完全受制于销售资料的影响、朋友的意见和反馈，从而大大降低了购物决策的复杂性。

（5）有趣的网络购物体验

移动社交电子商品使消费者与其社会关系可以同时购物，增强消费者网络购物体验。利用社交网络，可以更容易地诱发朋友之间的团购或共同购物行为，彼此的讨论和评价又会进一步增强购物体验。

4．移动社交电子商务模式

移动社交电子商务是电子商务发展到一定阶段的产物，尤其是近两年，随着移动互联网和社会化网络的快速发展，移动社交电子商务已经逐步形成了三种模式，分别为在移动社区中添加电子商务功能，以电子商务为核心构建移动社区，移动社区+电子商务、移动社区与电子商务都作为主营业务经营。

（1）在移动社区中添加电子商务功能

在移动社区中添加电子商务功能就是在原有移动社区用户规模的基础上，增加电子商务功能，利用其强大的用户群进行营销。无论是国内还是国外，已经有许多商家开展实践，通过社交媒体这个平台，建立粉丝群，在社区上展开营销活动推广。典型代表有基于微信的个人微商和自媒体微商等。

个人微商也就是朋友圈微商，通过在朋友圈刷屏的方式来做分销，目前这种模式由于类似传销和偏离产品本身而广受诟病；自媒体微商以公众号或服务号为引流入口，通过后台微信群或者微信社区的社群式管理和维护来实现产品和服务的交易，比如逻辑思维、十点读书会、吴晓波频道等，如图7-23、图7-24所示。

图7-23　逻辑思维

图7-24　十点读书会

这种类型的移动社交电子商务主要有以下两个特征：一是用户购买的冲动或欲望基本来自于朋友圈中的推荐；二是和移动社交网络结合得比较巧妙，用户购物体验比较好。

案例7-7

逻辑思维

在众多的自媒体中，玩得最好的当属逻辑思维。

逻辑思维是知名媒体人罗振宇与独立新媒体创始人申音合作打造的知识型自媒体社群。逻辑思维于 2012 年 12 月 21 日在优酷视频上线，最早是以视频脱口秀的形式，每周一更新一期。视频中罗振宇分享个人读书所得，启发独立思考，以其丰厚的知识积累和独特的表达风格，在互联网视频领域独树一帜。

后来，在视频的基础上又衍生出微信语音、图书杂志出版（含纸质、电子版）、线下读书会等多种互动形式，主要服务于"80 后""90 后"有"读书求知"需求的群体。广告语包括"有种、有趣、有料""死磕自己、愉悦大家""做大家身边的读书人"。其定位是打造自由人自由联合的知识社群。据公开资料显示，"逻辑思维"视频在优酷上的总播放量已经超过 2 亿次，微信公众号订阅数达到 200 多万次，日均活跃人次 30 万～40 万。

总结起来，逻辑思维目前的盈利模式主要有三种：一是收取会员服务费，二是广告众筹，三是借助社群打造产品。

（2）以电子商务为核心构建移动社区

以电子商务为核心构建移动社区的这类模式都是基于传统的电子商务，以电子商务作为主营业务，融合移动社交媒体工具（SNS、微博、微信等），通过社交互动来提升用户的体验和黏性，进而促进销售。以电子商务平台为主导，融入移动社交功能元素，以便促进电子商务平台中老用户的忠诚度和黏合度，给电子商务带来更高的用户量和商品交易量。例如，2010 年，淘宝创立一淘网，相比于之前的淘江湖而言，这一次更表现出了淘宝在用户社会化网服务体验中所作出的决心；2013 年，淘宝推出来往这一款交流应用 App，也足以证明了淘宝要做社会化电商的目的和战略思想，其他的典型代表还有凡客达人、良品铺子。

案例7-8

凡客达人

"凡客达人"是互联网快时尚品牌凡客诚品（Vancl）的一个社区化全民营销平台。该平台于 2011 年 3 月 18 日凌晨正式上线。现拥有明星计划、原创搭配王、全民设计等官方活动，每日特惠、逛凡客等主题频道，LOOK BOOK 达人杂志，《衣度》手机客户端，根据当天天气情况推荐穿衣搭配攻略，还能通过达人搭配图片进行下单，等等多个功能和界面。

在该平台，凡客用户自主免费开通店铺，即成为凡客达人（Vancl Star），发布凡客产品搭配图，凡客达人平台页面会给以展示，同时，也会以晒单形式推荐展示在相应凡客产品详情页及各大产品频道页中，如有顾客从该搭配页面下单成功，则此凡客达人即可获得销售分成，最高可达10%。

2013 年 5 月，凡客达人取消了分成机制，凡客网站网店联盟分成因此大幅度降低。

案例7-9

良品铺子

良品铺子是一家比较典型的传统连锁零售企业，成立于 2006 年 8 月。截至 2015 年 8 月，线下有 1600 家门店，在同质化竞争、门店租金和人力成本上涨等因素的威胁下，2012 年良品铺子成立电商公司开始入驻各大电商平台试水电商业务。2012 年电商销售额 1200 万元，2013 年电商销售额 8000 万元，2014 年完成销售额 4 亿元，2015 年良品铺子整体销售额突破了 45 亿元，而现在线上电子商务销售额为 16 亿元。良品铺子副总裁赵刚表示，良品铺子电子商务业务每年复合增长率都超过了 60%。

良品铺子在互联网化上实行的策略是：单渠道—多渠道—全渠道。在单一渠道向多渠道发展过程中，良品铺子内部形成了两个事业部：社交电商事业部和平台电商事业部，两个事业部在不同的渠道里面开展的业务也不尽相同。社交电商基于微信、微博、贴吧等，平台电商则负责京东、天猫等电商平台的入驻渠道。在社交电商领域，良品铺子目前微信粉丝数达到 300 万，而基于微信平台的交易数据显示，其单月销售额已经突破 1500 万元。

（3）"移动社区+电子商务"

"移动社区+电子商务"就是将社区电子商务作为主营业务，构建垂直化社区，建立独立的社交圈子，通过本圈子用户成员间的互动（分享、点评、评论等）实现交易。这类模式是独立于电子商务网站与移动社交网络之外的一种新的模式，它既可以利用现有的大型购物商城的接口来引入大量的商品数据，以此吸引更多的潜在用户，同时又可以借助于用户共生内容，用户相互推荐、评论等社交互动行为来为电子商务网站进行引流。目前，国内做的最好的代表性网站就是美丽说、蘑菇街等，不论是在服务质量上还是在用户积累量上，它们都处于行业领先水平，具有很大的优势。它们为用户提供的购物检索、推荐需求等导购类服务都可以说是很好的用户体验。为了将电子商务和移动社交两项业务相互并重同时发展，2016 年美丽说和蘑菇街宣布合并，成立美丽联合集团。

案例7-10

美丽说

徐易容先生于 2009 年 11 月创立美丽说。美丽说在成立之初就开创了社会化电商导购模式，几年间快速吸引了上千万年轻时尚爱美的女性用户，成为中国年轻女性最青睐的时尚风向标。2013 年 11 月，美丽说开始建立电子商务交易平台，精选上千家优质卖家供应商，为用户提供女装、女鞋、女包、配饰、美妆等品类的优质时尚商品，成功转型为女性时尚垂直品类电商。

得益于在用户体验上的精雕细琢，截至 2014 年 6 月，美丽说已有上万家时尚优质商家入驻，其移动客户端装机量超过 7500 万，来自于移动端的订单占比超过 70%，全面超越 PC 端。美丽说移动客户端的用户黏性也很高，移动客户端人均单日使用时间超过 30 分钟，是年轻时尚女孩子的高频使用场景之一。合并后，美丽说启动全新升级，开始定位于白领女性，并将 Slogan 变更为"美丽说，白领的全球导购"，新 Logo 也更新为嘴唇形象，寓意着女性的美丽由自己定义。

案例7-11

蘑菇街

蘑菇街，专注于时尚女性消费者的电子商务网站，为姑娘们提供衣服、鞋子、箱包、配饰和美妆等适合年轻女性的商品，蘑菇街 App 因此也成为时尚女性购买和互相分享的必备 App。

蘑菇街联合创始人、CEO 陈琪，2004 年于浙江大学毕业，2010 年开始创业，先后创办卷豆网、秀品折和蘑菇街。蘑菇街旨在做一家高科技、轻时尚的互联网公司，公司的核心宗旨就是购物与社区的相互结合，为更多消费者提供更有效的购物决策建议。蘑菇街从导购平台转型为社会化电商平台后，从 2013 年 11 月开始，仅仅 2 个月，就交出了单月 1.2 亿元的成绩单。

在蘑菇街的计划中，"创造"和"比较"都可以通过现有的社会化办法—— 一个更紧密的社区来解决，而"分享"则必须借助于移动设备。调查显示，蘑菇街的目标用户群中，iPhone 尤其是 iPhone4 的持有率高得惊人。所以，蘑菇街首先将视线投向了苹果的 App Store。在已经上线的蘑菇街 App 里，用户可以浏览网页上的所有内容，还可以通过应用内置的拍照功能分享自己的物品和装扮。

7.5 移动电子商务的发展趋势

移动电子商务是移动通信及电子商务应用两大领域的结合体。随着移动技术和信息应用技术的快速发展，移动电子商务将会为电子商务注入新的发展活力，带来新的发展机遇，极大地拓展电子商务的发展空间。移动电子商务为用户带来了更为方便、快捷、时尚、准确、安全的信息化服务和交易体验；为商家提供了高效、准确、优质的信息服务；拉近了商家和客户的距离，增加了有效客户，减少了商家的交易成本。下面将重点分析移动电子商务价值链相关方的需求发展趋势，同时结合新的技术发展，提出未来满足移动电子商务价值链相关方需求的应用发展新趋势。

1. 移动电子商务价值链相关方需求发展趋势

移动电子商务价值链上主要包含了用户、商家、运营商三大主体。

（1）用户需求趋势

随着移动新技术和应用的不断发展，市场竞争的愈发激烈，用户对移动电子商务的需求也更加苛刻，主要体现在以下几个方面。

① 信息服务的便利性

其表现在用户希望随时随地获取有效信息并进行交易，减少信息获取及交易的时间成本。

② 用户服务感知

其表现在希望得到有效的商家信息，避免垃圾信息骚扰。

③ 交易的安全性

保证移动电子商务中的交易安全，避免出现资金安全问题。

（2）商家需求趋势

对移动电子商务产业链中的商家而言，获得更多的有效客源是其获利的根本，因而其需求的发展趋势主要表现在以下几个方面。

① 用户信息获取的有效性

通过对消费者行为的分析，发掘潜在用户，感知用户需求。

② 信息的及时性

商家对快速感知有效客户、接触客户、促成交易的时间要求也将提高，具体来说，包括信息传递的有效性和及时性、用户接触商家的难易程度、尽量减少接触客户的距离、让用户方便快捷地找到商家。

③ 交易的安全性

保证商家的交易资金及交易过程安全。

（3）移动电子商务运营商的发展趋势

作为移动电子商务的业务运营者，移动电子商务运营商将会通过为用户和商家提供高质量的信息服务、安全的支付手段、高效的物流配送、创新的服务模式及先进的技术、专业的运营方式等，来获取更多的用户，谋取自身的发展。

2. 移动电子商务应用发展趋势

追踪移动市场数据的朱尼普研究公司（Juniper Research）出具了一份报告，该报告显示，到 2017 年时，移动电子商务的交易价值预计将冲高到 3.2 万亿美元，相比之下 2013 年仅有 1.5 万亿美元。移动电子商务未来应用发展趋势主要有以下几个方面。

（1）图像识别将成为移动互联网新的超级入口

微信"扫一扫"功能令人印象深刻。它利用图像识别技术将传统的条形码、二维码、图书和 CD 封面、电影海报等扫描入口全部集成到一起，让目前所有主流的识别手段都在一个小小的 App 内触摸得到。

腾讯正在打造一种新的超级入口，意图将所有的线下实物和线上信息通过微信关联起来，所谋甚远，所图甚大。但二维码或者封面的扫描只能算是图像识别超级入口的入门版，那理想中的图像识别超级入口应该是什么样子呢？

① 什么都可以识别——对应用领域无限制

海量的杂志、海报等平面特征；商品实物、店铺 Logo 等实体特征；衣服、水果蔬菜等不定特征；当然还有人脸特征，都要能在苛刻的实用条件下准确识别。这是对目前人类技术极限的艰巨挑战，也是所有计算机视觉和模式识别领域的研究者梦寐以求的技术巅峰。同时，这也对识别数据库提出了极高要求。除了常规的条形码、二维码之外，各类常见图片、商品实物、店铺 Logo 等的数据库也都要完备。理想的图像识别入口应该是用户生活中常见的一切，即扫即得，世间一切都在扫完之后明了清晰。

② 无论怎么扫都能识别——对用户行为无限制

识别的过程中不需要限制用户必须正面对准、完全框住、不能远离或贴近、不能倾斜、不能抖动、不能光扰、不能模糊。理想的图像识别入口应该是用户随意拿起手机，朝向目标，即可很快得到识别结果，如图 7-25 所示。

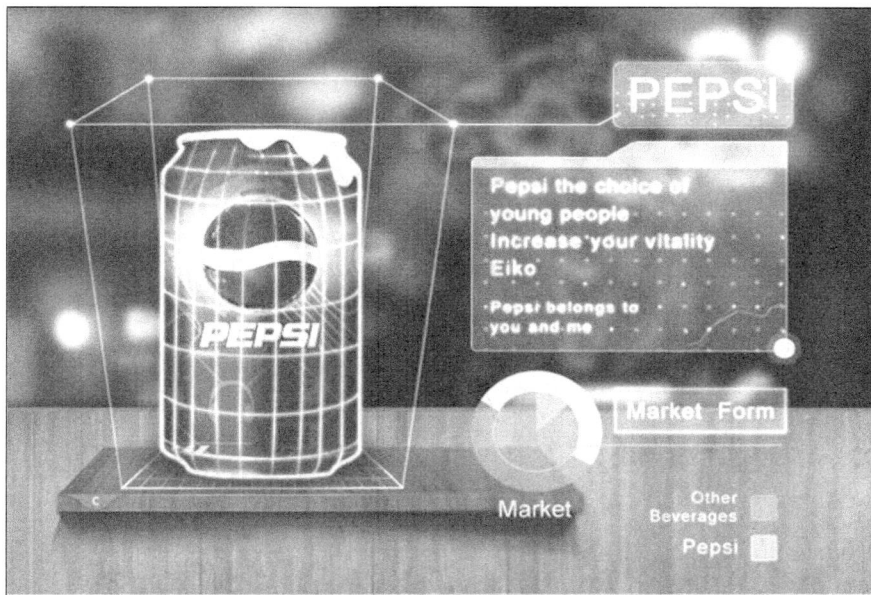

图 7-25　未来扫码技术

如果能再结合增强现实技术，就如图 7-25 所示的那样，那用户体验更会得到进一步的飞跃。如果这样的功能和用户体验可以在淘宝、微信、新浪微博、易信、大众点评、美图秀秀等常用客户端中实现，那世界会变成什么样？便捷？有趣？用科幻这个词来形容更为恰当！试想扫一下杂志内容、书籍、名片，马上就能出现视频、评论、相关文章、社交信息；扫一下商品包装就马上出现一系列使用说明、用户评论、优惠券、比价信息，甚至可以直接点击购买；走在商场里扫一下店铺 Logo 就出现店家代金卷、用户留言，知道什么东西值得买，什么菜值得吃。

③ 利用"移动图像识别技术"拍照购买

想象一下：在街上，你看见一位着装时髦的人穿了一双很棒的鞋子，你将它拍照下来，之后，你的手机就会给你一个网址，你便可以在上面购买它们了。这项技术虽然还没有完全实现，但移动图像识别技术（MIR）正在加速推进。

LTU 科技（LTU Technologies）总经理 Stephen Shepherd 认为，这项技术不久后便会实现。他说道："亚洲和欧洲的零售商已经将'移动视觉搜索'技术运用在了目标明确的移动商务应用上。在3 年之内，我们将看到美国零售商迅速采用这项技术。"他还预测这一情况将在未来变得司空见惯：用零售商的移动商务应用给路人的鞋子或者背包照张相，便可以马上找到同款或者类似样式的产品，随后，用户便可以自行购买。

Shepherd 还表示，在移动视觉搜索技术成为主流之前，还有两个挑战亟待解决。一个是要研发出可以精准识别三维物体的图像识别技术；另一个是："要以一种尊重别人隐私的方式进行。"他补充道。

移动电商的飞速发展是有目共睹的，在移动设备上选购商品、下单甚至是付款都不再是新鲜事。如何扩展创新业务、提升用户体验、挖掘新的增长点是应用开发商更多考虑的问题。

可以想象，在不久的将来，消费者就可以根据商品照片来进行选购，或者是在视频节目中锁定目标点击选购。

（2）基于 LBS 的应用大放异彩

地理位置服务（Location Based Services，LBS）又称定位服务，是指通过移动终端和移动网络的配合，确定移动用户的实际地理位置，从而提供用户所需要的与位置相关的服务。

LBS 服务源于美国移动电子商务的运营者 Foursquare，Foursquare 是基于 LBS 技术建立的手机服务网站，用户可以通过自己的手机来"报到 Checkin"自己所在的位置，Foursquare 鼓励手机用户通过 Twitter、Facebook 等流行的社交网络平台分享自己当前所在地理位置等信息，并且依据用户的位置（地点）信息推出了针对性的电子商务业务，如图 7-26 所示。当用户向系统登记其位置（地点）时，不但可以获得积分，还可以根据用户累计的各分及用户所在的位置得到业务系统推送的各类优惠券、折扣编码、代金券。因为 LBS 等定位技术的引入，商户可与应用提供商合作，向进入目标位置（地点）范围内的特定人群做广告，快速地锁定目标人群进行营销，通过短信、二维码等多种方式推送优惠券、代金券及广告信息。

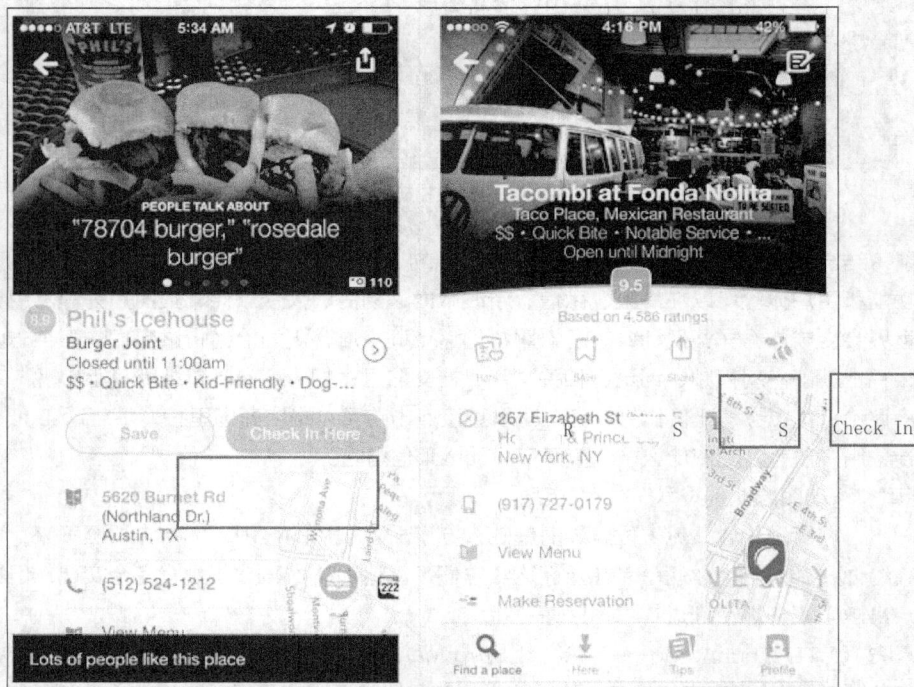

图 7-26　Foursquare 的 LBS 服务

LBS 技术的引入，使用户的搜索成本大为降低，不仅为用户带来了更低的商品折扣，也使用户真切地体验到了移动电子商务带来的优惠，提升了用户体验；LBS 也使商户更快地锁定目标人群，进行针对性营销；对于移动电子商务运营商，因为 LBS 技术不仅带来了广告收入，还可以向商家提供流量分析工具，从而实现盈利。可以预见，随着移动电子商务业务的不断发展，LBS 将在更多的应用中得到广泛应用，为产业链中的各参与方带来意想不到的商机。

本章小结

本章主要对移动电子商务相关知识进行了介绍，对移动电子商务的兴起进行了系统地梳理和总结，在此基础上，对移动电子商务概念及特征进行了讨论，着重介绍了移动电子商务应用类型以及移动社交电子商务，并对移动电子商务发展趋势进行了分析。

目前我国成为移动智能终端持有量第一的国家，移动电子商务应用越来越丰富，移动互联网用户规模超过 6 亿人，移动在线购物市场增速迅猛，我国已经进入了移动互联网时代。

移动电子商务是特指使用手机通过移动通信网以及无线互联网进行信息交流和交易的商务活动。具有不受时空控制、随时满足用户需求、信息获取更及时、更好的个性化服务、基于位置的服务、移动支付更方便快捷、潜在用户规模大、更易于技术创新等特征。

目前，我国移动电子商务应用于多个行业和领域，包括网络移动购物、O2O、旅游移动电子商务、移动社交电子商务、移动支付等。重点对移动社交电子商务进行了介绍，移动社交电子商务是社交电子商务的移动化发展，是指将关注、分享、沟通、讨论、互动等社交化的元素应用于移动电子商务交易过程的现象。移动社交电子商务具有互动性、可信赖的信息来源、社会认同性、高效的购物过程、有趣的网络购物体验等特征，主要有在移动社区中添加电子商务功能、以电子商务为核心构建移动社区、"移动社区+电子商务"三种模式。

未来移动电子商务应用发展趋势主要有图像识别将成为移动互联网新的超级入口、基于 LBS 的应用大放异彩等。

课堂问答

1. 什么是移动电子商务？移动电子商务特征有哪些？
2. 简述我国移动电子商务的发展历程。
3. 移动电子商务应用类型有哪些？
4. 什么是 O2O 移动电子商务？
5. 什么是移动社交电子商务？移动社交电子商务特征有哪些？
6. 移动社交电子商务主要有哪些模式？
7. 移动电子商务发展趋势有哪些？
8. 举出几个你身边移动电子商务运用的例子，说明移动电子商务是如何改变人们生活的。

实践练习

1. 结合本章 O2O 移动电子商务学习的内容，收集两个 O2O 移动电子商务应用的案例，并对其 O2O 移动电子商务应用特点及成效进行分析，形成分析报告。

2. 结合本章移动社交电子商务模式学习的内容，选择其中一种移动社交电子商务模式，收集一个该模式的应用案例，并对其应用过程及特点进行分析。

手机百度"刷脸吃饭"背后的图像识别技术

2014 年，随着世界杯大幕开启，手机百度应景地推出了"世界杯刷脸吃饭"活动。据了解，该活动主打"刷脸打分换吃"，用户只需要自拍一张照片，系统就会使用百度人脸识别技术对照片进行分析并打分，凭借在这里得到的分数，用户可以领取相应的优惠券，用以在手机百度外卖上的消费。这一活动刚刚上线，就被网友直呼"酷炫"，如图 7-27 所示。有专家则认为，"世界杯刷脸吃饭"活动的推出意味着百度在图像识别技术领域已经达到了国际领先水平。而已有趋势表明，图像将成为继文字、语音之后，第三大成熟的移动搜索交互方式，百度在未来的移动搜索大战中已经占得先机。

图 7-27　百度领先的图像识别及人脸识别技术

看似简单的过程，背后其实有着非常高的技术含量。"刷脸"需要调用的是图像识别及人脸识别两项技术，人脸识别作为一种技术能力，是图像识别的分支。百度相关技术专家对此进行了详细解析：与挖掘明确的文字信息、分析语义不同，图像识别首先在识别上的难度就远高于前两者。例如，在图像识别领域，如果一个邮筒跟一个垃圾桶长得很像，那么系统就很难识别出它到底是邮筒还是垃圾桶。所以，要识别一个东西是什么其实很难，视觉会遇到各式各样的干扰性信息，包括光照、距离、角度、外形、遮挡物等。而复杂多变的人脸识别就更难了，需要在技术上实现对图像像素级的分析与运算。为此，百度专门研发了用于图像识别的深度学习网络，尤其是卷积神经网络，这也是百度大脑的重要组成部分。百度基于此开发出世界上最大的深度神经网络，有超过两百亿的参数。凭借这样的工程和技术能力，百度可以开发各种各样深度学习的算法，对语音、图像、文本做处理。

目前，百度的图像识别技术，结合深度神经网络，通过对图像像素级的分析和运算，已经实现了世界领先的识别精度和覆盖率。此前，百度基于该技术所开发的 App "百度翻译"，因为能够实现实物翻译而引发了一股热潮；另外两款基于该技术的 App——百度识图和百度魔图，也有不错的反响。而百度目前的人脸识别技术则可以精确定位和识别人的面部轮廓和五官。此次的 "刷脸吃饭" 活动，是将图像识别技术及人脸识别技术相结合，首先图像识别是否是人脸，然后人脸识别技术再对五官进行分析，结合百度移动搜索的大量数据积累进行比对分析判别，最终才能给出美貌值。

智能手机及移动互联网的发展，为移动搜索行业带来了巨大的发展空间，而相关的搜索技术，也在悄然发生变化。在 PC 端搜索，我们更多采用的是文字搜索，而在智能手机等移动设备上搜索，除了文字搜索以外，语音搜索以及图像搜索也开始逐渐流行。因为智能移动设备几乎标配摄像头，这就为图像搜索提供了很大的想象空间，如图 7-28 所示。

图 7-28　未来图像识别技术

试想一下，未来的某一天，你在路边的广告牌上看到了一个美女，你想知道这个人是谁，若是采用传统文字的方式搜索，你可能需要付出很大的精力才能找到你想要的信息，而使用图像搜索就简单多了，只要用摄像头拍下照片再使用百度的移动搜索，后台就会通过图像识别、人脸识别帮你快速找到你所要了解的信息，并呈现在你面前；甚至，通过人脸识别技术，未来你的脸就是一个 "凭证"，配上硬件的支持，就可以实现各种需要验证的功能，如在购物时直接刷脸支付代替刷你的信用卡、在下班回家时用脸取代你的实体钥匙作为你开门的凭据等。

只要想象一下这样的使用场景，你就会明白，百度为什么会在图像识别以及人脸识别领域持续发力了。

187

08 第8章 跨境电子商务

学习目标

通过本章的学习，了解跨境电子商务的定义，能够认识跨境电子商务和传统国际贸易的区别，深刻理解跨境电子商务的特点；能够对跨境电子商务的发展阶段有清晰的认识，准确把握跨境电子商务的发展现状及对传统外贸造成的冲击，掌握跨境电子商务的常用分类及常用平台介绍，熟练掌握跨境电子商务的交易流程。

导入案例

eBay发布的四川省卖家跨境零售出口的相关数据显示，2014年四川卖家通过eBay平台实现的跨境零售出口总交易额比2009年增长了275%。2014年，eBay四川卖家最畅销的四大品类分别是电子、汽配、时尚和家居园艺类产品。据悉，作为四川省着力发展的重点产业，电子产业的蓬勃发展为eBay四川卖家提供了得天独厚的货源优势。早在2009年，电子类产品就已经是eBay四川卖家的第一大销售品类，多年来稳步增长，始终稳坐eBay四川卖家品类的头把交椅。2014年该品类销售额比2009年增长185%。eBay的数据显示，尽管起步较晚，汽配类产品却是四川卖家增长的引擎，2014年比2009年同期增长了将近470倍，跃居eBay四川卖家销售额第二大品类。eBay方面表示，汽配类产品零售出口的惊人增长主要得益于以海外仓为代表的创新物流解决方案的应用。通过使用海外仓，四川省卖家提升了物流配送品质和效率，提高了跨境物流的适配性。目前，汽配品类增长潜力非常可观，将继续成为四川跨境电商零售出口产业发展的一大动力。另外，从亿邦动力网了解到，四川省的家居园艺类零售出口在5年内也增长了12倍。位列四川省零售出口第三大品类的时尚类产品，也实现了将近3倍的增长。

8.1 跨境电子商务的认知

1. 跨境电子商务的含义

跨境电子商务是指分属不同关境的交易主体，通过电子商务平台达成交易、进行支付结算，并通过跨境物流送达商品、完成交易的一种国际商业活动。

跨境电子商务从进出口方向分为出口跨境电子商务和进口跨境电子商务。从交易模式分为 B2B 跨境电子商务和 B2C 跨境电子商务。

从跨境电商出口的流程看，生产商或制造商将生产的商品在跨境电商企业的平台上上线展示，在商品被选购下单并完成支付后，跨境电商企业将商品交付给物流企业进行投递，经过两次（出口国和进口国）海关通关商检后，最终送达消费者或企业手中。有的跨境电商企业也直接与第三方综合服务平台合作，让第三方综合服务平台代办物流、通关商检等一系列环节，从而完成整个跨境电商交易的过程，如图 8-1 所示。跨境电商进口的流程除了与出口流程的方向相反外，其他内容基本相同。

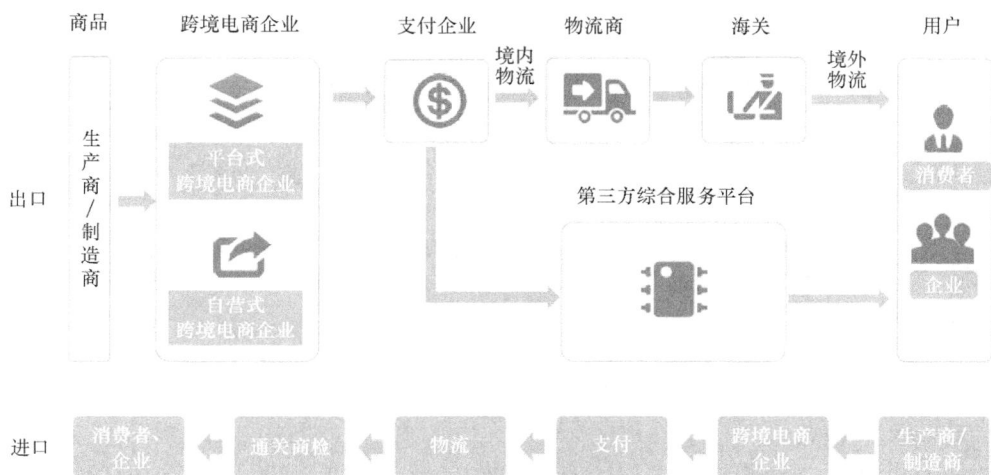

图 8-1 跨境电子商务的交易流程

跨境电商与传统贸易模式相比，可以有效地突破贸易壁垒的限制，直接面对国外消费者，中间环节少、渠道成本低、交易虚拟化、营销全天候，这为制造商和终端消费者达成"双赢局面"创造了便利条件。据商务部的不完全统计显示，截止目前中国境内通过阿里巴巴"全球速卖通"、敦煌网、亚马逊等第三方平台开展跨境电商业务的外贸企业已超过 20 万家，平台企业超过 5000 家，其中中小外贸企业和个体商户超过 9 成，而浙江和广东的企业占据一半左右。

2. 跨境电子商务的特点

跨境电子商务与传统国际贸易模式相比，受到地理范围的限制较少，受各国保护措施影响较小，交易环节涉及中间商少，因而价格低廉，利润率高。但同时也存在明显的通关、结汇和退税障碍，贸易争端处理不完善等劣势。通过对两者进行对比，可以看出它们的差异，如表 8-1 所示。

表 8-1 跨境电子商务与传统国际贸易模式对比

	传统国际贸易	跨境电子商务
交易主体交流方式	面对面，直接接触	通过互联网平台，间接接触
运作模式	基于商务合同的运作模式	需借助互联网电子商务平台
订单类型	大批量、少批次、订单集中、周期长	小批量、多批次、订单分散、周期相对较短

	传统国际贸易	跨境电子商务
价格、利润率	价格高、利润率相对低	价格实惠、利润率高
产品类目	产品类目少、更新速度慢	产品类目多、更新速度快
规模、速度	市场规模大但受地域限制，增长速度相对缓慢	面向全球市场，规模大，增长速度快
交易环节	复杂（生产商——贸易商——进口商——批发商——零售商——消费者），涉及中间商众多	简单（生产商——零售商——消费者或生产商——消费者），涉及中间商较少
支付	正常贸易支付	需借助第三方支付
运输	多通过空运、集装箱海运完成，物流因素对交易主体影响不明显	通常借助第三方物流企业，一般以航空小包的形式完成，物流因素对交易主体影响明显
通关、结汇	按传统国际贸易程序，可以享受正常通关、结汇和退税政策	通关缓慢或有一定限制，无法享受退税和结汇政策（个别城市已尝试解决）
争端处理	健全的争端处理机制	争端处理不畅，效率低

归纳来看，跨境电子商务呈现出传统国际贸易所不具备的特征有以下几个方面。

（1）全球性（Global）

网络是一个没有边界的媒介体，具有全球性和非中心化的特征。依附于网络发生的跨境电子商务也因此具有了这两个特性。电子商务与传统的交易方式相比，一个重要特点在于电子商务是一种无边界交易，摒弃了传统交易所具有的地理因素。互联网用户不需要考虑跨越国界就可以把产品尤其是高附加值的产品和服务提交到市场。网络的全球性特征带来的积极影响是信息的最大程度地共享，消极影响是用户必须面临因文化、政治和法律的不同而产生的风险。任何人只要具备了一定的技术手段，在任何时候、任何地方都可以让信息进入网络，相互联系进行交易。美国财政部在其财政报告中指出，对基于全球化的网络建立起来的电子商务活动进行课税是困难重重的，因为电子商务是基于虚拟的电脑空间展开的，丧失了传统交易方式下的地理因素，再者电子商务中的制造商容易隐匿其住所而消费者对制造商的住所是漠不关心的。例如，一家很小的爱尔兰在线公司，通过一个可供世界各地的消费者点击观看的网页，就可以通过互联网销售其产品和服务——只要消费者接入了互联网。很难界定这一交易究竟是在哪个国家内发生的。

这种远程交易的发展，给税收当局制造了许多困难。税收权力只能严格地在一国范围内实施，网络的这种特性为税务机关对超越一国的在线交易行使税收管辖权带来了困难。而且互联网有时扮演了代理中介的角色。在传统交易模式下往往需要一个有形的销售网点的存在，例如，通过书店将书卖给读者，而在线书店可以代替书店这个销售网点直接完成整个交易。而问题是，税务当局往往要依靠这些销售网点获取税收所需要的基本信息，代扣代缴所得税等。没有这些销售网点的存在，税收权力的行使会有诸多困难。

（2）无形性（Intangible）

网络的发展使数字化产品和服务的传输盛行起来。而数字化传输是通过不同类型的媒介（如数据、声音和图像等）在全球化网络环境中集中进行的，这些媒介在网络中是以计算机数据代码的形式出现的，因而是无形的。以一个 E-mail 信息的传输为例，这一信息首先要被服务器分解为数以百万计的数据包，然后按照 TCP/IP 协议通过不同的网络路径传输到一个目的地服务器并重新组织转发给接收人，整个过程都是在网络中瞬间完成的。电子商务是数字化传输活动的一种特殊形式，其无形性的特性使得税务机关很难控制和检查销售商的交易活动，税务机关面对的交易记录都是体现为数据代码的形式，使得税务核查员无法准确地计算销售所得和利润所得，从而给税收带来困难。

数字化产品和服务基于数字传输活动的特性也必然具有无形性，传统交易以实物交易为主，而在电子商务中，无形产品却可以替代实物成为交易的对象。以书籍为例，传统的纸质书籍，其排版、印刷、销售和购买被看作是产品的生产、销售。然而在电子商务交易中，消费者只要购买网上的数据权便可以使用书中的知识和信息。而如何界定该交易的性质、如何监督、如何征税等一系列问题却给税务和法律部门带来了新的课题。

（3）匿名性（Anonymous）

跨境电子商务的非中心化和全球性的特性，使得很难识别电子商务用户的身份和其所处的地理位置。在线交易的消费者往往不显示自己的真实身份和地理位置，重要的是，这丝毫不影响交易的进行，网络的匿名性也允许消费者这样做。在虚拟社会里，隐匿身份的便利迅即导致自由与责任的不对称。人们在这里可以享受最大的自由，却只承担最小的责任，甚至干脆逃避责任。这显然给税务机关制造了麻烦，税务机关无法查明应当纳税的在线交易人的身份和地理位置，也就无法获知纳税人的交易情况和应纳税额，更不要说去审计核实。该部分交易和纳税人在税务机关的视野中隐身了，这对税务机关是致命的。以 eBay 为例，eBay 是美国的一家网上拍卖公司，允许个人和商家拍卖任何物品，到目前为止 eBay 已经拥有 1.5 亿用户，每天拍卖数以万计的物品，总计营业额超过800 亿美元。

电子商务交易的匿名性导致了逃税、避税现象的恶化。网络的发展，降低了避税成本，使电子商务避税更轻松易行。电子商务交易的匿名性使得应纳税人利用避税地联机金融机构规避税收监管成为可能。电子货币的广泛使用以及国际互联网所提供的某些避税地联机银行对客户的"完全税收保护"，使纳税人可将其源于世界各国的投资所得直接汇入避税地联机银行，规避了应纳所得税。美国国内收入服务处（IRS）在其规模最大的一次审计调查中发现，大量的纳税人通过离岸避税地的金融机构隐藏了大量的应税收入。而美国政府估计大约有三万亿美元的资金因受避税地联机银行的"完全税收保护"而被藏匿在避税地。

（4）即时性（Instantaneously）

对于网络而言，传输的速度和地理距离无关。传统交易模式，信息交流方式如信函、电报、传真等，在信息的发送与接收间，存在着长短不同的时间差。而电子商务中的信息交流，无论实际时空距离远近，一方发送信息与另一方接收信息几乎是同时的，就如同生活中面对面交谈。某些数字化产品（如音像制品、软件等）的交易，还可以即时清结，订货、付款、交货都可以在瞬间完成。

电子商务交易的即时性提高了人们交往和交易的效率，免去了传统交易中的中介环节，但也暴露了法律危机。在税收领域表现为电子商务交易的即时性往往会导致交易活动的随意性，电子商务主体的交易活动可能随时开始、随时终止、随时变动，这就使得税务机关难以掌握交易双方的具体交易情况，不仅使得税收的源泉扣缴的控管手段失灵，而且客观上促成了纳税人不遵从税法的随意性，加之税收领域现代化征管技术的严重滞后作用，都使得依法治税变得苍白无力。

（5）无纸化（Paperless）

电子商务主要采取无纸化操作的方式，这是以电子商务形式进行交易的主要特征。在电子商务中，电子计算机通信记录取代了一系列的纸面交易文件。由于电子信息以比特的形式存在和传送，整个信息发送和接收过程实现了无纸化。无纸化带来的积极影响使信息传递摆脱了纸张的限制，但由于传统法律的许多规范是以规范"有纸交易"为出发点的，因此，无纸化带来了法律在一定程度上的混乱。

电子商务以数字合同、数字时间截取了传统贸易中的书面合同、结算票据，削弱了税务当局获取跨国纳税人经营状况和财务信息的能力，且电子商务所采用的其他保密措施也将增加税务机关掌握纳税人财务信息的难度。在某些交易无据可查的情形下，跨国纳税人的申报额将会大大降低，应纳税所得额和所征税款都将少于实际所达到的数量，从而引起征税国国际税收的流失。例如，世界各国普遍开征的传统税种之一的印花税，其课税对象是交易各方提供的书面凭证，课税环节为各种法律合同、凭证的书立或做成，而在网络交易无纸化的情况下，物质形态的合同、凭证形式已不复存在，因而印花税的合同、凭证贴花（即完成印花税的缴纳行为）便无从下手。

（6）快速演进（Rapidly Evolving）

互联网是一个新生事物，现阶段它尚处在幼年时期，网络设施和相应的软件协议的未来发展具有很大的不确定性。但税法制定者必须考虑的问题是网络像其他的新生儿一样，必将以前所未有的速度和无法预知的方式不断演进。基于互联网的电子商务活动也处在瞬息万变的过程中，短短的几十年中，电子交易经历了从 EDI 到电子商务零售业的兴起的过程，而数字化产品和服务更是花样出新，不断地改变着人们的生活。

而一般情况下，各国为维护社会的稳定，都会注意保持法律的持续性与稳定性，税收法律也不例外。这就会引起网络的超速发展与税收法律规范相对滞后的矛盾。如何将分秒都处在发展与变化中的网络交易纳入税法的规范，是税收领域的一个难题。网络的发展不断给税务机关带来新的挑战，税务政策的制定者和税法立法机关应当密切注意网络的发展，在制定税务政策和税法规范时充分考虑这一因素。

跨国电子商务具有不同于传统贸易方式的诸多特点，而传统的税法制度却是在传统的贸易方式下产生的，必然会在电子商务贸易中漏洞百出。网络深刻地影响着人类社会，也给税收法律规范带来了前所未有的冲击与挑战。

3．跨境电子商务的发展历程

（1）跨境电商 1.0 阶段（1999～2003 年）

跨境电商 1.0 时代的主要商业模式是网上展示、线下交易的外贸信息服务模式。跨境电商 1.0 阶段第三方平台主要的功能是为企业信息以及产品提供网络展示平台，并不在网络上涉及任何交易环节。

此时的盈利模式主要是通过向进行信息展示的企业收取会员费（如年服务费）。跨境电商 1.0 阶段发展过程中，也逐渐衍生出竞价推广、咨询服务等为供应商提供一条龙的信息流增值服务。

在跨境电商 1.0 阶段中，阿里巴巴国际站、环球资源网为典型的代表平台。其中，阿里巴巴成立于 1999 年，以网络信息服务为主、线下会议交易为辅，是中国最大的外贸信息黄页平台之一。环球资源网于 1971 年成立，前身为 Asian Source，是亚洲较早的提供贸易市场资讯者，并于 2000 年 4月 28 日在纳斯达克证券交易所上市。在此期间还出现了中国制造网、韩国 EC21 网、Kellysearch等大量以供需信息交易为主的跨境电商平台。跨境电商 1.0 阶段虽然通过互联网解决了中国贸易信息面向世界买家的难题，但是依然无法完成在线交易，对于外贸电商产业链的整合仅止步于完成信息流整合环节。

（2）跨境电商 2.0 阶段（2004～2012 年）

2004 年，跨境电商 2.0 阶段来临。这个阶段，跨境电商平台开始摆脱纯信息黄页的展示行为，将线下交易、支付、物流等流程实现电子化，逐步实现在线交易。

相比第一阶段，跨境电商 2.0 更能体现电子商务的本质，借助于电子商务平台，通过服务、资源整合有效打通上下游供应链，包括 B2B（平台对企业小额交易）平台模式、B2C（平台对用户）平台模式两种模式。跨境电商 2.0 阶段，B2B 平台模式为跨境电商的主流模式，通过直接对接中小企业商户实现产业链的进一步缩短，提升商品销售利润空间。

在跨境电商 2.0 阶段，第三方平台实现了营收的多元化，同时实现后向收费模式，将"会员收费"改为以收取"交易佣金"为主，即按成交效果来收取百分点佣金。同时还通过平台上营销推广、支付服务、物流服务等获得增值收益。

2004～2008 年：在这个年代里，很多人，确切地说是一批海外留学的人在 eBay、亚马逊上卖游戏币——大龙网最早也是做游戏币起家的，很多人就靠着售卖游戏币，赚到了人生的第一桶金。2006年后，网络游戏开始没那么流行了，于是，eBay 2007 年宣布不再从事虚拟的游戏币交易，这个阶段也就随之终止了。

2007～2011 年：这个阶段，称为假货盛行的时代。一批留学生开始了最早的中国制造交易。华强北拿货，然后在网上售卖。现在大部分的大电商都是从那个时代过来的，卖假货、卖仿货，只因它们利润很高。

2011～2012 年：2011 年后，到处都能听到"跨境电商"这个词语。国家也开始重视起来，一条条法规颁布出来，各个地区政府的扶持力度也加强了，当然，竞争也越来越激烈了。有传统的行业转型进入，也有电商巨头的迅速升级，线下供应商、物流商、服务商、并且阿里系的卖家越来越多涌入速卖通。

（3）跨境电商 3.0 阶段（2013 年至今）

2013 年成为跨境电商的重要转型年，跨境电商全产业链都出现了商业模式的变化。随着跨境电商的转型，跨境电商 3.0 "大时代"随之到来。

跨境电商 3.0 具有大型工厂上线、B 类买家成规模、中大额订单比例提升、大型服务商加入和移动用户量爆发五方面特征。与此同时，跨境电商 3.0 服务全面升级，平台承载能力更强，全产业链服务在线化也是 3.0 时代的重要特征。

在跨境电商 3.0 阶段，用户群体由草根创业向工厂、外贸公司转变，且具有极强的生产设计管理能力。平台销售的产品也由网商、二手货源向一手货源好产品转变。

一方面，3.0 阶段的主要卖家群体正处于从传统外贸业务向跨境电商业务的艰难转型期，生产模式由大生产线向柔性制造转变，对代运营和产业链配套服务需求增高。另一方面，3.0 阶段的主要平台模式也由 C2C、B2C 向 B2B、M2B 模式转变，批发商买家的中大额交易成为平台的主要订单来源。

4．跨境电子商务的发展现状

在国家"一带一路"及自贸试验区等国家战略背景下，跨境电子商务已成为外贸产业中的一匹"黑马"，成为推动中国外贸增长的重要力量。据不完全统计，中国境内各类平台企业超过 5000 家，通过平台开展跨境电子商务的外贸企业超过 20 万家。B2B、B2C 和 C2C 交易模式共存互补，市场活跃度持续提升。

（1）市场规模

我国跨境电子商务产业的发展远远领先于其他国家和地区，据中国电子商务研究中心发布的统计数据显示，2014 年，我国跨境电商交易规模为 4.2 万亿元，同比增长 33.3%，而在进出口比例上，跨境电商中出口占比达到 85.4%，进口比例达 14.6%。而据权威机构预测，到"十二五"时期末，我国跨境电商交易额占进出口总值的比例将达到 16.9%，2016 年预计达到 6.5 万亿元人民币。

（2）主要发展形式

跨境电子商务是指不同国别或地区间的交易双方通过互联网及其相关信息平台将传统国际贸易加以网络化和电子化，实现在线批发和零售的一种新型国际贸易模式。当前的跨境电子商务主要存在三种发展形式：一是传统制造业、商贸企业、经纪人通过大型跨境电商平台网站发布商品信息，寻找商机，开展网站大额或小额在线支付国际贸易批发业务；二是在第三方跨境电商平台上开设店铺，通过这些平台以在线零售的方式销售商品到国外的企业和全球终端消费者；三是企业建立一个独立的跨境网站，如兰亭集势、大龙网等，以在线零售的方式将商品直接销售到全球终端消费者。

（3）通关物流及支付方式

在跨境电子商务经营中，在线批发多采用传统的通关物流和结算方式，如邮政汇款、银行转账、信用证等，近两年也开始探索线上的大额第三方支付模式。在线零售多以商业快件和个人行邮为主要的通关物流方式，并由此衍生出包裹集中后以百家货方式清到香港转运以及批量货物海外仓转运的模式；在线零售结算则采取的网络结算方式，包括第三方支付、信用卡支付、邮政汇款、银行转账等多种支付方式。

（4）检验检疫、结汇与退税情况

在线批发由于在进出口经营者身份备案、国际交易真实性确认、支付结算、检验检疫、通关、物流等方面与传统贸易采取的方式一致，所以结汇和退税遵照传统国际贸易方式进行。然而，在线零售由于是以在线零售订单和第三方支付等方式确认交易合同的真实性，以个人行邮、商业快件等非货物贸易方式通关和运输，同时进出口交易者也不一定进行了进出口经营者备案，所以检验检疫部门无法给予正常贸易方式的检验检疫，海关也无法出具相应的商业贸易通关单，因此企业无法进行正常结汇和退税。

5．跨境电子商务给传统外贸业务带来的机会

（1）减少了对外贸易的中间环节，提升了进出口贸易的效率，为小微企业提供了新的机会

图 8-2 所示为跨境电商与传统外贸相比较，中间环节可以大大减少，甚至可以借助于跨境电商平台实现对外国消费者直销。跨境电商受到了国家的大力支持，在进出口报送环节采用的是与传统外贸完全不一样的流程，提高了效率。跨境电商对于小微企业来说是一个低成本、低风险开辟国际市场的渠道。

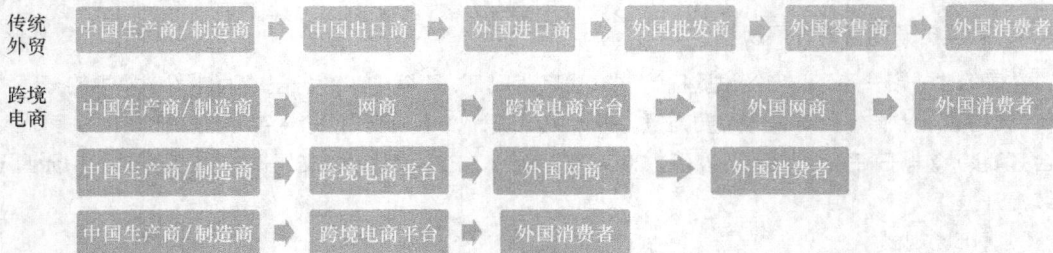

图 8-2 传统外贸和跨境电商交易环节的比较

（2）跨境电商有利于实现外贸客户资源管理

外贸企业原有的经营方式多是业务员包揽从客户选择、签订合同、组织货源、验货报关到货款支付的全过程，业务员掌握着客户资源。这会使得企业无法掌握客户的状况，业务员在很大程度上影响着企业的生存和发展，一旦人才流失，企业的竞争力会急剧下降。而在电子商务模式下，外贸企业的信息化建设使每人每天的工作日程与行动记录都有据可查，所有细节一目了然，从而使信息主动权更多地掌握在外贸企业手中。

（3）跨境电商降低了交易成本和采购成本，交易透明度高

资料表明，采用 EDI，商业文件的传递速度提高 81%，由差错造成的商业损失减少 40%，文件处理成本降低 38%。使用 EDI 的公司通常可以节省 5%～10%的进货费，同时可以使企业将工作重心集中在研发新产品、开拓新客户市场、巩固与供应商的合作关系以及企业的长远发展上。企业在互联网上进行采购，还可以更广泛地选择供货商、压低进货成本、保证进货质量。

（4）跨境电商有利于外贸企业越过贸易壁垒，扩大贸易机会

跨境电子商务的发展进一步推动了生产和服务的全球化，加速了全球市场一体化和生产国际化的进程，促进了供应商和用户建立更紧密的联系。外贸企业可以向用户提供全天候的产品信息和服务，从而大大增加贸易机会，用户也可以在全球范围内选择最佳供应商。这些将有利于商家和消费者打破国际和地区之间有形和无形的壁垒，对世界经济产生巨大的影响。

（5）跨境电商有利于减轻外贸企业对实物基础设施的依赖

传统企业开展国内贸易业务都必须拥有相应的基础设施，与开展国内贸易相比，进行国际贸易对实物基础设施的依赖程度要高很多。如果企业利用电子商务开展国际贸易业务，则在这方面的投入就要小很多。如美国亚马逊网上书店，几乎找不到豪华的办公室、宽敞的营业大厅，甚至除了少量的畅销书有部分库存外，其他绝大多数图书品种都是在接到客户订单后再向各出版社订购的，几乎不占库存。

案例8-1

盘点 2015 年中国跨境电子商务行业六大事件

【事件一】阿里巴巴正式开启全球化，马云欲打造 eWTO

事件：在中国谈电商，阿里巴巴上头条不是新闻，哪天阿里巴巴没上头条才是新闻。2015年阿里巴巴正式迈向全球化，向着服务全球 20 亿消费者的目标迈进。为此，阿里巴巴把总部从杭州搬迁到北京。而马云更是豪言打造 eWTO，建立全球电商新秩序。我们暂且对马云的豪言壮语不做评价，但是可以看得出这也是阿里巴巴发展到今天不得不走的一步棋。阿里巴巴基本搞定国内市场，除了移动商务被微信强势干扰外，依然是国内占据绝对优势的电商平台。但与此同时，假货、垄断、扰乱市场、不赚钱等负面消息和评价开始不断出现。总地来说，阿里巴巴在国内基本上已经处于守势。因此，走出去也是情理之中的事情了。

点评：阿里巴巴基本上主导了中国跨境电商，而跨境电商是阿里巴巴三大战略布局之一。阿里巴巴 2015 年在跨境电商方面大动作不断，强势出击。在进口方向，天猫国际强势整合国内外行业资源，跑马圈地，从零售地批发，到物流等各个方面，继续引领进口电商行业，无人能敌；在出口方向上，速卖通一路狂飙，发展迅猛。速卖通开始转型 B2C，类似于淘宝向天猫的转变与进化。但是成功与否，还要看是否受到传统外贸企业的追捧。

【事件二】八大跨境电商改革试点城市确定

事件：10 月 22 日，天津市作为第八个全国跨境电商试点城市正式获批。这是继上海、重庆、杭州、宁波、广州、郑州、深圳之后的第八个，也是最后一个。这些试点主要是通过保税区或出口加工区来实现的。为了配合这些改革试点顺利进行，海关总署等相关部门都陆续推出一系列非常重要的指导文件，如 56 号文、57 号文等。

点评：出口方向上，政府主要目的是想让跨境电商阳光化，能够享受正常的收汇、退税以及其他优惠政策。为此，要改变海关、商检等部门的工作流程和工作方式，需要建立适应新贸易方式的信息监管平台和服务平台，需要规范相关企业的业务与流程等。

从进口方向看，政府最终目的是想把无孔不入的海淘纳入到一套行之有效的监管模式中。既能保证普通消费者的基本需要，又要保证现有海关制度不能被冲击破坏。因为海淘不可能完全取缔，只能疏导与规范监管，与此同时，既要防止偷税漏税导致国家税收流失，又要继续发挥海关既有的保护和调整国内经济的防护堤作用。

【事件三】进口热过出口：聚美优品全面转型跨境电商 VS 兰亭困境

事件：2015 年应该说是进口跨境电商年。据不完全统计，中国跨境在线零售出口将近 400 亿美元，而进口将近 800 亿美元。进口电商表现非常活跃。相比之下，出口跨境电商表现平稳，大卖家今年都有 40%以上增长，但更多的中小卖家生存条件恶化。最能反映这一趋势的两个案例就是聚美优品和兰亭集势。

聚美优品自从从国内化妆品特卖电商转型跨境电商以来，取得巨大成绩。2015 年第二季度财务报表显示，它已经成为中国第一大进口跨境电商，占据跨境进口电商的半壁江山，实现了 13 个季度持续盈利的行业奇迹。2014 年年底推出的极速免税店业务为企业带来了净营收及订单数和用户数的持续高增长，并使活跃用户数和购买频次居于历史最高水平。

而一直视为中国跨境电商标杆企业的兰亭集势今年负面消息不断。兰亭 2015Q3 财报显示，其已经连续 8 个季度亏损，同时与供应商之间矛盾不断，大量员工离职等负面消息引起业内广泛关注。兰亭以自营起家，虽然最后开放平台，但是没有成功打造一个渠道品牌，没有获得像速卖通那样的自然流量；另外，兰亭创牌进展缓慢，同质化产品又受到众多大大小小的跨境电商围攻，特别是速卖通 2015 年对兰亭影响非常大。看来兰亭依然在为转型而奋斗。

点评：聚美优品和兰亭这种冰火两重天的状况印证了一个观点，跨境电商最受益的、价值最大的就是知名品牌。跨境电商最后争夺的是品牌资源和品牌价值。兰亭的长期低迷与其说是其他原因，不如说是中国品牌的羸弱，导致营销成本居高不下。显然，陈欧从内贸电商转向跨境电商很成功。从以前自己创牌到代言国外知名名牌，哪个轻松不言而喻，更何况知名美妆品牌都在国外。目前聚美优品海外直邮+保税备货，自营+开放，成熟一个品类就独立一个部门，逐渐向其他品类拓展。采用的方法其实和天猫、网易考拉以及其他电商并没有多大差别，只是利用上市公司的雄厚资金跑马圈地。最终的大决战还没有到来，中小型进口电商如果没有小而美的个性化差异，基本都是炮灰。

【事件四】传统经济拥抱跨境电商，全球联采众筹平台和中国零售跨境电商联盟成立

事件：2015 年 11 月 4 日晚，步步高、家家悦、天虹、美特好、兴隆大家庭、上海城市超市、尚品汇、庆客隆等数十家国内知名零售企业齐聚武汉，共同宣布成立全球联采众筹平台。而在 10 月 30 日，友阿股份、大商集团、王府井百货、翠微股份、世纪金花、长春欧亚、天虹、广州友谊、广百股份、天河城百货、银泰西选、贵州星力、南宁百货、顺客隆等零售百货大佬刚刚在长沙的中国零售跨境电商联盟筹备大会暨商业领袖圆桌会议上，讨论通过了《中国零售跨境电商联盟成立宣言》。这些传统零售大佬将依托自身积累多年的口碑、品牌商资源以及线下门店，以 O2O 为突破口，极大地改变中国跨境电商的格局。中国跨境电商发展面临新的变数。

点评：虽然以天猫国际、京东全球购、聚美优品、唯品会、洋码头、小红书、蜜芽等为代表的跨境电商风头正劲，占据各大新闻媒体头版头条。但是不要忘了，国内电商渗透率只有 10%，也就是说，还有 90% 的线下实体市场没有开拓。这也是 2015 年跨境 O2O 比较热的重要原因，各地跨境电商中体验店如雨后春笋般兴起。虽然传统零售大佬反应迟钝，但无论何时，他们都依然是跨境电商中最重要的一股力量。对于中小型进口电商来说，阿里巴巴和京东垄断了线上将近 90% 的市场，传统零售渠道又垄断了线下 90% 的市场，如果只是普通卖货思维，那么，你的发展空间极其有限。而且争夺的品类主要集中在母婴、美妆等几个有限的日用消费品上。因此 2015 年上演的所谓百淘大战，其实是一个小众市场和小众品类的群殴。只是反映了进口电商行业过热的基本情况。热闹是热闹，只是小打小闹而已。

除了传统零售业，东航、中外运、顺丰等上市公司和国有企业，都先后整合各自的资源和优势开始进入跨境电商行业外。80% 企业还没有开展跨境电商业务。中国品牌基本上没有走出国门，在海外的辨识度很低。如果这种状况持续下去，中国跨境电商发展将青黄不接。总不能老是卖便宜货吧？中国制造到中国质造，再到中国智造不能只是一句空话。

【事件五】中国跨境电商进入战国时代，亚马逊频频加码中国跨境电商

事件：2015 年中国跨境电商多平台运营成为主流。只做官网或者只在一个平台开店的几乎没有。传统四强排名和座次开始发生变化。2015 年速卖通是增速最快的平台，与关注品牌最容易赚钱的亚马逊平台和成长最快的移动平台 wish 成为今年中国跨境电商最需要关注的三大平台。今年速卖通高速增长对没开店的大卖家和垂直官网构成重大威胁，导致它们的流量和订单大幅度下降。但同时速卖通激烈的价格战和同质化竞争也让中小卖家发展陷入进退两难的尴尬境地，使得中国跨境出口电商呈现两极分化的马太效应。相比较而言，eBay 由于发展趋于饱和而表现平稳，和亚马逊双位数的增长比起来，只能称作爬行增长。与此同时，更多的区域电商平台来华掘金。如巴西的魅卡多网，东南亚的 Lazada，法国电商平台 Priceminister，新加坡电商平台 Qoo10等。其中东南亚的 Lazada 表现非常活跃。其销售额也呈现倍增发展态势。虽然这些区域电商在全球影响力和销售额上还无法和亚马逊等大电商平台相比，但是高增速、低成本和细分市场的区域流量是对跨境电商最好的补充。

点评：2015 年中国跨境电商是亚马逊年。从出口方向上看，亚马逊想复制 eBay 的成功故事，用全球开店把中国制造推向全世界。在进口方向上，亚马逊把国外聚集的资源引入中国，开拓国内巨大的海淘市场。据亚马逊负责人介绍，2015 年，中国消费者在亚马逊全球站点购物花费总额同比 2014 年增加了 6 倍多；仅 2015 年 1 月至 10 月，中国消费者在亚马逊海外站点的购物花费总额已经相当于过去 20 年的总和。

为此，2016 年亚马逊把国内招商团队扩大了 3 倍，宣布一系列新举措，助中国卖家拓展全球业务。通过亚马逊平台创牌成为中国跨境电商的创业主题。但是整体效果不是特别好，虽然业内有像 anker 那样的成功案例，但这样的案例并不太多。更多的只是注重质量比较稳定、性价比高的产品，离真正的品牌运作还有很大的差距。

【事件六】从平衡车事件看跨境电商规范化问题

事件：日本"马桶事件"余波尚在，不断发酵的平衡车事件又引起中国外贸行业的关注。从英国一起扭扭车爆炸起火开始，平衡车开始遭受机场禁运，国外商场禁售，各大快递公司限运，到最后亚马逊、wish 等多家电商平台强制下架，经销商遭受重大损失。

点评：平衡车事件背后其实反映了跨境电商行业自律和规范化问题越来越受到关注。与此相关的事件其实很多，如最近英国表示正在考虑亚马逊和 eBay 需要对增值税承担责任的可能；还有 2016 年在欧洲多家中国海外仓因为 VAT 问题被查封。长期以来，跨境电商一直受到逃商检、侵权、逃税等问题的困扰。随着跨境电商规模不断扩大，对各国经济冲击力不断增强，这些问题已经引起越来越多国家的重视。不难预料，未来各国对跨境电商的监管力度会越来越大，监管条例会越来越细。要想长久稳定发展，跨境电商就需要趁早打消侥幸心理，早日告别灰色地带。

8.2 跨境电子商务的分类及常用平台介绍

1. 跨境电子商务的分类

（1）以交易主体类型分类

① B2B 平台

B2B 跨境电商平台所面对的最终客户为企业或集团客户，为其提供企业、产品、服务等相关信息。目前，中国跨境电商市场交易规模中 B2B 跨境电商市场交易规模占比 90%以上。在跨境电商市场中，企业级市场始终处于主导地位。代表性平台有敦煌网、中国制造网、阿里巴巴国际站、环球资源网等。

② B2C 平台

B2C 跨境电商企业所面对的最终客户为个人消费者，针对最终客户以网上零售的方式，将产品售卖给个人消费者。代表性平台有速卖通、DX、兰亭集势、米兰网、大龙网等。

B2C 跨境电商平台在不同垂直类目商品销售上也有所不同，如 FocalPrice 主营 3C 数码电子产品，兰亭集势则在婚纱销售上占有绝对优势。B2C 跨境电商市场正在逐渐发展，且在中国整体跨境电商市场交易规模中的占比不断升高。在未来，B2C 跨境电商市场将会迎来大规模增长。

（2）以服务类型分类

① 信息服务平台

信息服务平台主要是为境内外会员商户提供网络营销平台，传递供应商或采购商等商家的商品或服务信息，促成双方完成交易。代表平台有阿里巴巴国际站、环球资源网、中国制造网等。

② 在线交易平台

在线交易平台不仅提供企业、产品、服务等多方面信息展示，并且可以通过线上平台完成搜索、咨询、对比、下单、支付、物流、评价等全购物链环节。在线交易平台模式正在逐渐成为跨境电商中的主流模式。代表性平台有敦煌网、速卖通、米兰网、大龙网等。

（3）以平台运营方分类

① 第三方开放平台

平台型电商通过线上搭建商城，并整合物流、支付、运营等服务资源，吸引商家入驻，为其提供跨境电商交易服务。同时，平台以收取商家佣金、增值服务佣金为主要盈利模式。代表性平台有速卖通、敦煌网、环球资源网、阿里巴巴国际站等。

② 自营型平台

自营型电商通过在线上搭建平台，平台方整合供应商资源通过较低的进价采购商品，然后以较高的售价出售商品，自营平台主要以商品差价作为盈利模式，如图 8-3 所示。代表性平台有兰亭集势、米兰网、大龙网等。

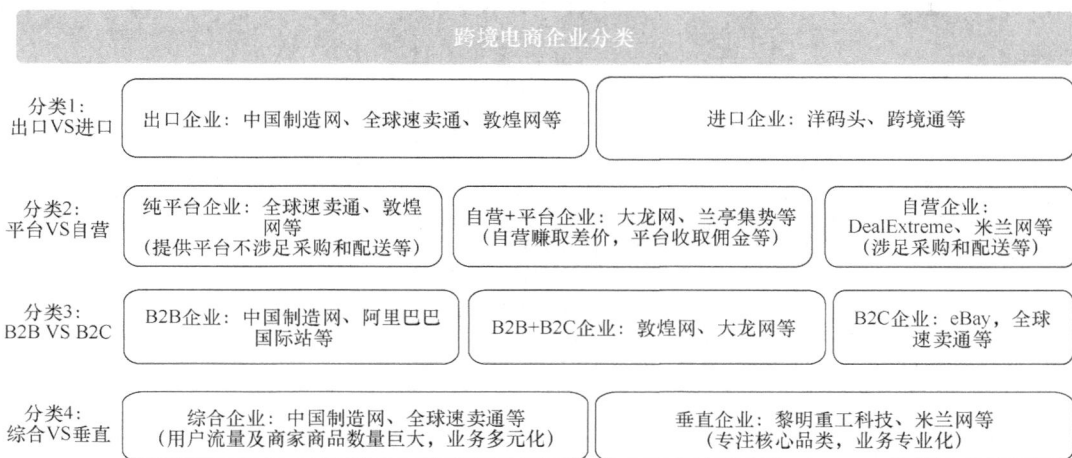

跨境电商企业分类

分类1：出口VS进口	出口企业：中国制造网、全球速卖通、敦煌网等		进口企业：洋码头、跨境通等

分类1：
出口VS进口

出口企业：中国制造网、全球速卖通、敦煌网等

进口企业：洋码头、跨境通等

分类2：
平台VS自营

纯平台企业：全球速卖通、敦煌网等
（提供平台不涉足采购和配送等）

自营+平台企业：大龙网、兰亭集势等
（自营赚取差价，平台收取佣金等）

自营企业：
DealExtreme、米兰网等
（涉足采购和配送等）

分类3：
B2B VS B2C

B2B企业：中国制造网、阿里巴巴国际站等

B2B+B2C企业：敦煌网、大龙网等

B2C企业：eBay，全球速卖通等

分类4：
综合VS垂直

综合企业：中国制造网、全球速卖通等
（用户流量及商家商品数量巨大，业务多元化）

垂直企业：黎明重工科技、米兰网等
（专注核心品类，业务专业化）

图 8-3　跨境电商企业分类

2．典型跨境电子商务平台的介绍

（1）阿里巴巴

阿里巴巴的跨境电子商务业务分为国际站和速卖通两部分。"阿里巴巴国际站"是帮助中小企业拓展国际贸易的出口营销推广服务，它基于全球领先的企业间电子商务网站阿里巴巴国际站贸易平台，通过向海外买家展示、推广供应商的企业和产品，进而获得贸易商机和订单，是出口企业拓展国际贸易的首选网络平台，如图 8-4 所示。

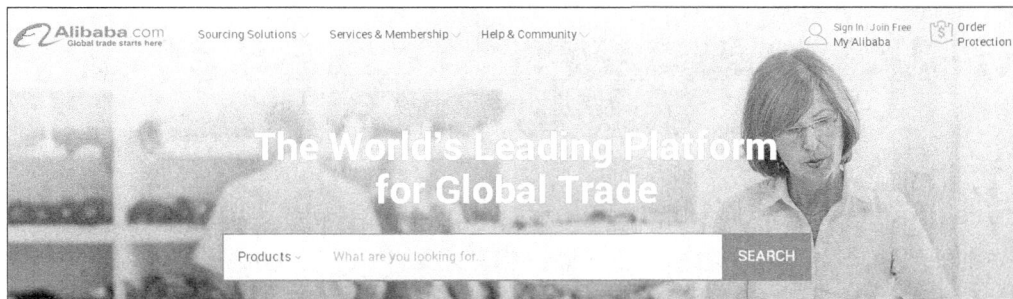

199

图 8-4　阿里巴巴国际站首页导航

全球速卖通是阿里巴巴旗下面向全球市场打造的在线交易平台，被广大卖家称为国际版"淘宝"。像淘宝一样，把宝贝编辑成在线信息，通过速卖通平台，发布到海外。类似国内的发货流程，通过国际快递，将宝贝运输到买家手上，就这样，轻轻松松与 220 多个国家和地区的买家达成交易，赚取外币。速卖通于 2010 年 4 月上线，经过 6 年多的迅猛发展，目前已经覆盖 220 多个国家和地区的海外买家，每天海外买

家的流量已经超过 5000 万次，最高峰值达到 1 亿次，已经成为全球最大的跨境交易平台之一。

速卖通的特点是低价，这与淘宝的低价策略相似，如图 8-5 所示。速卖通的侧重点在于新兴市场，如巴西和俄罗斯。速卖通秉承了阿里系列产品的特点，操作界面简单简洁，非常适合外贸新人。另外，他们有非常系统的社区和客户培训，让每一个注册的新用户能够更快地入门。

图 8-5　速卖通首页导航

速卖通比较适合新人和想要开发新兴市场的卖家，由于是低价策略，对贸易商非常不利，所以产品最好是有工厂直供，这样价格优势才会比较明显。

（2）敦煌网

敦煌网成立于 2004 年，是中国第一个 B2B 跨境电子商务平台，致力于帮助中国中小企业通过电子商务平台走向全球市场，如图 8-6 所示。敦煌网开创了"为成功付费"的在线交易模式，突破性地采取佣金制，免注册费，只在买卖双方交易成功后收取费用。敦煌网开辟了一条全新的国际贸易通道，让在线交易不断变得更加简单、更加安全、更加高效。

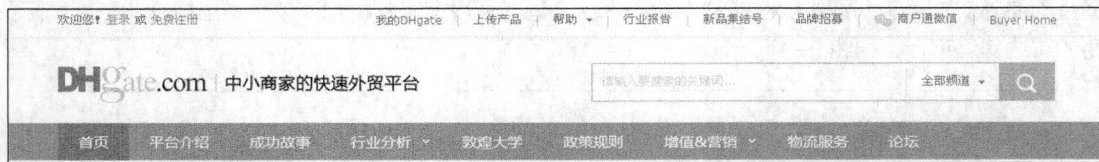

图 8-6　敦煌网首页导航

（3）亚马逊

亚马逊以优质的仓储物流系统和售后服务体系闻名于世，除了自营业务外，它还对第三方卖家开放，如图 8-7 所示。根据卖家选择的服务不同，亚马逊采取不同的收费方式：卖家在亚马逊全球网站开店，亚马逊将收取平台月租费和交易佣金，无交易则不收取交易佣金；选择亚马逊物流的卖家加收仓储和物流费用。

亚马逊是全球最早建立的跨境电商 B2C 平台，对全球外贸的影响力非常大。亚马逊对卖家产品的要求比较高，如产品质量、品牌，交易手续比较复杂，规定后期收款的账户国籍必须是英国、美国等国家。

要想成为亚马逊的卖家需要满足几点要求：首先要有好的产品资源，因为亚马逊做跨境电商是以产品为重。其次要经过一系列的培训，熟练掌握操作技巧及店铺入驻、产品发布的相关规则，否则轻则会封店铺，重则有法律上的纠纷。最好有一台专门登录亚马逊账号的电脑，因为一台电脑只能登录一个账号。另外，在亚马逊做外贸需要有美国的银行卡，因为亚马逊店铺产生的销售额保存在亚马逊自身的账户系统中，如果想要把款提出来就需要有美国本土的银行卡，针对这一点，可以选择国内代理机构解决这个问题，也可以寻找海外客户或者朋友帮忙。

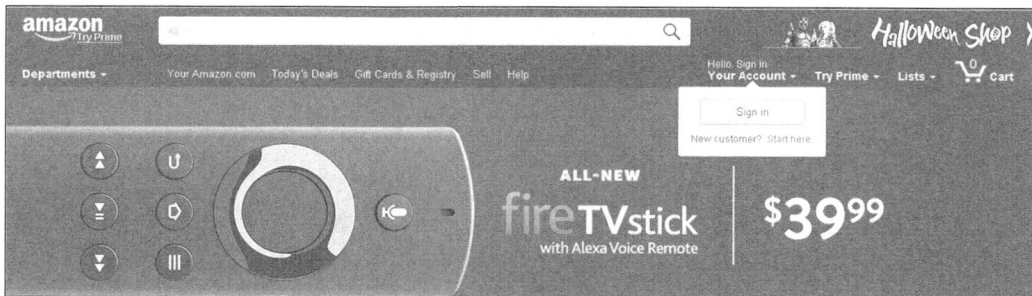

图 8-7　亚马逊首页导航

选择亚马逊需要有较好的外贸基础与资源，还要拥有一定的经济实力，因为，做该平台是需要长期坚持、长期投入的。

（4）Wish

Wish 是一款根据用户喜好，通过精确的算法推荐技术，将商品信息推送给感兴趣用户的移动优先购物 App。这是一个简单化的平台，致力于让卖家简单，让买家也简单。对卖家来说，不需要太多的优化，不需要买流量，不需要复杂的客服和售后，不需要详细的描述。只需要描述准确、图片美观、物流快速就可以把商品销售出去。对买家来说，不需要搜索，不需要纠结售后，不满意基本都能全额退款，不需要面对复杂的主页，买家面对的就是满屏幕的图片，点进去之后就只有标题、价格、简单描述，简洁明了。

Wish 基于 App 的跨境电商平台，主要特点是物美价廉。很多产品，像珠宝、手机、服装等都从中国发货。虽然价格低廉，但是配合 Wish 独特的推荐方式，产品的质量也得到了相应提升。它可以利用智能的推送技术，直接为每一位买家推送他喜欢的产品。正是采用精准营销的方式 Wish 才吸引了大量客户。

8.3　跨境电子商务的交易流程

进入 21 世纪以来，全球经济各个领域已经进入了互联网时代，利用互联网进行国际贸易已经成为国际贸易交易形式发展的方向。跨境电子商务交易业务实施过程及各个环节与传统国际贸易流程基本相同，如图 8-8 所示。

（1）交易前的准备工作，包括选择目标市场和目标客户（通过发出询盘与信息反馈对潜在的客户进行筛选）。

（2）选定客户后，进行实质性的业务洽谈，即进入交易磋商和订立合同阶段。交易磋商的环节包括询盘、报盘、还盘和接受。交易双方对所洽谈的各项贸易条件达成一致意见，即为交易成立，并签订合同。以上各项工作主要通过互联网手段完成。

（3）履行合同，包括备货、落实信用证（在信用证支付方式下）、订舱、制单、结汇。

```
                        ┌──────────────────┐
                        │  交易前的准备工作  │
                        └────────┬─────────┘
                                 │
        ┌────────────────────────┼────────────────────────┐
   ┌─────────┐            ┌─────────────┐           ┌─────────────┐
   │目标市场调研│            │ 选择目标客户 │           │ 建立客户关系 │
   └─────────┘            └─────────────┘           └─────────────┘
        └────────────────────────┼────────────────────────┘
                                 │
                        ┌──────────────────┐
                        │    交易磋商      │
                        └────────┬─────────┘
                                 │
     ┌───────┐   ┌───────┐   ┌───────┐   ┌───────┐
     │ 询盘  │──▶│ 发盘  │◀─▶│ 还盘  │──▶│ 接受  │
     └───────┘   └───────┘   └───────┘   └───────┘

                        ┌──────────────────┐
                        │   签订交易合同    │
                        └────────┬─────────┘
                                 │
        ┌────────────────────────┼────────────────────────┐
   ┌─────────────┐         ┌──────────┐            ┌───────────────┐
   │备货、加工、包装│         │ 履行合同 │            │催证、审证、改证│
   └─────────────┘         └────┬─────┘            └───────────────┘
                                │
                        ┌──────────────┐        ┌──────────┐
                        │  租船订舱    │────────│ 办理保险 │
                        └──────────────┘        └──────────┘
```

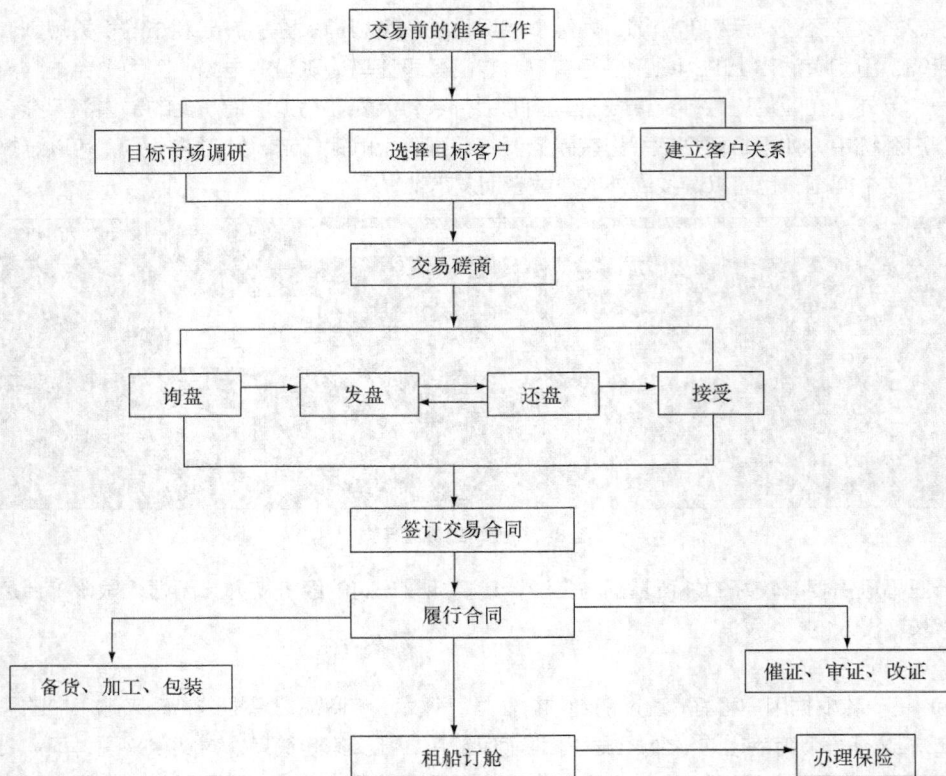

图 8-8　跨境电商出口交易流程图

1．国际市场调研与客户开发

（1）国际市场调研

跨境商务企业通常使用互联网进行国际市场调研。调研层次可以分为宏观和微观两个领域：即对目标市场的了解，对市场中潜在客户的了解。

对国际市场调研主要包括经济环境、政治环境、市场环境、市场竞争者等。经济环境是企业确定国际市场发展方向和目标的重要依据，包括经济环境特征、经济增长速度、通货膨胀率、工商业周期趋势等一般信息和与之相关的价格、税收、外贸等政策方面的资料。

社会或政治环境包括影响企业海外业务经营的种种非经济性环境条件的一般信息，如法律体系、语言文字、政治稳定性、社会风俗习惯、有关文化方式、宗教和道德背景等。

市场环境包括有关国家市场结构与容量、交通运输条件等。还包括对本部门产品的获利能力分析、主要进出口国的需求总量、某商品进出口量在其国内消费或生产的比重等。

市场竞争者包括国内、当地及第三国的竞争者。调查的信息一般有市场竞争结构和垄断程度，主要竞争对手企业的占有率，当地供货商利用政治影响提高关税和非关税壁垒的可能性等。

（2）寻找和了解客户的途径

① 互联网搜索

搜索引擎营销是外贸企业海外推广的有效手段之一，常用的搜索引擎有 Alta Vista、Excite、悠游、百度、Google 等。而在搜索引擎营销中，最为重要的莫过于选好关键词，并对关键词进行量化的关联管理。

企业网络黄页就是纸上黄页在互联网上的延伸和发展，拥有企业独立 Logo 的企业网站，提供包括企业邮箱、产品动态、数据库空间、买卖信息、企业简介、即时留言、短信互动等功能。

行业协会网站的信息集中反映本行业国内外生产、销售、市场状况。在搜索引擎中输入所要找的行业协会的名称，即可找到该协会的网站。例如，在百度上输入文字"中国食品牲畜进出口商会"，就可找到该商会的网站。搜索某境外行业网站，在搜索引擎中输入关键词，如输入"产品名称（英文）+association"就能找到相关的协会网站。

进出口商品展览会或博览会都有官方网站，网站上有大量的世界范围的参展客户名录。上这些网站搜索信息，能够使企业的商业视野更加宽阔，并获得参展企业及其产品的信息。查询展览会、博览会网站的方法比较简单，即在搜索引擎（如百度）中输入博览会名称，即可找到该会网站。例如，输入"广州进出口商品交易会官方网站"就会得到该网站的页面和网站地址。在国外的搜索引擎中输入关键词，即可找到该网站。例如，"产品（英文）+exhibition 或 fair 或 conference"。

国家驻外机构，如驻各国大使馆经济商务参赞处；地方外派的商务组织形式，如贸易办事处，商务小组，或仅仅为商务代表，如天津×××集团驻澳大利亚墨尔本商务代表处，便是负责处理该集团与墨尔本之间的贸易关系，包括对天津地方和墨尔本之间的商家的介绍和引荐、业务牵线和对当地信息提供咨询等工作。

通过 B2B、B2C 等网络平台——其上会有很多供求信息发布，外贸企业可以非常高效地查找客户。

② 境外组织获取

通过银行或外国咨询公司获取信息。开展国际业务的银行大多都有对国外商家信誉调查的有偿服务业务。专业的商务调研咨询公司也为委托方提供各种咨询服务。

靠国外商会和老客户提供情况。国外商会对区内的企业情况比较了解，通过它们了解的情况一般比较客观。通过老客户了解新客户，优点是己方与老客户联系方便，极少或没有调研成本。

直接向客户索取。直接要求国外客户发 E-mail 提供关于其资信方面的材料，如法人资格证明、营业证明、注册资本及法人地址等。

2．网上交易磋商

（1）网上交易磋商的方式

交易磋商的方式主要有函电磋商方式和直接洽谈方式（或称为口头磋商方式）两种。直接洽谈方式是交易双方利用互联网进行洽谈交易，主要方法有因特网在线服务（如 skype）、跨境电话、微信语音等；函电磋商是交易双方通过电子邮件、传真、信函、电报等往来磋商交易。现阶段，跨境电商常用的通信途径有以下几种。

① 电子邮件，可随时收发；极低廉的通讯成本；能收发多样化信息载体的文件，如照（图）片、链接、PDF 格式文件等。

② 即时通信软件，网络即时语音沟通工具。如 Skype 就有视频聊天、多人语音会议、多人聊天、传送文件、文字聊天等功能。

③ 传真与网络传真，原理是通过互联网将文件传送到传真服务器上，由服务器转换成传真机接收的通用图形格式后，再发送到全球各地的普通传真机上。

网上交易磋商并不意味着摒弃了交易双方面对面交流下的各种行之有效的贸易接洽方式，如参加各种交易会、洽谈会以及贸易小组出访、邀请客户来访等，这些仍然是国际贸易中磋商交易的重要方式。

（2）交易磋商的主要内容

通常要磋商 11 个交易条件，每个交易条件构成交易合同中的一个贸易条款。

一般贸易条件：货名、规格、数量、包装、价格、装运期和支付条件。保险条款磋商与否，需要依据交易所使用的价格术语而定。

基本贸易条件：检验检疫、争议与索赔、不可抗力和仲裁。

首先要对一般贸易条件进行磋商，达成一致后，再对基本贸易条件一一商定。一旦谈判双方对各项条件达成一致，交易合同即告成立。

（3）交易磋商的基本过程

通过互联网进行交易磋商与传统的贸易磋商在内容和过程上是一致的。网上交易磋商的一般程序包括询盘、发盘、还盘和接受四个环节，如图 8-9 所示。

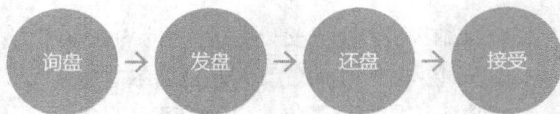

图 8-9 交易磋商的流程

① 询盘（Inquiry），是指交易的一方为购买或出售某种商品，向对方口头或书面发出的探询交易条件的过程。法律上称"邀请要约"，不具有法律约束力，也不是交易磋商的必经程序，但往往是一笔交易的起点。

询盘的术语：Please advise/ quote/ offer...

Interested in ... please...

询盘通常由进口方发出，如"拟购中国东北大豆，请电报最低价格最快交货期"，有时也可由出口方发出，如"中国东北大豆 3 日装，请递盘"。询盘时一般不直接用"询盘"术语，而往往用"请告……""请报价……""对……有兴趣""请发盘"。

② 发盘（Offer），交易一方向另一方提出购买或出售商品的各项交易条件，并表示愿意按这些条件与对方达成协议，订立合同的行为。在业务中，发盘通常是一方接到另一方的询盘后发出的，但也可不经对方询盘直接发出。

表示发盘的术语：offer，firm offer，quote，supply，book，order，bid，firm bid...

③ 还盘（Counter offer），又称还价，是受盘人不同意或不完全同意发盘中的内容或条件而提出自己的修改意见或条件的表示。法律上称"反要约"，既是受盘人对发盘的拒绝，又是一项新的发盘。一项发盘被还盘即为失效。

如"你 10 日电收悉，还盘每打 70 美元，CIF 纽约，26 日复到。"

④ 接受（Acceptance），是指受盘人在发盘有效期内无条件同意发盘的全部内容，并愿意据此签订合同的一种口头或书面的表示。法律上称"承诺"，一方发盘被受盘人接受，交易即告达成，合同即告成立。它是交易磋商的必经程序之一。

表示接受的术语：accept，agree，confirm...

3. 询盘的分析与回复

（1）收到询盘后，先了解询盘客户信息。收到客户询盘后，你可以通过谷歌、百度等搜索引擎，了解询盘公司的企业负责人情况、近期营业状况等，回复询盘前，多了解你的客户，既能为回复客户询盘做必要的资料准备，同时也能使交易更具安全保障。

（2）准备一份完备的产品资料、换位思考。客户询盘的时候，想知道的不仅仅是产品的价格，所以你更需要让客户了解的是，你的产品不同于其他同业产品的优势特性，这往往也是客户询盘的原因。此外，你在和客户交流的过程中，还要尽可能站在客户的角度，耐心、细致地解答客户的问题。让客户感觉到，你是在为客户设身处地考虑问题，这样更能拉近你与客户的距离，更有利于达成交易。

（3）回复询盘时的报价。当有客户询盘时候，有些用户往往会提出较高的报价，认为报高点，有利于还价，报少不划算。其实，在回复询盘时，你的报价必须是和现行市场行情相吻合的。否则，报价过高，会降低产品的性价比，使客户转投其他商家；报价过低，则会让客户认为你不了解行业行情，不了解同业产品，这会打消客户与你交易的念头。所以，在回复询盘时，你最好是在充分了解、比较同行业产品价格后，再谨慎给出合理报价。

（4）回复询盘的时间。客户当天的询盘，一定要当天回复，这是回复询盘的首要原则。当然，对于阿里巴巴国际站用户而言，每天所面对的客户来自世界各地，因此当你回复客户询盘时，还需要考虑客户所在国的时差和工作习惯，"因国而异"地选择回复时间。对于中国香港、中国台湾、韩国的客户询盘，你最好在 2 个小时内回复，欧洲客户的询盘在下午 3 点前一定要回，美国客户的询盘则必须在下午 6 点前回复。

4．样品的寄送

寄样品一定要有效率，不能客户要样品就免费寄出。寄样品首先要明白一点，不要钱的东西是没有人会重视的。

一般寄免费样品绝对是石沉大海、杳无音迅的。所以，要免费寄样品的话，要跟客户沟通得比较深，或能感觉到他的诚意才采取这样的做法。比如：他接连打过几次电话过来询问产品信息，产品报价等。（当然，前提还得是样品价值不是很高）这时可以考虑免费给客户寄样品。但如果仅仅通过电子邮件，或贸易通这样的工具，除非真的跟进了很久，彼此有合作意向，否则，免费寄出样品大多没有什么作用。

如果样品价值比较小（样品费<运费），可以免样品费。但运费一定要客户自付。一般连这点运费都不肯出的客户，基本上是没什么诚意跟你合作了。我们出样品，你付运费，这很合理的。

如果样品价值比较高（样品费>运费），一般是不会免费寄出的。但可以考虑为客户付运费。这样既保证了公司的利益，又体现了公司真诚为客户服务的态度。这样也是双赢的做法。

5．合同的签订和履行

（1）合同的签订

在交易磋商中，一方发盘经另一方接受以后，交易即告成立，买卖双方就可以形成合同关系了。根据国际贸易的习惯做法，买卖双方还要签订买卖合同（Contract），以书面形式明确约定交易条件以及双方当事人的责任与义务。双方在签字或盖章后，合同成立。合同具有法律效力。合同不仅是双方履约的依据，也是处理贸易争议的主要依据。

国际上越来越多的跨境厂商采用 E-mail 的方式来签订商务合同。目前缮制此类合同主要有三种方法：一是直接使用邮件正文文本作为合同；二是采用通过附件发送的 Word、Excel 等电子文档作为合同；三是先由一方发送 Word、Excel 等电子文档，另一方接收后用打印机打出，然后再签字盖章，再使用扫描仪扫描成 PDF 或图片格式，最后再通过 E-mail 回传第一方（或通过传真方式回传）。从规范化、安全性的角度出发，更多的跨境商务企业会使用第三种做法。

（2）出口合同的履行

我国出口贸易中，多数按 CIF 条件成交，并按信用证支付方式收款，履行这种出口合同，涉及面广，工作环节多，手续繁杂，且影响履行的因素很多，为了提高履行约率，各外贸公司必须加强同有关部门的协作与配合，力求把各项工作做到准确细致，尽量避免出现脱节情况，做到环环扣紧，井然有序。履行出口合同的程序，一般包括备货、催证、审证、改证、租船、订舱、报关、报验、保险、装船、制单、结汇等工作环节，如图 8-10 所示。在这些工作环节中，以货（备货）、证（催证、审证和改证）、船（租船、订舱）、款（制单结汇）四个环节的工作最为重要。只有做好这些环节的工作，才能防止出现"有货无证""有证无货""有货无船""有船无货""单证不符"或违反装运期等情况。

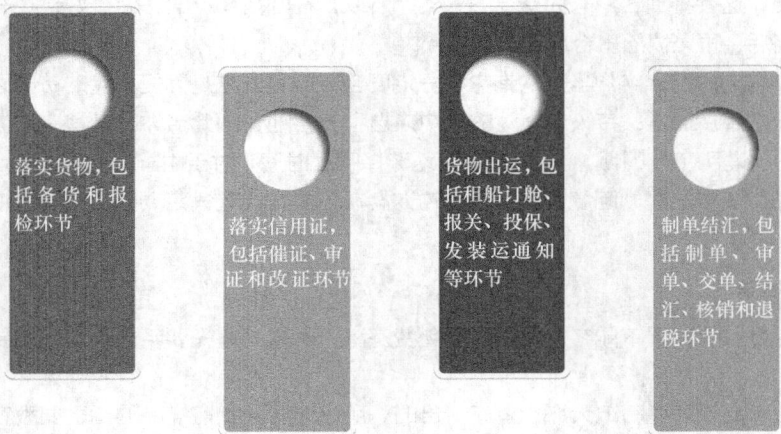

图 8-10　出口合同履行流程

6. 制单与结汇

制单是指不同类别的诸单证（或称单据）的缮制和签署。常用的出口单据如表 8-2 所示。

表 8-2　常用的出口单据

单据名称	出单人	出单时间
商业发票	出口商	报检或报关时
装箱单/重量单	出口商	与商业发票同时
订舱委托书	出口商	委托订舱时
托运单	出口商/货代	订舱时
出境货物报检单	出口商	报检时
出境货物通关单	检验检疫机构	完成报检时/报关前
客检证	进口商或其代表	货物出运前
出口收汇核销单	出口商	报关前
出口货物报关单	出口商/货代/报关行	报关前

单据名称	出单人	出单时间
货物运输投保单	出口商	订舱后、集港前
货物运输保险单	保险公司	接受投保后
海运提单	承运人或其代表	货物上船后
装运通知	出口商	一般货物上船后48小时内
原产地证明书申请书	出口商	货物出运前三天
一般原产地证书	检验检疫机构/贸促会/出口商/生产厂商	货物出运前后
普惠制产地证明书申请书	出口商	货物出运前三天
普惠制原产地证书	检验检疫机构	货物出运前后
汇票	出口商	交单前

（1）信用证

信用证（Letter of Credit，L/C），是指开证银行应申请人（买方）的要求并按其指示向受益人开立的载有一定金额的、在一定的期限内凭符合规定的单据付款的书面保证文件。信用证是国际贸易中最主要、最常用的支付方式。

（2）商业发票

商业发票（Commercial Invoice）是出口方向进口方开列发货价目清单，是买卖双方记账的依据，也是进出口报关交税的总说明。商业发票是一笔业务的全面反映，内容包括商品的名称、规格、价格、数量、金额、包装等，同时也是进口商办理进口报关不可缺少的文件，因此商业发票是全套出口单据的核心，在单据制作过程中，其余单据均需参照商业发票缮制。

（3）海运提单

海运提单是承运人收到货物后出具的货物收据，也是承运人所签署的运输契约的证明，海运提单还代表所载货物的所有权，是一种具有物权特性的凭证。

（4）保险单

保险单（Insurance Policy）简称为保单，是保险人与被保险人订立保险合同的正式书面证明。保险单必须完整地记载保险合同双方当事人的权利义务及责任。保险单记载的内容是合同双方履行的依据，保险单是保险合同成立的证明。

（5）原产地证明书

原产地证明书是由出口国政府有关机构签发的一种证明货物原产地或制造地的证明文件。它主要用于进口国海关实行差别关税，实施进口税率和进口配额等不同国别政策的依据。原产地证明书是出口商按进口商的要求提供的，有着多种形式，其中应用最多的是原产地证书和普惠制产地证，通常多用于不需要提供海关发票或领事发票的国家或地区。

（6）商品检验证书

商品检验证书是检验机构对进出口商品进行检验、鉴定后出具的证明文件，是卖方向银行办理议付的单据之一，是卖方所交货物是否与合同规定相符的证据，也是索赔和理赔必备的单据之一。

（7）汇票（Bill of Exchange）

汇票（Bill of Exchange）是最常见的票据类型之一，我国的《票据法》第十九条规定："汇票是出票人签发的，委托付款人在见票时，或者在指定日期无条件支付确定的金额给收款人或者持票人的票据。"汇票是国际结算中使用最广泛的一种信用工具。它是一种委付证券，基本的法律关系最少有三个人物：出票人，签发汇票；受票人，并委托；付款人，向受票人付款。

案例8-2

从淘宝小店到估值近百亿　解密跨境电商蜜芽的成功之道
——突出重围的"她"如何炼成？

母婴电商发展如火如荼，据中国电子商务研究中心获悉，目前包括淘宝、天猫、京东、唯品会、苏宁易购、聚美优品、亚马逊中国、当当、国美在线等在内的综合性电商平台以及蜜芽、美囤妈妈、贝贝网、网易考拉海购、洋码头、丰趣海淘、海蜜等都在抢占母婴市场。蜜芽作为母婴电商的一位代表备受关注。它从淘宝小店做起，2年内4次融资，员工从8人扩大到900多人，年GMV（商品交易总额）达25亿元，估值超过87亿元，发展速度惊人。那么，蜜芽作为众多母婴电商的一个缩影，究竟是如何炼成的呢？

1. 高额融资

2015年9月16日，母婴电商蜜芽完成1.5亿美元D轮融资，由百度领投，红杉资本、H Capital等现有股东和数家美国私募基金跟投。蜜芽选择百度从而获得在流量、大数据和线下服务等方面的帮助。百度则可以通过连接将蜜芽很好地整合到其闭环体系中。

2. 商业模式

蜜芽采用垂直型的B2C进口母婴电商模式，以自营为主。以妈妈群体的特质作为切入点，提供妈妈和宝宝需要的商品和服务，并根据妈妈人群的需求做多平台、跨品类经营。特别是在从"蜜芽宝贝"更名为"蜜芽"后，由母婴消费升级为亲子家庭生活消费。

在销售模式上，蜜芽定位于中产阶级的进口母婴特卖网站。每天在网站上推荐热门的进口母婴品牌，以低于市场价的价格出售。据中国电子商务研究中心（100EC.CN）监测数据显示，2015年上半年蜜芽GMV达15亿元，移动端占比达90%，复购率达75%。到2015年12月，蜜芽移动端占比已达97%。

3. 核心优势

"撒手锏"买手制——蜜芽作为电商，不生产产品，唯一能拼的就是选品。所以，蜜芽的其中一个核心竞争力在于自己的"买手。一个合格的买手，能发掘别人发掘不了的产品，并且包装成消费者想要的商品，还能预判销售情况。蜜芽有专业的海外采购团队，他们深入到全球多个国家进行本地化海外直采，整合了全球优质商品，在采买环节保障产品的正品质量。

深耕供应链——对于蜜芽这样的平台来说，考验的是对供应链的把控能力。在这方面，蜜芽一直在深耕细作。2015年7月21日，蜜芽与达能、雀巢、惠氏、美赞臣等世界六大奶粉巨头签订跨境战略合作协议，打通了全球范围内的奶粉供应渠道。12月与好奇（Huggies）签署战略合作协议。2016年4月，蜜芽与宝洁旗下品牌帮宝适签署了直采协议。此举是蜜芽在布局海外供应链方面的突破，使其供应链层级缩短、稳定性增强，彻底打通了从品牌到消费者的直供渠道。

4. 经验之谈

社区思维植入电商，互动提高黏性——蜜芽建立了口碑阵地"蜜芽圈"，让妈妈们把更多育儿场景拍下来并分享出来，将更多的育儿商品直接分享出来标签化，实现消费购买之间的转化；并且由妈妈组成编辑团队，来给每个商品写蜜芽观点。母婴电商发力社区，主要优势在于妈妈们在长期互动中建立起来的信任，培养用户习惯，从而更好地提高用户黏性。"电商+社区"将引导内容与商品兼具式平台。电商为社区提供货变现可能，社区为电商引流、提黏性。

洞悉市场布局，跨界 O2O——蜜芽与早教平台红黄蓝教育机构合作成立"青田优品"，通过红黄蓝在全国 300 多个城市的 1000 多家园所拓展线下渠道，为品牌提供了更多场景展示和体验的机会。在海南三亚亚龙湾天域度假旅馆开出首家线下店，商品主要是亲子出行所需的喂养用品、零食、辅食、度假戏水玩具、箱包、护肤品等入口完税商品以及旅游度假所需的其他周边产物。

2016 年 2 月 24 日，在"301 纸尿裤疯抢节"大促前，蜜芽宣布战略投资家庭亲子娱乐品牌悠游堂，布局线下生态。另外，蜜芽宣布与美中宜和妇儿医院达成战略合作。蜜芽将全面进驻美中宜和医疗机构，在其旗下所有的妇儿医院内开设跨境母婴店。从中可以看出，蜜芽并未将自己局限在垂直电商的领域之内，而是在试图布局婴童产业全生态。

发力跨境电商，建立保税区仓库——蜜芽在北京设有仓库，在宁波、重庆保税区内设有仓库。在宁波保税区取得了跨境进口电商销售、进口货物总值、海关放行单量等多个第一名；与重庆保税区及渝新欧铁路的合作创造了国内跨境电商铁路运输的第一次。

借助百度进行大数据分析——通过百度大数据的帮助，蜜芽能够根据消费者的个人信息和交易信息，掌握目标人群的需求和关注点，从而更直接掌握妈妈群体的消费心理及消费习惯变化，开展针对性的精准营销，做到让妈妈们"所见即所想，所想即所得"。

显而易见，蜜芽正在围绕母婴人群需求建立自己的生态圈。它除了垂直电商及社区外，还有线下渠道、自有品牌以及线下服务，蜜芽的多点布局现已展开。

把握"互联网+母婴"下的趋势

2016 年是"二孩政策"的首秀之年，母婴产业链上的各路力量都紧盯着二孩经济这一巨大的"蛋糕"，奶粉、纸尿裤、儿童服装等婴童产品生产商都铆足了劲，母婴店及母婴电商也在摩拳擦掌，躁动的还有资本方。

无论是淘宝天猫、京东、亚马逊中国等销售母婴产品的综合性电商平台，还是以蜜芽、摇篮网、好孩子、孩子王、贝贝网、口袋育儿等为代表的一批垂直母婴电商都应把握母婴电商的趋势：

① 产品细化 O2O 模式。未来母婴 O2O 可以分为亲子 O2O（学习课程、游乐活动等）和母婴用品 O2O（食品、生活用品、开发教育等）。

② 孕期下游价值拓展。可以基于现有用户，针对性提供孕期周期下游的产品和服务，典型的如婴童早教产品：孕妈在怀孕前及怀孕中对原有的产品、圈子都会有很高的使用频度和黏性，到小孩出生后，相关的话题必然有其延续性，尤其是对婴儿成长、早教相关领域，有强烈需求。

③ 盈利模式探索需守住质量关。"跑马圈地"的同时，要用优质的商品和上乘的服务留住老客户、吸引新客户，这才是电商健康发展的出路。电商的任何品类，要在扩张的同时建立正品保障机制；当然，后期客服体系的完善也十分必要。

8.4 跨境电子商务的发展趋势

2015 年是中国跨境电商的转折年。因为激烈的价格战和同质化竞争，传统跨境电商的经营模式和增长模式受到严峻考验。中国跨境电商行业开始进入盘整期。如果说 2014 年以前跨境电商是一种流量游戏，那么 2015 年之后更多的是一些整合案例，理由如下：一是行业内整合，如 Sheinside 和 Rome 合并；二是供应链整合，基于关务、交易、物流、金融的综合服务平台开始出现，如上海欧坚网络科技公司的易境通上线；三是电商新贵和传统企业的结合，如百园裤业收购环球易购。

总的来说，以草根创业和价格战为特色的第一波跨境电商已经过去，未来一段时期可能迎来第二波跨境电商热潮。那就是传统企业和品牌商的觉醒和爆发。这也是顺应中国企业走出国门，中国制造走向中国创造的发展大趋势。在这种大背景下，中国跨境电商将呈现以下发展趋势。

1. 两极分化

目前中国跨境电商行业呈现两极分化的马太效应。强者愈强，弱者愈弱。据海贸会调查，2014 年深圳市大电商依然获得了高速增长。有不少跨境电商获得超过 300%以上的增长，销售额高达 20 亿元。但是，中小卖家却不尽如意，无论是销售额还是利润，都远远不及往年。

这几年速卖通快速扩张，对行业影响很大，但对中小卖家的影响更大。大卖家能够对跨境电商有更加深刻的理解，能够有效地利用各种电商营销工具，采用多种电商营销方案，在供应链和团队管理上能够更加精细和高效，因而能够充分享受跨境电商发展所带来的红利。比如，大卖家都有比价功能，能够及时跟踪市场价格变动并快速做出调整，在采用同样的网络营销方式的时候，大卖家的效率是一般中小电商的 5～10 倍，大卖家对新出现的网络营销工具（Facebook，Twitter 等）上手比较快，当然还有更多其他的原因。而小卖家很多只是开个店，卖卖货而已，必然陷于价格战和同质化竞争当中，很难有所突破。

2. 品牌争夺战

可以说，2015 年是中国跨境电商品牌元年。不仅各大电商平台开始盯上有限的品牌资源，中小电商也在激烈的价格战中意识到品牌的重要性。亚马逊这两年来的优异表现，刺激了速卖通、京东和敦煌网。未来速卖通肯定会发生类似天猫的蜕变；京东提出，不是品牌商不要来玩；敦煌网 CEO 王树彤提倡 OBM，寻找全球梦想合伙人，其实就是鼓励跨境创牌。

但是品牌创建并不容易。冰冻三尺，非一日之寒，品牌建立需要一定的历史背景、市场条件和有见识的创始人等多种因素。对年轻的创业者来说，与其说是一个机会，倒不如说是一个陷阱。这是一个不缺品牌的时代，甚至可以说这是一个品牌过剩的时代。在传统服装、食品等行业，面对强势的欧美同类品牌，中国跨境电商创牌之路将会异常艰辛。当然并不是完全没有机会，比如在新兴市场国家创牌就相对容易一些。另外，在技术日新月异的电子产品、智能产品方面，中国和发达国家之间其实处于同一起跑线，更加容易创牌成功。如 Anker 移动电源品牌的成功，就是及时抓住了市场机遇。

3．海外仓发展迅猛

经过 5 年左右的发展，海外仓终于在 2014 年浮出水面，并迎来疯狂增长。深圳大卖家都纷纷在海外建仓。各种物流公司、海外实体公司都纷纷转向海外仓项目。最早做海外仓的出口易和递四方都陆续扩大海外仓规模。受到亚马逊良好业绩的影响，eBay、速卖通也开始加大布局海外仓的力度。浙江省更是推出扶持百家海外仓计划。无论从哪个方面来看，海外仓无疑成为了 2015 年初跨境电商行业最热门的话题。

海外仓能够扩展跨境电商品类。通过海外仓，原来笨重、泡货、易碎的商品也可以进行跨境交易，当地发货。另外，海外仓离消费者很近，可以实施退换货，能够极大地提高客户体验，进而提高销售额。

但海外仓并不是完美的。海外仓需要巨大的投入和精细化管理。国外的人力成本相当高昂。很多人眼中的海外仓，其实只是在海外租个仓库，采用很简单的 WMS 系统，想要达到亚马逊仓储运营中心那样的效率还差得很远。正所谓，让专业的人做专业的事，并不是所有的人都适合海外建仓。建议更多的卖家使用专业高效的海外仓，本身做好选品和运营就很不错了。

国外真正需要和适合开展海外仓的地方非常集中，就那么几个国家：美、德、英、日、澳、俄等。由于德英的租金和运营成本很高，很多人开始考虑在波兰、捷克等国建仓。从总体来看，目前说海外仓发展到了拐点有点言之过早，但无疑海外仓已经有点过火。在德国法兰克福，就有 6～7 家做海外仓的公司。最新信息显示，早期做海外仓的公司都在收缩调整。

4．整合分销异军突起

从 2014 年下半年开始，整合分销成为中国跨境电商新亮点。各种整合分销项目陆续登台亮相。2015 年 1 月 26 日，张志峰的中国好东西网上线，为深圳卖家提供分销和融资服务；俄优选平台以俄语为突破口，开拓俄罗斯和北欧市场；慈溪家电馆的徐总则以小家电为主线，进行全球海外仓铺货；ERP 服务商赛兔也推出云仓分销；中国好服饰网则专注于外贸服装分销；而速通云库则是利用仓储和物流优势为跨境卖家服务，等等。

应该说，整合分销是跨境电商发展到一定时期的产物。正是跨境电商发展到一定规模，不再像以前那么零散，才会有为提高效率更为专业分工的分销系统出现。但是整合分销还是存在不少的问题，比如谁都可以卖，同质化竞争不可避免。其次，销售无计划性会导致库存积压，某些产品甚至会变成死货。这和定产定销相比，风险很大。还有个重要的信任问题，当某个产品热销的时候，供应商会有面临被出卖的风险。

5．小语种市场变热

2014 年跨境平台商开始激烈争夺小语种市场。在小语种地区提供本地化服务的平台并不鲜见，如速卖通专门针对巴西市场推出葡萄牙语网站，在物流和支付上也加强与巴西本土服务商的合作。例如，兰亭有 27 种语言，便是利用北京多语言的优势，找到留学生、海归、兼职翻译人员等，实现了小语种的市场突破。

目前最有价值的小语种市场主要有俄语、日语、德语、西班牙语和法语。

早期的电商主要是以欧美市场为主。2013 年俄罗斯市场大爆发，金砖国家受到国际大电商平台高度关注。但是到了 2015 年，俄罗斯市场由于乌克兰危机卢布大幅度贬值，购买力严重下降，其他金砖国家（除中国外）表现也开始趋于疲软。环顾全球，只剩下中东、非洲和东南亚未受到影响，只因这些地区还对中国物美价廉的商品有着巨大的需求。

6．多渠道运营

这两年来，得益于注重品牌和自有仓储运营系统，亚马逊保持两位数高速增长，令人瞠目结舌。2015 年亚马逊中国团队人数更是扩大 3 倍，大力培育中国卖家。可以说，2015 年是亚马逊年。而作为跨境电商鼻祖的 eBay 则进入单位数的爬行增长，意味着 eBay 平台日益走向成熟和稳定。速卖通发展更加迅猛，特别是阿里巴巴在纳斯达克上市之后。根据畅路通报告，2014 年第四季度亚马逊销售开始超越 eBay 平台。其中，亚马逊和新兴平台增长最快，超越平均水平，正在快速抢夺线上市场。

自 2013 年以来，跟之前很多单一集中在某个平台销售的电商相比，更多的电商企业选择了多平台运营，也有很多企业通过分销的方式实现全网平台的铺货。而所谓的多平台运营其实就是"不把所有鸡蛋放到一个篮子里"的策略。另外，不同平台不同时期此消彼长的发展状态以及各个平台不同的客户群和目标细分市场，都在推动着跨境电商采用多平台运营策略。

7．本土化运营进展缓慢

进入 2015 年，跨境电商都在尝试开展本土化运营，尽可能靠近消费者，做好"最后一公里"服务。例如，深圳大卖家纷纷在海外建仓，米兰、兰亭都在国外开设体验店。京东也在俄罗斯建立仓储运营中心，实施本土化经营。大龙网在国外建立体验店，邀请国外电商到国内开对接会，等等，都是在尝试各种本土化策略。

本土化运营主要包括本土化服务和本土化营销。跨境电商要想做大做强，最终必须走出国门；提供本土化服务，才能和国外同行同台竞技。本土化是跨境电商实现可持续发展的关键。但是目前本土化尝试都带有较大的局限性，进展缓慢，效果甚微。中国跨境电商发展依然处于初级发展阶段，依然是小众市场，还没有进入主流渠道和主流媒体。以中国服装为例，由于缺乏供应商配合，跨境电商很难找到适合外国人的尺码，而是根据中国人的尺寸，做国外青少年的生意。中国跨境电商主要是做低端便宜货，靠仿牌维持，缺少自主品牌和设计，根本没有什么话语权。由此可见，虽然服装是中国跨境电商一个很大的品类，但依然是任重而道远。

8．资本搅动跨境电商

2014 年中国跨境电商行业发生的一件大事就是百圆裤业以 10.8 亿元收购环球易购。百圆裤业股票因此连续 7 个涨停。2015 年百圆裤业再次出手，以 9000 万元收购通拓科技 9% 股份，并随后改名为跨境通宝。导致近 30 家投行机构扎堆调研。随后，罗莱家纺与"和而泰"签署战略合作，拟共同研发生产智能卧室系列产品；搜于特以 3.24 亿元战略入股淘品牌汇美服装；森马服饰宣布参股韩国电商 ISE；贵人鸟近期投资 2000 万欧元收购西班牙足球经纪公司"BOY"。一时间，中国传统服装业纷纷借助电商寻求创新和突破。

不仅如此，更多的跨境电商借助新三板或创业板进行资本运作。业内传闻赛维科技估值 30 亿元，正在融资 1 亿美元；有棵树估值 24 亿元。经过这几年的发展，跨境电商行业开始形成了一定的规模，比如在深圳，销售过 10 亿元人民币的大卖家就有十几家，过亿的卖家超过 200 多家。这些大电商持续高速增长，销售额和利润都表现优异，深受资本青睐。

通过新三板等资本市场，跨境电商实现从商品运作到资本运作的重大转变。在充足的资金支持下，不仅可以安全渡过目前比较困难的局面，而且能进一步强化产品、渠道、团队和 IT 等方面的优势，拉高门槛，实现更高的发展战略目标。另外，跨境电商通过资本市场，将会更加进退自如，获得更多发展选择。

本章小结

跨境电子商务是新常态下推动经济转型发展的重大战略，是经济发展的新引擎、产业转型的新业态、对外开放的新窗口。跨境电商利好，落地，也会掀起新一轮的跨境电商创业热潮。

跨境电子商务具有适应国际贸易最新发展趋势、有效降低产品价格、上下游多属现代服务业、以消费者为主导的优势。

发展跨境电子商务能够优化产业链、增加就业、提升品牌竞争力、扩展中小企业发展空间、重塑国际产业链、建立全球贸易机会。

课堂问答

1. 跨境电子商务和传统国际贸易的区别在哪里？
2. 当前背景下，传统外贸企业向跨境电子商务转型面临哪些挑战和机遇？
3. 当前跨境电子商务有哪些商业模式？
4. 在交易磋商前，交易双方应该进行哪些准备工作？

实践练习

1. 找几家传统外贸电商向跨境电商转型的例子，分析做好一个跨境电商的成功要素。
2. 如有条件，帮助你所熟悉的进出口企业按照网上发布商业信息的途径，试着为企业在网上发布一些信息。

扩展案例

三家跨境电商体验店开在老广身边

继天河、南沙之后，如今在越秀、海珠和番禺同时出现了三家跨境电商体验店。记者了解，这是广百最新推出的"广百荟·跨境购"—— 一个广百荟的跨境电商频道。

今日一早，不少市民就出现在广百黄金珠宝大厦、海珠广百新一城和新大新番禺店来亲自体验直接购买海外商品的优惠。

"花王的纸尿布 138 元，超市市场价 180 元，还是非常划算的！"生了双胞胎的肖小姐很开心，以后这笔花费可以每月省几百元了。

跟目前的广州多家跨境电商相同，奶粉、纸尿布是比市场价便宜最多的产品，也是消费者最关注的婴童品类。

广百的野心并不止于此，广百 CEO 黄永志表示，2016 年，"互联网+"、"一带一路"、自贸区、免税体验店等跨境电商相关利好政策相继出台，不少零售商家纷纷试水跨境电商，百货电商延伸跨境购是大势所趋。

多数接受采访的市民表示，看中百货做跨境电商的优势就是质量保证，有问题好追溯。在精明达人眼中，目前跨境电商的商品价格其实差不多，对于多数主打进口食品或者化妆品的跨境电商来说，最应该比的还是质量保证和新品丰富度。

据了解，"广百荟、跨境购"是本地规模最大的连锁跨境电商体验店。经营品类包括跨境未完税商品及完税商品，还有直邮订购，其中跨境商品实行的是线上销售、线下展示的模式。

一家曾为跨境电商做国际采购的企业透露，2016 年的销售业绩预计可增长 10 倍，就是因为该业务此前并未真正开展起来，2016 年才是跨境电商发展的元年。所以说，百货业只要快点打开门走进去，与其他企业还是站在了同一起跑线上。

西班牙黄桃、维京鳕鱼、澳大利亚卡利普索芒果、日本青森苹果等国际新鲜食品将在国内一家跨境平台独家首发；时尚女装、流行鞋包、母婴、保健品、食品等海外尖货，全品类 1500 多个大牌、总值超过 100 亿元的正品好货……2016 年"双 11"，跨境电商们以胜于往年的热情积极加入，推出多个重磅促销活动圈粉，同时也为"双 11"之后接踵而来的重头戏"黑色星期五"，积累经验。专家认为，中国跨境电商的兴起，与国内的消费升级联系紧密。但是消费升级不仅仅是表面看到的从购买中国商品到购买外国商品的变化，更重要的是中国消费者在消费心理、消费形态、消费方式上的改变。

1. 电商巨头加码发力跨境业务

随着"双 11"的临近，跨境电商竞争也日渐加剧。国内电商巨头以及海外电商企业瞄准消费升级需求，纷纷加码发力跨境业务。

2016 年阿里巴巴将"全球化"定为主题之一。集团 CEO 张勇表示，今年"双 11"海外商家不仅可以把商品卖给国内用户，也可以卖给海外用户。

目前，支付宝已全面支持"全球收，全球付"，服务覆盖全球超过 200 个国家和地区，港台消费者可直接用信用卡和八达通付款，最快两天到货。此外，天猫平台上第一次实现在中国大陆外商品交易的美元结算模式。

国际电商巨擘亚马逊则在"双 11"前夕，宣布其 Prime 会员服务登陆中国，这被外界解读认为是天猫国际最大的竞争对手。亚马逊相关负责人表示，Prime 会员服务登陆中国是亚马逊全球及国内首个提供跨境订单全年无限次免费配送的会员服务，这也意味着亚马逊正式加入"双 11"跨境电商大战。

京东 CEO 刘强东今年早前亦带队赴法国、韩国开拓市场，并在日本、澳大利亚、美国启动招商会。

此外，网易考拉也宣布将 4 亿元资源投入"11.11 超级洋货节"，用以打造消费升级下的首个洋货"双 11"。洋码头也宣布，为了备战即将到来的"双 11"，对平台的产品体验和服务保障进行全面升级……

中国"双 11"的火爆,惹得众多境外品牌商和贸易商很"眼红"。据悉,英国第二大超市 "Sainsbury's"在其社交网络账号下,公开进行"双 11"的宣传。瑞典空气净化器品牌 Blueair、西班牙年轻品牌 Oysho、美国喜达屋集团、亚航等海外品牌,也纷纷在其官网、官微刮起"双 11"的旋风。

记者从业内获悉,目前许多境外品牌对中国消费市场十分看好,但很多境外品牌和商家由于此前未进入过中国,对市场和进口流程缺乏了解,而海淘、代购、跨境电商平台的出现,使他们有机会、有渠道、试探性地进入。

有跨境电商平台相关负责人告诉记者,该平台上有部分海外商家与当地保健品、化妆品、食品等领域品牌企业合作,专门为中国市场提供商品。

2. "双 11"后再战"黑色星期五"

值得一提的是,记者发现,"双 11"期间,国内部分跨境电商虽然也积极参与,并发力其中。然而,不少跨境电商亦强调,"双 11"之后的"黑色星期五"(以下简称"黑五")才是它们发力的重点,而"双 11",只不过是"热身"。

据了解,"黑五"是指每年感恩节之后的第一天,即 11 月的第四个星期五。在这天,美国商场都会推出大量的打折促销活动。国内跨境电商兴起后,"黑五"便被引入,演变成规模更大的消费狂欢节。

亚马逊中国向记者坦承,"黑五"亦是该公司的主打。据介绍,亚马逊第三届"海外购物节"正火热进行中,活动将持续至 12 月 2 日。在此期间,消费者可在"黑色星期五"期间享受与亚马逊海外站点同步的劲爆商品折扣。

唯品会、洋码头、淘世界等也纷纷表示"黑五"值得期待,届时会有比"双 11"更大的动作。

据特卖电商唯品会介绍,该公司日前刚与广东检验检疫局共同签署了《共建全球质量溯源体系合作备忘录》,利用全新升级的"全球质量溯源体系 2.0 版本"公共服务平台,从源头保障唯品会跨境商品的正品货源,增加用户购物的透明度,以精选优质正品好货。

相关人员指出,跨境电商在近一年中的发展速度较快,今年参加"双 11"的力度也会更大。但是,"'双 11'是国内电商的促销节点,对很多跨境电商来讲,除了'双 11'还在关注'黑五'的活动,有些更多把精力放在'黑五'上。"

有业内人士分析,部分跨境电商将发力重点放在"黑五"上,一方面不愿与国内电商正面交锋,避开价格战,又可腾出更多时间备货、布局物流;另一方面,跨境电商们希望营造品质消费,而海淘消费者对货品种类、品牌、品质、服务亦有更高要求。有数据显示,2015 年"黑五"在国内的消费趋势就展现出个性化、多元化、"反爆款"模式,而轻奢品、服饰类占据"黑五"国内销售的主流地位。

3. 广东前三季跨境电商进出口增长逾三成

事实上,我国跨境电商的兴起,与国内消费升级有着密切关联。

美丽联合集团副总裁、淘世界创始人陈丹丹指出,国人的消费力和消费理念正在迅速改变。"跨境电商蓬勃发展,仅 2015 年 1 年时间里,中国涌进了全世界将近 50 万种新的产品和品牌,这是在以往从来没有发生过的。"

跨境电商洋码头 CEO 曾碧波也有同感。他表示:"部分消费者的消费观已从将就变成讲究,他们希望买到好的商品,接受好的服务,过上有品质和被尊重的生活。"

"中国的消费升级,使得国内部分商品不能满足用户新生的或改善的需求,而进口商品在很多方面正好与消费者的期望相契合,经营进口商品就成为一个新兴机会。"易观电商分析师陈涛称。

2015 年以来,国内跨境电商发展仍然保持高速增长,尤其是下半年,更是跨境电商的发力点。从广东来看,2015 年 1~9 月,外贸新业态增势迅猛,带动了进出口的增长。广东纳入统计的跨境电子商务进出口总额达 95.0 亿元,增长 35.7%。

据悉,下一步,广东将推广开展跨境电商出口业务,支持有条件的地市申报跨境电商进口试点,加快跨境电商公共海外仓和跨境电商园区建设,推进跨境电商公共服务项目建设。

参考文献

[1] 易观智库. 中国移动互联网市场季度监测报告[R]. 北京：易观国际集团，2015.

[2] 艾媒咨询. 2015～2016 年中国移动电商市场年度报告[R]. 广州：艾媒咨询集团，2016.

[3] 中国互联网络信息中心. 中国互联网络发展状况统计报告[R]. 北京：中国互联网络信息中心，2016.

[4] 王忠元. 移动电子商务[M]. 北京：机械工业出版社，2015.

[5] 秦成德. 移动电子商务[M]. 重庆：重庆大学出版社，2016.

[6] 刘侠威，赵晓萌，寇尚伟，等. 移动社交电商：电子商务的下一个风口[M]. 北京：机械工业出版社，2016.

[7] 阿里巴巴商学院. 跨境电商基础、策略与实战[M]. 北京：电子工业出版社，2016.

[8] 武亮、王跃进. 一本书搞懂跨境电商[M]. 北京：化学工业出版社，2016.

[9] 王利军. 电子商务模式下的客户关系管理[J]. 经管空间. 2010（9）.

[10] 宋文官. 电子商务概论（第三版）[M]. 北京：高等教育出版社，2013 年 5 月.